PEDRO GONZÁLEZ MUNNÉ

I0096096

# LOS CACHORROS
# DE SATÁN

Modelos de propaganda oficial
en la prensa norteamericana

EDITORIAL LETRA VIVA
CORAL GABLES, LA FLORIDA

Copyright © 2014 By *Editorial Letra Viva*
251 Valencia Avenue #253
Coral Gables FL 33114
Cover Graphic:
ALL RIGHTS RESERVED. NO PART OF THIS BOOK
MAY BE REPRODUCED IN ANY FORM, EXCEPT FOR
THE INCLUSION OF BRIEF QUOTATION IN REVIEW,
WITHOUT PERMISSION IN WRITING FROM THE
PUBLISHER.
ISBN: 0996107177
ISBN-13: 978-0-9961071-7-4

Printed in the United States of America

# LOS CACHORROS DE SATÁN

PEDRO GONZÁLEZ MUNNÉ

# ÍNDICE

# LOS CACHORROS DE SATÁN

PEDRO GONZÁLEZ MUNNÉ

## Preámbulo

Por casi 40 años como periodista profesional, he encontrado en mi carrera numerosas personalidades políticas y del mundo empresarial tratando de influir en la manera en que su imagen o intereses son presentados en los medios de comunicación, ya sea por amenazas, persuasión, la fuerza de su posición de poder u ofreciendo recompensas materiales.

Caso específico de este estudio, el escándalo nacional en los Estados Unidos, expuesto en el 2006 por el entonces periodista de *The Miami Herald,* Oscar Corral, de un grupo de periodistas de su mellizo en español, *El Nuevo Herald* [1] y otros medios en La Florida, como la cadena de televisión en español *Univisión.*

Ellos durante años con el conocimiento de la dirección y aquiescencia de los directores sus medios, recibieron simultáneamente a sus contratos en esos medios de prensa retribuciones de los servicios de *La Voz de*

---

[1] Lanzado en 1975 como *El Miami Herald*, fue expandido y publicado de nuevo en 1987 como *El Nuevo Herald*. No fue independiente hasta 1998. Cubre los municipios Miami-Dade y Fort Lauderdale en el sur de La Florida (MHM, 2011).

*América* (VOA[2]) orientados hacia Cuba, *Radio* y *Televisión Martí*[3].

Aquí intentamos mostrar cómo por décadas el Gobierno federal norteamericano le ha pagado a periodistas hispanos en La Florida directamente o indirectamente a través de diferentes presupuestos para organizaciones sin fines de lucro y financiado publicaciones con el pretexto del patriotismo y la lucha contra el comunismo.

Este caso le costó su trabajo a diez periodistas de *El Nuevo Herald*, uno de deportes de la cadena de televisión en español *Univisión*[4], así como a los Directores de *The Miami Herald* y su gemelo en español, *El Nuevo Herald*, lo cual es práctica corriente de estas instituciones, despidiendo o presio-

---

[2] La Voz de América (*Voice of America*, VOA), o la Voz de los Estados Unidos de América, es el servicio de radio y televisión internacional del gobierno de los EEUU. Comenzó a trasmitir en alemán el 1ro de febrero de 1942 (VOA, 2008).

[3] Servicios de propaganda financiados por el gobierno de los EEUU. Transmiten 24 horas en español desde Miami hacia Cuba. Llamadas así en honor al prócer cubano José Martí. La radio inició sus transmisiones el 20 de mayo de 1985 y la televisión el 27 de marzo de 1990, desde las instalaciones de la VOA en Washington DC, se mudaron a Miami en 1996.

[4] Univisión es la cadena de televisión en español más grande de los EEUU. Su principal competidor es: *Telemundo*, propiedad de *NBC Universal*. Sus oficinas administrativas se encuentran en Century City, Los Ángeles, California, pero sus operaciones radican fundamentalmente en Miami, La Florida (Univision Communications, 2013).

nando por su renuncia a periodistas y editores, cuando se presentan escándalos como éste.

Otros de los temas abordados son las consideraciones diferentes para la prensa hispana, en conceptos que consideramos estereotipados y racistas, así como la tesis reciente sobre la validez del llamado "periodismo militante"[5] y el debate sobre su vigencia.

Tratamos también de mostrar elementos sobre los problemas de gastos excesivos sin control, los contratos basados en nepotismo y las influencias políticas de instituciones del "exilio" cubanoamericano en las estaciones gubernamentales dirigidas a Cuba, *Radio* y *Televisión Martí*.

Estos "servicios" de la Junta de Gobernadores de Radiodifusión, BBG[6], han sido motivo de crítica e investigaciones constantes por instituciones federales, demostrando su falta de incidencia y eficacia en la población de la isla para lo cual han recibido presupuestos multimillonarios del dinero de los contribuyentes norteamericanos.

Los temas de la violencia y el terrorismo en los enclaves cubanoamericanos en los Estados Unidos, en grupos financiados por la

---

[5] *Advocate Journalism.*
[66] *Board of Broadcasting Governors.*

CIA, los cuales han operado abierta e impunemente en las comunidades, además de las estadísticas que demuestran el cambio generacional, con su influencia política y social, además de las consideraciones de las relaciones con Cuba, han sido otros aspectos a considerar.

Basándonos en el *Modelo de Propaganda de los Cinco Filtros* [7] de Chomsky y Herman, obtenemos argumentos sobre la colaboración entre medios de comunicación y las instituciones gubernamentales o grupos de intereses especiales.

El caso de la cobertura del *New York Times* de la acumulación hacia la invasión estadounidense de Irak en 2003 (Okrent, 2004), el tema de las armas de destrucción masiva en general, nos enfocan hacia una extensión del Modelo de Filtros a seis, considerado por estudios recientes.

---

[7] Ver referencias: Manufacturing Consent (1988).

# INTRODUCCIÓN

Refugiados cubanos llegan a Miami, 1962 (LAS, n. d.)

La "adquisición" de periodistas y publicaciones por organizaciones de inteligencia y de intereses especiales en los Estados Unidos no es nueva (Boyd-Barret, 2004). El propio exdirector de la *Agencia Central de Inteligencia*, CIA, John Deutch (CIA, 2008) argumentaba que los periodistas estadounidenses "deberían sentir una responsabilidad cívica que les permitiera sobrepasar su papel como periodistas" (en Cockbum, 1999: 90).

Tenemos que recordar cuando de la lucha contra el fascismo se pasó inmediatamente a enfrentar al comunismo ateo; surgiendo con la guerra psicológica como una nueva ciencia social (Brandt, 1997).

La propaganda, por ejemplo, se dividió en "negra" [contenidos de autor anónimo, o atribuidos a fuentes inexistentes, o falsos relacionados con una fuente real], la "gris" [del gobierno donde el origen se atribuye a los demás] y "blanca" [del gobierno donde se cita como tal la fuente] (Agee, 1975).

El Presidente John F. Kennedy con los directores de la CIA, Allen Dulles y John McCone en 1962 (Salla, 2009).

Era la época entonces de la primera "autopista de la información" –sin existir la internet todavía, como la conocemos ahora-, la cual llamaron en aquel entonces el "Mighty

Wurlitzer"[8], aquellos precursores de la Agencia Central de Inteligencia, CIA, durante la Segunda Guerra Mundial en la entonces OSS[9], Allen Dulles[10], Cord Meyer[11] y Frank Wisner[12], con el lanzamiento de las estaciones *Radio Free Europe* o *Radio Liberty*[13].

La colaboración periodística con la CIA varió desde la recopilación de inteligencia hasta servir como intermediarios con los espías durante la Guerra Fría.

Casi todas las principales organizaciones

---

[8] Instrumento musical, o victrola. En el caso que nos ocupa se conoce como la *Operación Sinsonte*, campaña secreta de la Agencia Central de Inteligencia para influir en los Medios de comunicación masivos iniciada en los años 50. El cenzontle o sinsonte (Mimus polyglottos, Mockingbird en inglés), es un ave que engaña a las demás imitando su canto.

[9] Oficina de Servicios Estratégicos, más conocida como *Office of Strategic Services*, fue el servicio de inteligencia de los EEUU durante la II Guerra Mundial. Antecesora de la *Central Intelligence Agency* [Agencia Central de Inteligencia], CIA.

[10] Allen Welsh Dulles (1893- 1969) fue el primer director civil de la CIA y también el que desempeñó el cargo durante más tiempo, desde 1953, hasta 1961.

[11] Cord Meyer Jr (1920-2001), oficial CIA, reclutado en 1949. Allen Dulles lo invitó a la agencia en 1951 (Jackson, 2001).

[12] Fue el primer director de la OSP, primero conocida en 1948 como *Office of Special Projects* [Oficina de Proyectos Especiales], luego *Office of Policy Coordination* [Oficina de Coordinación de Políticas], la rama de espionaje y contrainteligencia de la famosa CIA.

[13] Radio Libertad, emisora de radio anticomunista que recibía fondos de la CIA para hacer posible sus transmisiones, hacia la ya desaparecida Unión Soviética, iniciadas el 23 de marzo de 1959, con el nombre de *Radio Liberation*, también conocida como *Radio Free Europe* (Radio Europa Libre).

de noticias estadounidenses fueron penetradas, generalmente con la colaboración de la alta dirección.

President Gerald R. Ford meets with CIA Director George Bush in 1975 (Kennerly, 1975).

Ello incluyó a las agencias de noticias *Associated Press*, *United Press International* y *Reuters*; las cadenas de televisión *ABC, CBS, Mutual Broadcasting System, NBC*; los periódicos y revistas *Hearst, Miami Herald, New York Herald Tribune, The New York Times (NYT), Newsweek, Saturday Evening Post, Scripps Howard* y *Time/Life* (Boyd-Barret, 2004).

Muchos destacados periodistas y editores estaban implicados. El "reclutamiento" comenzó y a principios de la década de los años

1950, cuando Wisner controlaba a respetados miembros de importantes medios como el *New York Times, Newsweek, CBS* y otros medios (Davis, 1979), llegando a tener hasta 3,000 personas en la nómina, publicando en cientos de periódicos y agencias de noticias a lo largo y ancho de los Estados Unidos (Constantine, 2007).

Carl Bernstein[14], quien había trabajado con Bob Woodward en la investigación del caso *Watergate*, proporciona más información sobre la *Operación Sinsonte* en un artículo publicado en la revista *Rolling Stone* en octubre de 1977.

Bernstein dijo que en un período de un año más de 400 periodistas estadounidenses llevaron a en secreto asignaciones para la CIA:

"Algunos de los periodistas fueron ganadores del premio Pulitzer, distinguidos reporteros que se consideraban a sí mismos como los embajadores sin cartera para su país. Algunos fueron me-

---

[14] Periodista estadounidense, como reportero de investigación para *The Washington Post* junto con Bob Woodward – quien tenía el contacto con "Garganta Profunda", la fuente dentro de la Administración, quien después se conoció era Mark Felt, Sub-Director del FBI-, destapó la historia del Hotel capitalino *Watergate*, la cual contribuyó a la dimisión del presidente norteamericano Richard Nixon. La labor de ambos fue reconocida con el premio Pulitzer (máximo galardón periodístico estadounidense).

nos exaltados: corresponsales extranjeros que encontraron con que su asociación con la Agencia ayudó a su trabajo; periodistas independientes[15] y por su cuenta[16] que estaban tan interesados en las hazañas del espionaje como en la presentación de artículos y, la categoría más pequeña, empleados a tiempo completo de la CIA que se disfrazaban como periodistas en el extranjero. En muchos casos, los documentos de la CIA muestran que los periodistas se dedicaban a realizar tareas para la CIA con el consentimiento de las gerencias de las principales organizaciones de noticias de los Estados Unidos" (Bernstein, 1977).

En el caso específico del Sur de La Florida y los enclaves hispanos (Morejón, 2011: 4) éstos se alimentan desde la década de los años 1960 con inmigrantes cubanos, Sur Americanos y Caribeños escapando de dictaduras militares y buscando el amparo de la democracia (McHugh, 1997:508), integrándose en grupos políticos poderosos y bien organizados.

---

[15] Stringers.
[16] Freelancers.

Sin embargo, irónicamente, aquellos mismos inmigrantes que buscaban libertad política como los militantes radicales anticastristas son aún implacables contra quienes discrepan en su propia comunidad (De Quine, 1996) y contradictoriamente, su radicalización provocó la justificación del endurecimiento y represión del régimen cubano en la isla (Wilkerson, 2014).

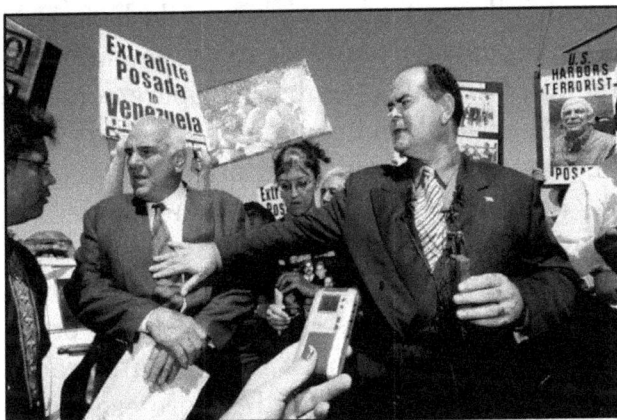

Luego de 30 meses de prisión por posesión ilegal de un alijo de armas, a los 72 años de edad el Sr. Santiago Alvarez está entre un pequeño grupo del exilio cubano que el Gobierno Cubano cree conspira para derrocarlo. Él y otros seis hombres de Miami fueron acusados por de tramar un ataque violento contra instalaciones militares en Cuba. Alvarez niega cualquier implicación en la supuesta conspiración. Cuatro de los hombres están detenidos en la Habana: "Me gustaría poder agarrar un rifle y luchar contra la dictadura, pero eso no es realista...no podemos vivir en el pasado" (Robles, 2014).

El reclutamiento y entrenamiento en operaciones encubiertas de terrorismo anticubano fue dirigido por un secreto grupo especial, establecido en noviembre de 1961 bajo el nombre de código "Mangosta"[17], el cual implicó a 400 estadounidenses, 2,000 cubanos, una marina privada de lanchas rápidas y un presupuesto anual de $50M de dólares, dirigido en parte por una estación de la CIA ubicada en Miami (Garthoff, 1987).

Todo ello en franca violación de la Ley de Neutralidad norteamericana y, presumiblemente, de la que prohibía las operaciones de la CIA en los Estados Unidos (Ibídem)

Estas operaciones incluían el bombardeo de hoteles e instalaciones industriales, el hundimiento de barcos de pesca, envenenamiento de cultivos y ganado, contaminación de las exportaciones de azúcar, entre otros. No todas estas acciones fueron autorizadas específicamente por la CIA, pero esa consideración no absuelve a los oficiales de la agencia (Chomsky, 1999 a).

Otro tema es la violación consciente de las propias leyes norteamericanas, como el caso de la *Ley de Información e Intercambio Educacional* de 1948, popularmente conocida como la Smith-Mundt (Smith-Mundt News, 2014), la cual fue firmada como ley por el

---

[17] Mongoose

Presidente Harry S. Truman el 27 de enero de 1948 [18]: "Ningunos fondos autorizados para el uso del Departamento de Estado [federal norteamericano] o la Junta de Gobernadores de Radiodifusión o BBG[19] se utilizarán para influir en la opinión pública en los Estados Unidos".

Sin embargo *Radio y TV Martí* se transmitieron por onda media y televisión cable en Miami mucho antes de que las regulaciones cambiaran.

La era Obama, en que él mismo es "un arma de atracción masiva"[20] (Ash, 2008) plantea un cambio radical en las formas de transmisión del mensaje político norteamericano en sus canales de propaganda, tomando en cuenta las transformaciones constantes de los medios y los efectos culturales que estos provocan (Price, 2008).

Es cierto que en el mundo de la Internet, leyes consideradas para otra época no pueden detener el alcance de los medios, pero si es importante establecer los límites y el alcance de la propaganda oficial, mucho más allá de los preocupantes ataques a la ética y

---

[18] Ver texto completo en inglés por Bibliografía: United States Information and Educational Exchange Act of 1948.
[19] *Broadcasting Board of Governors.* es una agencia federal independiente del gobierno de Estados Unidos, encargada de supervisar todo apoyo gubernamental a medios civiles de comunicación estadounidenses orientados internacionalmente.
[20] "Obama is himself a weapon of mass attraction".

la moral, en el ejercicio de la influencia pagada de los poderosos para incidir en la opinión pública nacional estadounidense.

Inconspicuously nestled in a wooded area next to what is now the Metro Zoo, the CIA's JM/WAVE headquarters had a sign on its door that read: Zenith Technical Enterprises. Organizing and supplying the CIA's secret war against Castro, it became the largest employer in South Florida. Run by veteran clandestine boss Theodore Shackley, his chief of operations was David Morales. As head of propaganda and psych warfare activities, David Phillips was a frequent visitor who had all 300 Agency officers handling the anti-Castro Cuban groups reporting to him. PHOTO COURTESY OF BRAD AYERS

Instalaciones de JMWAVE, en terrenos de la Universidad de Miami, funcionando al amparo de la empresa *Zenith Technical Enterprises*, Con unos 300 a 400 agentes era la estación CIA más grande del mundo después de la sede en Langley, VA (Bohning, 2005).

## VIOLENCIA Y ATAQUES A LA PRENSA EN MIAMI

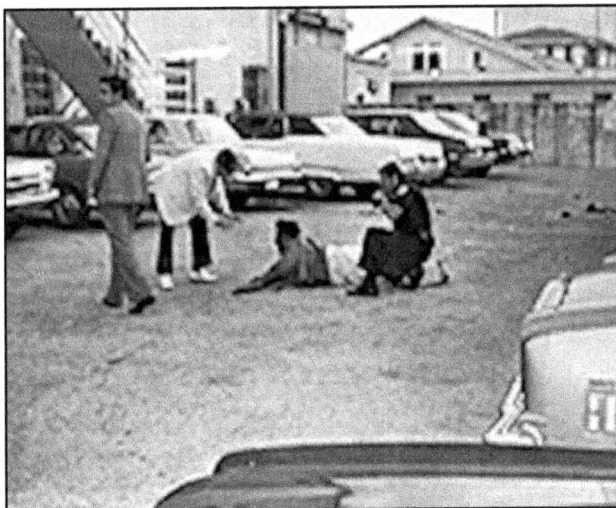

En abril de 1976, el severamente lesionado director de noticias de la emisora hispana de Miami, WQBA, Emilio Milian, es asistido después de que un coche bomba explotó debajo de él (Mullin, 2000).

El periodista cubanoamericano Emilio Milián[21] (1932-2001) "quien se distinguió como

---

[21] *Miami Herald*, Mayo 1ro, 1976, "Periodista Cubano es mutilado cuando una bomba explota en su automóvil" por Edna Buchanan y Dorothy Gaiter. Una bomba colocada bajo el capó de su camioneta destrozó las piernas del Director de noticias de la estación de radio de habla hispana WQBA en la Pequeña Habana el viernes por la noche. Emilio Milián, de 45 años, quien opinaba contra el terrorismo y la violencia en Miami, salió de la estación después de un programa, se subió

una voz de la independencia y la tolerancia en una era turbulenta del exilio" (Balmaseda, 2001) fue víctima de un atentado con una bomba en 1976, cuando un explosivo introducido en su automóvil le arrancó las piernas fuera de los estudios de WQBA, donde fuera director de noticias.

Las autoridades de Miami nunca identificaron a los terroristas que cometieron ese execrable crimen, ni a muchos de los que en un período de tres años, entre 1973 y 1976, hicieron explotar más de cien bombas en el sur de La Florida (González-Pando, 1998).

Milián declaró en aquellos días: "las publicaciones que llamamos *periodiquitos* [tabloides] y la radio Hispana le dan a los exiliados una sensación de comunidad...estábamos entonces enviándole un mensaje a Cuba. Eso era en mi opinión, muy importante para nuestra causa por la libertad" (Ibídem: 110).

Su hijo, Alberto quien militó en el ejército estadounidense durante la invasión de Panamá de 1989 y la Guerra del Golfo de 1991, siendo posteriormente fiscal en el Municipio de Broward –colindante con Miami-Dade-, republicano conservador: "algunos en la comunidad cubano-americana ... han hecho anti castrismo una industria artesanal y se

---

a su auto de la estación WQBA, encendió la ignición y el dispositivo detonó a las 7:17 p.m." (Mambi Watch, 2008).

esconden detrás de la bandera cubana...los estadounidenses deberían leer libro de Ann Louise Bardach *Cuba confidencial: amor y venganza en Miami y la Habana*[22] para que comprendan por qué Miami es el centro del terrorismo en los Estados Unidos" (Adams, 2002).

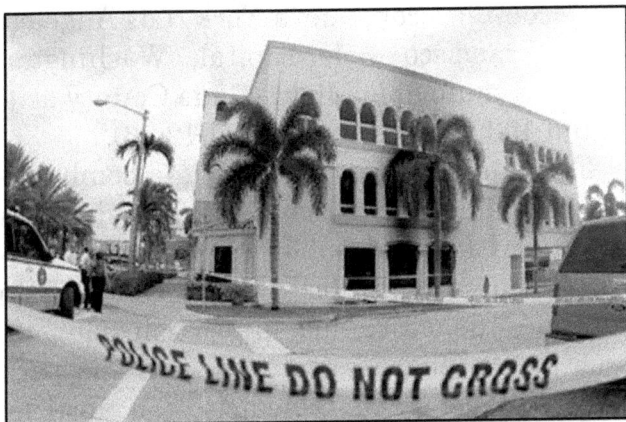

Investigadores de los bomberos frente a la compañía *Airline Brokers*, de vuelos a Cuba, luego que un artefacto incendiario destruyó el interior de la empresa en Coral Gables, FL. Hasta la fecha no ha habido arrestos en relación con el atentado[23] (Adams, 2012).

La violencia le ganó recientemente a la ciudad de Miami un puesto entre los cinco primeros "puntos calientes" del terrorismo en

[22] *Cuba Confidential: Love and Vengeance in Miami and Havana*
[23] Un blog de Miami lo adjudica a la organización anticastrista *Cuban Liberty Council* [Consejo por la Libertad de Cuba], la cual habrían contratado a tres salvadoreños y un "veterano experto en explosivos" les entregó una bomba incendiaria con fósforo blanco y C-3 (El Periodista, 2012).

los Estados Unidos por los investigadores bajo la División del Departamento Federal de Seguridad de la Patria, dedicado a la Ciencia, la Tecnología y los Factores Humanos[24], en un estudio sobre los ataques violentos en territorio norteamericano en los últimos cuarenta años.

De conjunto con Nueva York, Los Angeles, San Francisco y la capital, Washington D.C., el municipio Miami-Dade County acumula 103 sucesos (LaFree, 2012:16).

El ataque más reciente con una bomba incendiaria destruyó una agencia de viajes en la ciudad de Coral Gables en La Florida, empresa que organizaba viajes a Cuba, justo después de coordinar la participación de cientos de feligreses católicos a la isla para la visita del Papa Benedicto[25] en abril de 2012 (Huffington Post, 2012).

Este ataque terrorista continúa una saga de "violencia e intimidación criminal" (Mullin, 2000) de "El Exilio" por más de 50 años, desde la década de los 1960, con la suprema ironía de sin discusión, el hombre más odiado en Miami [Fidel Castro] ha sido por

---

[24] Homeland Security Science and Technology, Human Factors, Behavioral Sciences Division.
[25] Benedicto XVI sirvió como Papa de la iglesia católica desde 2005 al 2013. Es mejor conocido por sus rígidos puntos de vista sobre temas como el control de la natalidad, la homosexualidad y el catolicismo (Bio, 2014).

años el mayor agente de cambio en La Florida (Bell, 2006) y a la vez, la característica anticastrista de la comunidad exiliada establece sus límites y potencialidades (Grenier, 2006).

Balseros cubanos (Stogie, 2008).

A través de los años, los exiliados que abogan por una línea más suave en relación con Cuba han sido tildados de "comunistas" y amenazados (DeQuine, 1966:4).

Estudios consideran que las preferencias especiales y selectividad socioeconómica de la migración desde Cuba del gobierno norteamericano desde 1959 (Colona, 2010), y el apoyo económico a las organizaciones políticas de la "ideología del exilio" (Pérez, 1992:

94-99, 102).

Todo ello tiene "implicaciones para la participación de los cubanos en posiciones de liderazgo dentro de la población nacional Latina, especialmente en sectores públicos como los medios y el gobierno" (Grenier, 2006:209), principalmente debido a la "selectividad socioeconómica de la migración cubana (Ibídem: 1).

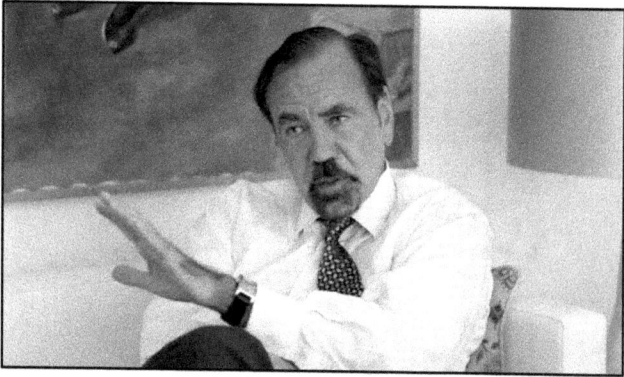

Jorge Pérez, uno de los poderosos hombres de negocios cubanoamericanos del sur de La Florida, se une a dirigentes cívicos y políticos, rompiendo la línea pública largamente establecida en la comunidad sobre las relaciones de Estados Unidos con Cuba y el gobierno de los Castro. "Como soy realmente anticomunista, también soy muy antiimperialista", dijo. (AP, 2014).

El resentimiento anti-cubano existe por parte de obras comunidades, no solamente por esas políticas, sino por las actitudes racistas y soberbias de muchos exiliados con respecto a otras comunidades inmigrantes o negras norteamericanas.

Los temas de los viajes, el comercio y el embargo contra Cuba, es visto por otras comunidades como una forma de trato preferencial extendida a los cubanos, pero no a otros inmigrantes que provienen de circunstancias similares desde otras partes del mundo, son de otros orígenes étnicos (Bishin, 2005).

No siempre es vista con buenos ojos la posición de presiones e "intervencionismo" norteamericano con respecto a Cuba, incluyendo las generadas a través de organismos internacionales (Hernández, 1992 a).

El favoritismo del Gobierno de los Estados Unidos hacia los inmigrantes cubanos es una queja recurrente entre los no cubanos en Miami:

"además, la cobertura de noticias de la televisión local que pone de relieve la disparidad entre la política estadounidense hacia los refugiados cubanos que llegan a suelo estadounidense (a los cuales se les permite permanecer) contra la política hacia los refugiados haitianos (quienes están sujetos a extradición inmediata) sirve como un constante recordatorio de la preferencia aparente del Gobierno a favor de los cubanos" (Ibídem).

Cuba se ve en el discurso ideológico norte-americano como un ejemplo del mal, centrándose las informaciones sobre el tema en "los derechos humanos, la comunidad cubana o la debacle anunciada del socialismo en la isla" (Hernández, 1992:30).

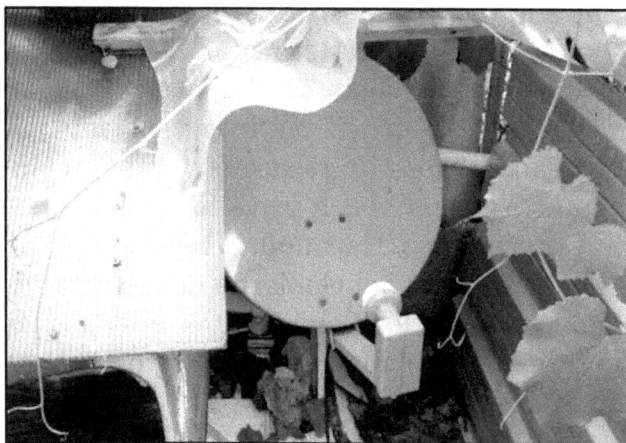

En la isla esconden las antenas parabólicas, introducidas y conectadas ilegalmente en la isla, no para ver las transmisiones de Radio y TV Martí, sino de otros canales internacionales. Foto de la AP. (García, 2011).

## La ira del extremismo

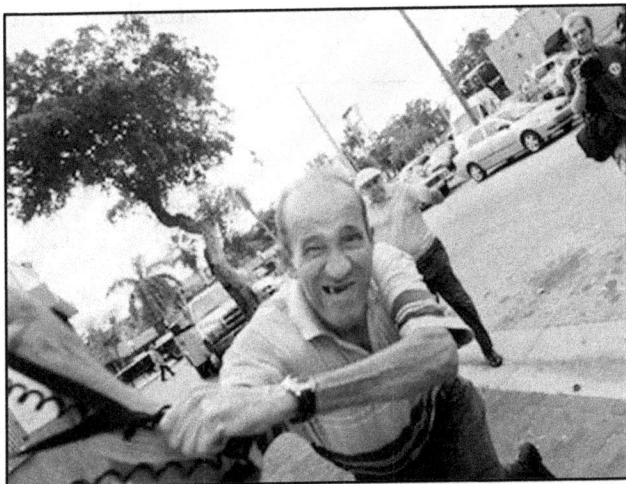

La foto de Carlos Barria, de la agencia de prensa inglesa *Reuters,* muestra a un exiliado cubano lanzando un megáfono a un partidario de Fidel Castro durante una manifestación de apoyo a Luis Posada Carriles, en la Pequeña Habana, Miami (Lazcano, 2007).

No sólo los medios comunitarios y la radio hispana, controlados por la comunidad extremista de derecha de mayor edad (Chun, 2004:7), han sido el centro de la controversia y los ataques, pues también los principales periódicos como *The Miami Herald* sufrieron la ira del extremismo.

Ello incluyendo amenazas de muerte a sus

editores, recibiendo: "llamadas anónimas con amenazas de bomba y las máquinas expendedoras de ejemplares de *El Herald* fueron atascadas con goma de mascar y embarrados de heces fecales" (O'Connor, 1992). Además, algunos fueron manchados con pintura con letreros de "¡comunistas!" (Rohter, 1992).

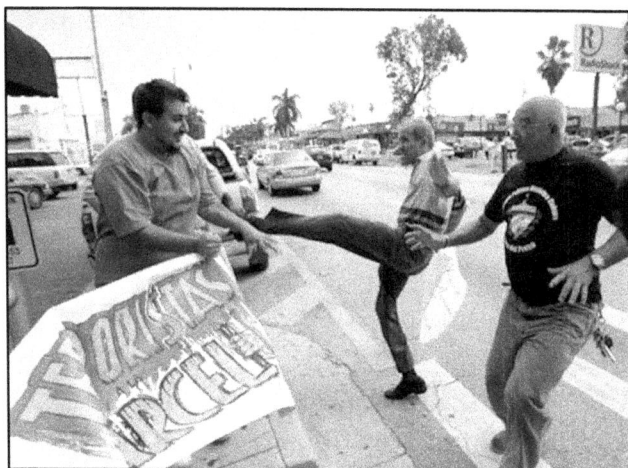

Foto de AFP, exiliados atacan a manifestante en Pequeña Habana, Miami, FL (Cuba Baseball, 2009).

Amenazas, difamación, chantaje y el uso del "terrorismo económico"[26] como instrumentos de violencia colectiva, ejercida en la

---

[26] "Por si fueran pocos los bancos de llamadas pagados para desprestigiar políticos y destruir programaciones de la competencia, el terrorismo económico a través de amenazas personales, o a los anunciantes, la exhortación radial a boicotear a quienes se salgan de la línea correcta, el pago bajo cuerda

forma de control social con el propósito específico de obligar a otros a someterse (Senechal, 1966: 101), tomaron muchas otras formas, como burlas, insultos, críticas, protestas, vandalismo e incendios intencionales, daño a propiedades, agresiones físicas y hasta el asesinato" (Valdés et al., 2009:23).

En su libro *En la tierra de los espejos: política del exilio cubano en Estados Unidos*[27], María de los Ángeles Torres, Profesora de estudios latinoamericanos en la Universidad de la Universidad de Illinois en Chicago expresa:

"El terrorismo como una forma de activismo se ha arraigado en la vida política de la comunidad de exiliados. Habiendo obtenido el control de los medios de Miami, de muchos negocios y la arena electoral, las fuerzas intransigentes del exilio intentaron imponer una perspectiva única y rígida anticastrista, mediante la intimidación y la violencia para silenciar a sus oponentes. Irónicamente, los que se oponen a

---

o el chantaje a los dueños de las emisoras o los bancos que las financian, ahora  ser políticamente incorrecto se puede pagar con el desempleo o la ruina" (González-Munné, 2006: 48).

[27] *In the Land of Mirrors: Cuban Exile Politics in the United States*

la intransigencia de la dirigencia revolucionaria terminaron en la creación de organizaciones y un ambiente político reflejo del de la isla" (Torres, 2001:82).

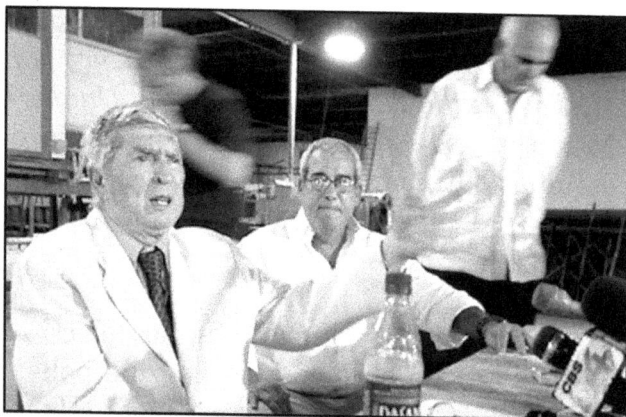

El exiliado cubano, ex operativo de la CIA, Luis Posada Carriles (izquierda), niega en una conferencia de prensa en Miami, su responsabilidad con la acusación de que planeó el atentado de un avión de *Cubana de Aviación* en 1976, donde murieron 73 personas. Posada ha sido acusado recientemente por el Gobierno cubano de tener vínculos con un grupo de 4 residentes de Miami arrestados en La Habana, bajo acusaciones de planear ataques a instalaciones militares Foto: AP. (SCMP, 2014).

Los ataques y el chantaje no se detienen con los suyos en la comunidad cubanoamericana, en un artículo al respecto de Anthony L. Hall, *Chantaje económico los cubanos de*

*Miami contra las Bahamas*[28], éste plantea:

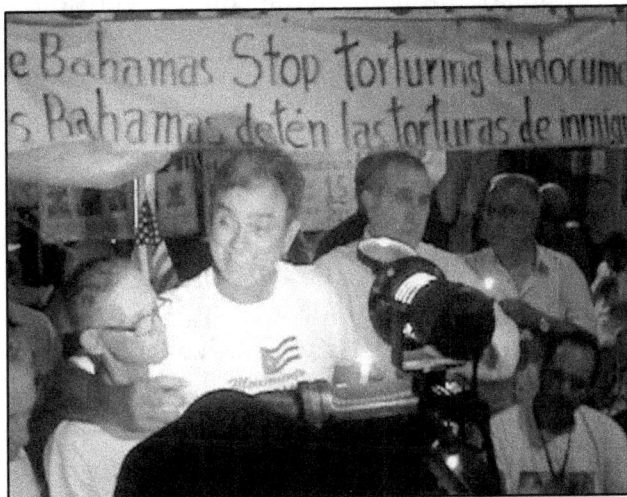

Ramón Saúl Sánchez y sus seguidores declaran victoria contra el Gobierno de las Bahamas tras una huelga de hambre en Miami (WN, 2013).

"Desde que los informes acerca del abuso de los guardias en un centro de detención en Nassau, Bahamas se esparcieron por toda la red, el gobierno de las Bahamas ha estado tratando de capear un huracán de relaciones públicas. Como era de esperar, estos informes provocaron indignación regional. Sobre todo en Miami, desde donde los exiliados cubanos (a.k.a. los cubanos de Miami) ejercen *una evidente* [subrayado en el original] influencia política

---

[28] *Miami Cubans' economic blackmail against The Bahamas.*

en los Estados Unidos que desafía su demografía política así como el sentido común..." (Hall, 2013).

Lo que no recoge el artículo es que el grupo al frente de las protestas en Miami, el Movimiento Democracia, está dirigido por Ramón Saúl Sánchez Rizo, convicto y sentenciado a nueve años en una prisión federal –luego reducida a cuatro-, quien fuera un miembro activo de las organizaciones terroristas *Alpha 66* y *Omega 7* (Justia, 1985).

Creo interesante el planteamiento de que la violencia por la "lucha contra el comunismo", se ejerce en Miami y no en la isla, como plantea el profesor Saul Landau[29]:

"Miami ha sido testigo de innumerables incidentes por más de cinco décadas donde quienes consideran sus propios puntos de vista sobre cómo traer libertad a Cuba como tan puros e irreprochables, que quien desafía su doctrina merece una bomba, una bala o un artefacto incendiario.

---

[29] Saul Landau (1936-2013) era un periodista estadounidense, cineasta y profesor emérito de la *California State Polytechnic University*, en Pomona, CA, donde enseñó historia y medios digitales. Nació en el Bronx, Nueva York.

Luis Posada Carriles habló de planes para "atacar" a un avión civil cubano sólo días antes del vuelo 455 de Cubana de Aviación que estallara en pleno vuelo el 6 de octubre de 1976, matando a todos los 73 pasajeros a bordo, según este documento desclasificado de la CIA de 1976 (Kornbluh, 2005).

"Irónicamente, estos extremistas no ejercitan su violencia machista en Cuba. Eligen lugares más seguros. Orlando Bosch y su cohorte Luis Posada

Carriles dijeron que intentaban liberar a Cuba cuando planearon el atentado del avión de pasajeros cubano en Barbados en 1976. Si usted cree en la liberación de Cuba, según plantea su lógica, están justificados para matar a todos los 73 a bordo. ¿Cómo esto ayudó para liberar a Cuba? – Bueno, ya sabes.

"Luchando por la libertad en Cuba – o pretendiendo – obtienes una licencia de Dios para destruir e intimidar a los Estados Unidos o en cualquier otro lugar. De hecho, en Miami se han producido cientos de atentados, tiroteos e incendios – todo este caos en nombre de esa gloriosa causa de liberación de Cuba. Aunque nadie todavía ha explicado realmente como un incendio o disparos en Miami ayudan a liberar a Cuba" (Landau, 2012).

## Enclave Cubano-Americano de Miami

En una "economía de enclave étnico" (Waldinger, 1993:445) donde los Cubano-americanos han sido dominantes en el departamento de policía, las comisiones municipales, las juntas de educación y los puestos de alcaldes (Sugarman, 1998) de las 35 ciudades del Sur de La Florida, la confrontación con la cultura política de los exiliados puede tener graves consecuencias.

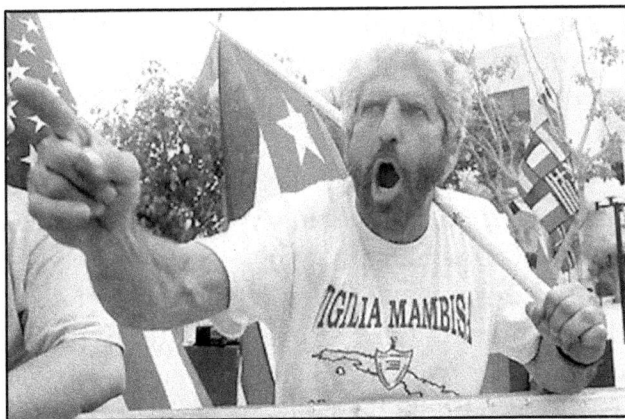

Miguel Saavedra, líder del grupo exiliado *Vigilia Mambisa* (LAS, s.n. b).

Esa cultura, basada en las interpretaciones de la realidad social y política, está "dominada por la creencia de que el oponente

de uno es traicionero. Las diferencias políticas, se convierten entonces en acusaciones
de traición. Si no se alcanza un objetivo nacional o político, sólo hay [una] razón posible: traición o deslealtad" (Valdes, 1992:
217).

No voy a llegar al extremo de algunos autores de considerar a los exiliados viviendo
en un estado esquizofrénico entre dos mundos (Gallagher, 1974) o como un "amputado
nacional", el cual "puede trabajar y funcio-
nar, procrear y jurar lealtad a una nueva
bandera, pero su mente nunca puede adap-
tarse a la pérdida de la otra vida. A lo que
podría haber sido. Lo que no puede ser..."
(Llanes, 1982:109).

Esta "capital del multiculturalismo", como
algunos la llaman, es también sitio donde
los escándalos políticos, la historia de corrupción en altos niveles, el crimen ram-
pante y un de alienación y violencia son comunes (Sugarman, 1998).

No es ningún secreto que las drogas contribuyen fuertemente al problema de la delin-
cuencia de Miami. Desde la década de los
1970, la ciudad ha sido número uno en el
tráfico de drogas, y durante tres décadas
desde entonces, los miamenses gozaron de
una época de beneficios económicos basados
en los "narco-dólares": "Pregúntele a cual-

quier oficial [de policía] en la calle que responde a llamadas por violencia doméstica, asalto, ataques físicos, crímenes violentos y ellos te dirán que hay un nexo con el uso de drogas', explica Jim Chambliff, jefe de investigaciones en la oficina del Departamento de la Florida de Aplicación de la Ley en Miami[30]. "Debido a nuestra ubicación geográfica, Miami es un sitio de transbordo principal en los Estados Unidos. El hecho de que estos fármacos están llegando a través de nuestra comunidad es un factor" en la corrupción (Ibídem: 109).

Una de las razones de los problemas evidentes de mala calidad de la educación y los servicios en general del Sur de La Florida es el control de un grupo de políticos cubano americanos de todos los niveles de la administración local.

Sin embargo, para algunos hay esperanza, como en el caso del profesor de Ciencias Políticas Darío Moreno, de la Florida International University, quien dijo: "Después de años de negación, con todas las acusaciones y la cosa con el alcalde [se refiere a acusaciones de corrupción y nepotismo con el entonces alcalde del municipio Miami-Dade, Alex Penelas].

La ciudad [los habitantes de las ciudades

---

[30] *Florida Department of Law Enforcement*

del Sur de La Florida] han llegado a la decisión de que sí tienen un problema con la corrupción" (en Ibídem).

Moreno agregó: "Después de años de silencio, la comunidad empresarial está empezando a crear una cultura cívica de no tolerancia.

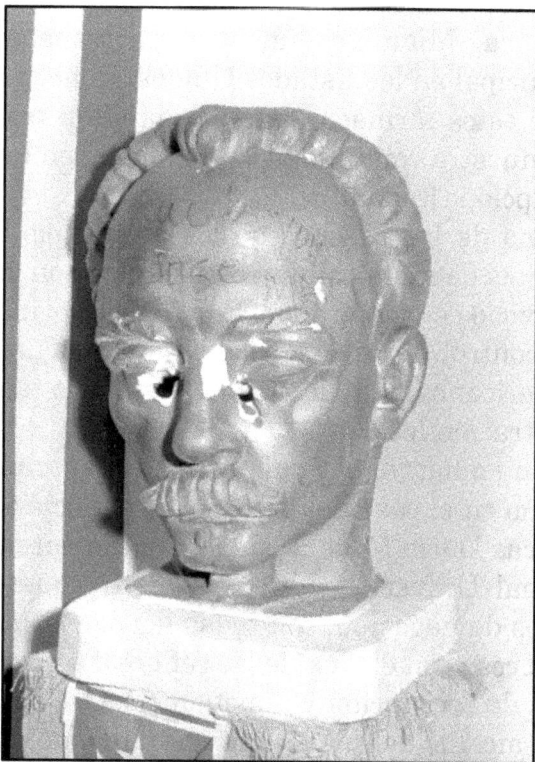

Foto de Asela Torres: escultura dañada durante un asalto al *Teatro Martí* en Miami: los vándalos escribieron en inglés: "Fuck you Jose Marti" [Vete a la mierda Jose Marti] (Torres, 1978).

Si la gente toma una visión cínica, entonces los políticos ya no será capaces de jugar la carta étnica", refiriéndose a los funcionarios de origen cubanos que han ido a la televisión y radio hispanas para reclamar que son víctimas de prejuicios raciales: "Una de las razones por las cuales la gente apoyaba a los políticos corruptos era la lealtad étnica... puede ser un delincuente, pero es nuestro delincuente" (en Ibídem).

La explicación para esta cultura irracional y extremista en Miami para algunos "radica en la naturaleza de la inmediata ola de exilio post revolucionario; en la capacidad posterior de este grupo para movilizar y dominar a subsecuentes oleadas de emigrantes cubanos; y en la complicidad de políticos y agencias de Estados Unidos" (Ludlam, 2009: 152).

Los llamados "batistianos" (Ludlam, 2008) –seguidores del depuesto dictador cubano Fulgencio Batista[31] (Sierra, n. d.)– demostraron desde 1960 en Miami:

"La capacidad para dominar a la comunidad del exilio a través de patrocinio económico y político local, el control de los medios de comunicación; cabildeo

---

[31] Fulgencio Batista y Zaldívar (1901-1973), presidente de Cuba entre 1940-44 y luego de un golpe de Estado entre 1952 y 1958.

en Washington [D.C.] y la participación en los programas de la guerra fría y la creación de una cultura del 'exilio' movilizados por el catolicismo conservador y el anticomunismo" (Ludlam, 2009: 151).

Fulgencio Batista y Zaldívar, abril de 1958 (Castillón).

Aunque los enclaves cubano-americanos en los Estados Unidos no son monolíticos (Alberts, 2005:237) y "tienen todo tipo de políticas y alianzas, desde 1959, intransigentes anticastristas han dominado la vida del exilio en los negocios, la política y los medios de comunicación" (Bardach, 2003:75), algo que lentamente está cambiando y "fracturándose a lo largo de las líneas generacionales" (Williams, 2006).

Como el profesor cubano Rafael Hernández

expresara en su artículo *El ruido y las nueces II: el ciclo en la Política de los Estados Unidos hacia Cuba*:

"Su peso [el de la comunidad cubanoamericana en los EEUU, sobre todo del área Miami] se ha tendido a sobrestimar, especialmente a partir del trato diferenciado que le han otorgado a su sector derechista las dos últimas administraciones republicanas. Este sector aprovecha un espacio creado por la hostilidad de la política exterior de EE.UU. hacia Cuba. En estas condiciones, la beligerancia y capacidad de influencia consentida al lobby neoconservador cubano-americano se han acrecentado. Ejemplos patentes de esta capacidad son los proyectos de *Radio Martí y Tele Martí* [sic], en donde han desempeñado un rol de primera fila..." (Hernández, 1992:30).

En algunos números de lo que somos en el sur de La Florida: 67% (1,02 millones) de todos los cubano-norteamericanos residente s en los EEUU viven en el estado de Florida, el grupo latino con la mayor concentración geográfica en los Estados Unidos.

Este grado de concentración es aún más notable cuando el 48% (856,000) vivimos en el Condado de Miami-Dade, casa para el llamado "enclave cubano-americano" (Motel, 2012).

Otra característica del "gueto" es que los cubanos no se dispersan como otras comunidades inmigrantes durante el proceso de integración, básicamente por el tema del idioma y el apoyo familiar entre otras características.

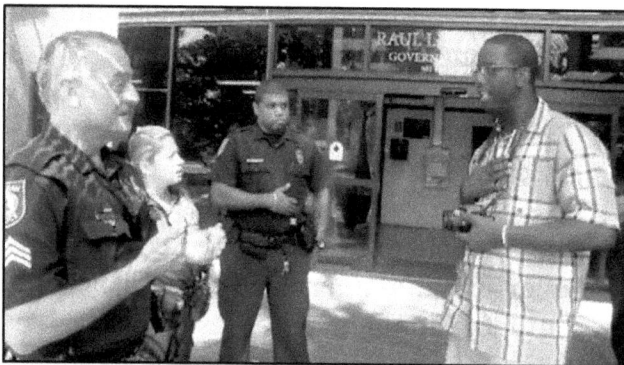

Un grupo de personas que se presentó en la alcaldía de Hialeah, La Florida, haciendo una solicitud de registros públicos fue detenido por la policía, porque los empleados sintieron que habían "invadido' la Oficina del Registro Público y 'los atacaron" con sus cámaras, lo cual los hizo sentir 'intimidados". "Esto son los Estados Unidos, esto no es Cuba. Ustedes tienen que dejar de violar los derechos de las personas, dijo un miembro del grupo" (Klimas, 2013).

Sin embargo, esto a la vez tiene una parte oscura, pues los grupos más extremistas tratan de mantener el control "con la violencia e intimidación para implantar sus normas culturales políticamente definidas" (Eckstein, 2009:58).

Como plantea el profesor Sergio Plaza Cerezo de la Universidad Complutense de Madrid (España)[32]: "Los latinos no han sido engullidos por el 'melting pot'[33] anglosajón, pero han formado el suyo propio. Una identidad colectiva aflora, enfatizando las similitudes culturales entre todas las minorías hispanohablantes" (Plaza-Cerezo, 2008).

¿Ayuda de Gobierno en La Florida, el idioma, la posibilidad de encontrar trabajo entre los suyos? Varias son las razones, pero no queremos desviarnos del objetivo de este trabajo (Fradd, 1983).

Sin embargo creemos necesario mencionar otro de los puntos importantes dentro de la emigración cubana a los EEUU: los negros cubanos prácticamente no abandonan la isla y se radican en "el norte" (Méndez, 2012).

Los propios cubanoamericanos se caracterizan en las encuestas como blancos (55%) que como Latinos o hispanos (24%) (Jackson, 2012). La emigración cubana a los EEUU es en su inmensa mayoría blanca, de

---

[32] *Un análisis económico del mercado hispano de Estados Unidos,* ver bibliografía.

[33] Crisol de razas, expresión de analogía usada para representar la forma en que las sociedades heterogéneas gradualmente se convierten en sociedades homogéneas, pues personas de diferentes culturas, razas y religiones se combinan para formar una sociedad multiétnica.

un país predominantemente negro y mestizo.

Beyonce en La Habana, foto de la Prensa Asociada, AP (Gabbay, 2013). No hay ningún negro cubano-americano como funcionario electo en Miami, ni hay líderes de grupos del exilio importantes, tampoco existen muchos estudios académicos documentando su migración -a pesar de que son más representativos de una isla donde la mitad o más de la población se estima ahora en negro y mulato. Parte de su invisibilidad es el resultado de las pequeñas cifras de su emigración, las cuales aunque han aumentado ligeramente en los últimos años, muestran a los residentes negros de ascendencia latina en el municipio Miami-Dade por debajo del 3%, cifras muy parecidas al Censo nacional norteamericano. Según los sociólogos los blancos han predominado abrumadoramente en el éxodo de Cuba revolucionaria en los últimos 38 años (Navarro, 1997).

## Las olas migratorias: el exilio

El éxodo cubano tras el Triunfo de la Revolución cubana el 1ro de Enero de 1959, integra cuatro grandes oleadas migratorias, marcadas por composiciones sociales diferente, por clase social, raza, educación, género, composición familiar y valores, todo ello como resultado de las cambiantes fases del proceso cubano (Pedraza, 2008).

Estas diferentes '"cosechas migratorias'" que componen la comunidad cubana en los Estados Unidos de hoy está compuesta por diferentes capas inmigrantes, marcadas por las etapas sociales dentro de la isla y se dividen en: la "élite" de Cuba –batistianos, sus familias y relaciones- comenzando en 1959.

De acuerdo con el censo norteamericano de 1990, entre 1960 y 1964, llegaron unos 173,000 cubanos, hasta octubre de 1962 cuando, como resultado de la Crisis de los Misiles[34], todos los vuelos comerciales cesaron (Ibídem).

---

[34] En octubre de 1962, aviones espías norteamericanos U2 detectaron la construcción de rampas de misiles y la presencia de tropas soviéticas en la isla. El 22 de octubre, con el apoyo claro de sus aliados occidentales, el entonces presi-

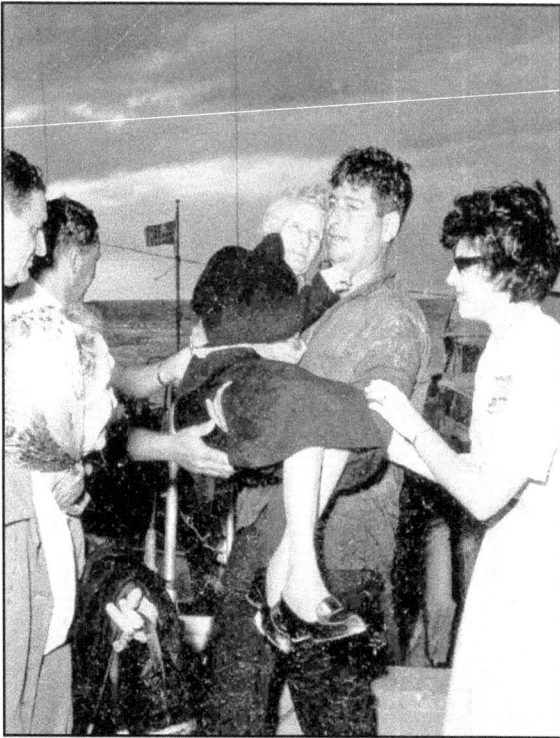

De octubre a noviembre de 1965, se permitió salir de Cuba por mar a través del puerto de Camarioca, al norte de la provincia de Matanzas. Unas 3,000 personas salieron de esta manera. Ambos países negociaron un fin a ese éxodo peligroso mar abriendo los Vuelos regulares de la libertad por el cercano aeropuerto de Varadero, hasta 1975. (Rubenstein, n. d.).

---

dente John F. Kennedy establece una "cuarentena defensiva", es decir, un bloqueo de la isla, desplegando unidades navales y aviones de combate en torno a Cuba. Fue el momento de la Guerra Fría en que más cerca se estuvo del enfrentamiento directo entre la URSS y EEUU y de la hecatombe nuclear (Ocaña, 2013).

La pequeña burguesía cubana, a partir del otoño de 1965 constituye la segunda ola, la cual culminó en 1974 y donde vinieron a los EEUU más de 250,000 obreros y pequeños comerciantes, los cuales tuvieron desde entonces el beneficio de la *Ley de Ajuste Cubano* [Cuban Adjustment Act][35], firmada por el presidente Lyndon B. Johnson[36], la cual da excepcionales prerrogativas a los inmigrantes cubanos.

La tercera ola fueron los llamados "marielitos", el caótico éxodo desde el Puerto de Mariel en 1980, desde donde arribaron más de 125,000 cubanos, aprovechando el Gobierno cubano para vaciar sus cárceles y hospitales siquiátricos, una "cosecha" sin relación con los grupos anteriores y por lo tanto destinada a crear hostilidad (Aja-Díaz, 2000).

[35] La ley de ajuste cubano de 1996 (CAA) prevé un procedimiento especial bajo el cual los nacidos o ciudadanos cubanos y sus cónyuges e hijos acompañantes pueden obtener una tarjeta verde (residencia permanente). La ley da al Fiscal General la discreción para otorgar la residencia permanente a nacidos o ciudadanos cubanos solicitar una tarjeta verde si: han estado presentes en los Estados Unidos por al menos 1 año; han sido admitidos o en bajo palabra (paroled); o son admisibles como inmigrantes (DHS, 2011).

[36] Lyndon Baines Johnson (1908–1973), fue el trigésimo sexto presidente de los Estados Unidos. asumió el cargo de Presidente, después del asesinato de John F. Kennedy el 22 de noviembre de 1963, en el avión que trasladaba los restos de éste desde Dallas. fue elegido para un nuevo período presidencial el 3 de noviembre de 1964, ganando las elecciones con un 61,1% de los votos populares contra apenas un 38,5% que obtuvo su rival republicano Barry Goldwater (LBJ, n.d.)

La cuarta ola fueron los "balseros", la cual no ha terminado aún y ha sido provocada básicamente por el endurecimiento de la situación económica de la isla y el fin de los subsidios con la desaparición del bloque comunista europeo y la Unión Soviética.

Barco con refugiados del Mariel (Flintoff, 2010).

Finalmente ahora continúan llegando oleadas de inmigrantes ilegales cruzando las fronteras o legales por las 20,000 visas norteamericanas que se otorgan anualmente, basadas en el convenio de los acuerdos migratorios entre los dos países de 1994-95[37], los cuales regresan frecuentemente a la isla a visitar a sus seres queridos y no se consideran en su mayoría como "exiliados".

---

[37] Durante 1995 Estados Unidos utilizó diferentes prerrogativas contenidas en la Ley General de Inmigración de los Estados Unidos, que le permitieron otorgar más de 26,244 visados (Aja-Díaz, 2002:29). Se conoce como el *Cuban Migration Agreement* (Wasem, 2009).

Según datos del Censo de los Estados Unidos[38], de 1,113,901 nacidos cubanos, ingresaron an país en el año 2010 o después un 7.7%, del 2000 al 2009 un 28.9%y antes del 2000, 63.4% (US Department of Commerce, 2014).

En Mayo de 1980: Una línea de refugiados cubanos espera en los muelles de Key West para ser procesados por inmigración norteamericana, tras llegar desde el puerto de Mariel, en Cuba. Foto de Tim Chapman (Chapman, 2010).

Estudios científicos determinan que a pesar de que la mayoría de los cubanos en los Estados Unidos se identifican como "blancos" descendientes de españoles (Khan, 2012), cuando la realidad es que es una raza

---

[38] *Selected population profile in the United States more information 2012 American Community Survey 1-Year Estimates.*

mixta, mucho más que *Amerindia*[39], con la influencia africana y china, pero no podemos olvidar que de un país 73% mestizo, existe una emigración básicamente de piel blanca (Manichaikul, et al. 2012).

Algunas de las 4,000 personas que se arremolinaron en el aeropuerto de Miami para saludar a Presidente John F. Kennedy, traspasaron las líneas de la policía y gente cercana al Presidente para estrechar su mano y tomar su foto, el 18 de noviembre de 1963. Kennedy habló a la multitud de aeropuerto y luego se dirigió a la Asamblea Inter American Press Association en Miami Beach esa noche. Fue su última visita a Miami, cuatro días después era asesinado en Dalas, Texas. Foto del Archivo de la Prensa Asociada AP. (TMH, n. d.)

La inmigración ha sido una herramienta

---

[39] Los indígenas americanos, amerindios, nativos americanos o indoamericanos, pobladores originarios de América y sus descendientes mantienen su cultura..

de la política exterior de los Estados Unidos desde su fundación, pero en el caso de los cubanos, el gobierno estadounidense dio la bienvenida a la inmigración desde la isla entre 1961 y 1980 para mostrar cómo los cubanos "votaron con los pies" en el rechazo a su

Un portacontenedores de la compañía de carga trasatlántica de La Florida, *Crowley* entrando al Puerto de La Habana. Fue la primera compañía de Estados Unidos en obtener una licencia federal norteamericana para prestar servicios regulares de transporte de carga a la República de Cuba Estados Unidos, iniciando ese servicio en diciembre de 2001, el primero en casi 40 años y ha mantenido un servicio regular desde entonces (Cuba, 2014). El primer cargamento enviado al mega-puerto cubano de Mariel, considerado el más importante del Caribe en enero pasado, fue un cargamento de pollo congelado de Estados Unidos, en contenedores de *Crowley* (Cuba Standard, 2014).

Gobierno y "utilizarlos como un arma" [para

derrocar el gobierno de Fidel Castro (Domínguez, 2006).

Desde la época del presidente John F. Kennedy, cuando más de 100,000 habían emigrado tras el triunfo de la Revolución en la isla, los Estados Unidos formulaba estratégica e ideológicamente su programa cubano, unificando su política exterior y de inmigración (Domínguez, 1990).

El embargo contra Cuba fue promulgado mediante el Decreto Ejecutivo 3447, firmado por el entonces Presidente de los Estados Unidos John F. Kennedy el 7 de febrero de 1962 en represalia por nacionalización de empresas estadounidenses en la isla y su alineación con el "Comunismo sino-Soviético". El embargo se estrechá aún más con el fin de la Guerra Fría, especialmente a través de la Ley Helms-Burton de 1996 (Keller, 2012).

En un reporte del *Servicio de Búsquedas*

*del Congreso* [40] [de los EEUU] se dice:

"Desde la década de 1960, la política estadounidense hacia Cuba ha consistido en gran medida de aislar a la nación a través de sanciones económicas integrales....Otro componente de la política estadounidense consiste en medidas de apoyo para el pueblo cubano, una supuesta segunda pista de la política estadounidense[41]. Esto incluye donaciones humanitarias privadas de Estados Unidos, apoyo del gobierno de Estados Unidos a los esfuerzos de construcción de la democracia para Cuba, y transmisiones patrocinadas por Estados Unidos de radio y televisión a

---

[40] *Congressional Research Service*

[41]"Además de las sanciones, otro componente de la política estadounidense, una supuesta segunda pista [el subrayado es mio], consiste en medidas de apoyo para el pueblo cubano. Esto incluye donaciones humanitarias privadas estadounidenses, exportaciones médicas a Cuba bajo los términos de la Ley de la Democracia Cubana de 1992 [presentada por el Congresista Robert Torriceli], apoyo del gobierno de Estados Unidos para los esfuerzos de construcción de la democracia y la radio y televisión a Cuba patrocinada por EEUU. Además, el Congreso 106 aprobó la y la Ley de Reforma y Mejoras de Exportación de las Sanciones de Comercio de 2000 (P.L. 106-387, Título IX) que permite las exportaciones agrícolas a Cuba, aunque con las restricciones a la financiación de tales exportaciones. Esto condujo a los Estados Unidos a convertirse en uno de los mayores proveedores de productos agrícolas de Cuba" (Sullivan, 2014).

Cuba, *Radio y TV Martí*. Según la administración, la política de dos vías de aislar a Cuba, pero llegar a los cubanos, cumple con ambos intereses estratégicos y humanitarios de Estados Unidos" (Sullivan, 2001:1,6).

La Asamblea General de las Naciones Unidas en Nueva York, ONU, votó abrumadoramente el año pasado para condenar el embargo comercial, económico y financiero de Estados Unidos contra Cuba, de nuevo como en los últimos 22 años. El voto fue de 188-2, con tres abstenciones. Los Estados Unidos e Israel votaron en contra y se abstuvieron las Islas Marshall, Palau y Micronesia (Spielmann, 2013).

## VIOLENCIA E INTIMIDACIÓN COMO POLÍTICA

Como el informe de *Americas Watch*[42] de 1992 reflejaba: "la violencia y la intimidación de las voces políticas disidentes en la comunidad cubana de Estados Unidos no es nada nuevo... las voces 'moderadas' dentro de la comunidad... son recibidas con una variedad de respuestas que van desde el rechazo a la violencia" (Americas Watch, 1992: 1,2).

Otro informe posterior, encontró que en Miami:

"Además de intimidación por parte de personajes individuales, el informe encontró responsabilidad significativa por parte del gobierno en todos los niveles, incluyendo el acoso directo por

---

[42] Americas Watch fue fundada en 1981 en la época en que sangrientas guerras civiles envolvían a Centroamérica. Confiando en la extensa investigación sobre el terreno, *Americas Watch* no sólo se enfoca en los abusos de las fuerzas gubernamentales, sino que aplica el derecho internacional humanitario para investigar y denunciar los crímenes de guerra por grupos rebeldes. Además de su preocupación en los países afectados, *Americas Watch* examinó también críticamente el papel desempeñado por los gobiernos extranjeros, particularmente los Estados Unidos, en la prestación de apoyo militar y político a regímenes abusivos (HRW, 2014).

parte del gobierno, apoyo gubernamental a grupos vinculados al comportamiento contra la libertad de expresión y la persistente falla de arrestar o enjuiciar a los responsables de los ataques violentos contra los voceros impopulares" (HRW, 1994:2).

Coincido con el profesor de sociología Guillermo Grenier, de la Universidad Internacional de la Florida[43], de que aunque la ideología del exilio persiste y domina, no todos los cubanoamericanos "puede ser pintados con el mismo pincel" (Grenier, 2006:7), pues somos una población diversa, no tan monolítica políticamente como nos consideran erróneamente.

La idea del Dr. Grenier es que la caída del

---

[43] Florida International University (FIU).

campo socialista y el final de la Guerra Fría, ofreció a los exiliados cubanos "un modelo operativo" para su sueño de derrotar a la Revolución cubana, partiendo de un derrumbe imprevisto a una "evolución gradual desde adentro", proceso que pudiera ser promovido "por la apertura en lugar de hostilidad y aislamiento" (Ibídem):

"En consecuencia, algunos cubano-estadounidenses, incluyendo algunos extremistas tradicionales, comenzaron a adoptar una estrategia de promoción de relajación de las tensiones con La Habana y elementos interesantes dentro de Cuba. El surgimiento de esta nueva orientación condujo al establecimiento de varias organizaciones que, de diferentes maneras, conceptualiza el activismo anticastrista en términos más moderados, exponiendo una eliminación de hostilidades y haciendo hincapié en las relaciones constructivas con el Gobierno cubano en la década de 1990. Estas nuevas organizaciones se han comprometido a una transición pacífica hacia la democracia que no se basaría en el enfrentamiento y la hostilidad.

Estos acontecimientos sirvieron para ampliar el espectro ideológico de la política del exilio cubano, creando nuevas voces que argumentaron en contra de la continuación de la política actual de Estados Unidos. Aunque estos nuevos elementos hasta el momento no han podido obtener predominio dentro de la comunidad, han servido para desafiar lo que había sido una imagen monolítica de la política del exilio, brindando apoyo a las iniciativas que cuestionan el curso tradicional de las relaciones Cuba-Estados Unidos" (Ibídem).

Pero, ¿Quiénes alimentan el extremismo y el racismo en Miami?

En *Radio Mambí* de Miam, WAQUI 710 AM Radio, la Congresista cubanoamericana Ileana Ros-Lehtinen y Armando Perez Roura, Director de Noticias de la estación (Ros-Lehtinen, 2013 a).

Uno de los instrumentos de la violencia es

la radio del sur de Florida, que como el espectro de la comunidad cambia: "algunos observadores dicen que un movimiento hacia una radio en español más moderada, sería saludable para una ciudad demasiada obsesionado con la vida de dos hermanos inflexibles [Fidel y Raúl Castro] en una isla unos pocos cientos kilómetros de distancia" (Alvarado, 2012).

El espectro de comunidad hispana del sur de Florida se alimenta constantemente con cientos de miles de cubanos nuevos y recién llegados de otros grupos étnicos de América Latina y el Caribe.

El crecimiento de los no-cubanos, ahora más de la mitad de la población de la zona y la desaparición de la generación anterior de los años 60, muestra en las ondas radiales cómo la realidad alcanza en las voces de la radio de extremistas de la derecha.

En las últimas dos décadas, estaciones como la de propiedad colombiana *Radio Caracol* y venezolana *Actualidad Miami* han ganado miles de oyentes a expensas de las viejas estaciones cubanas, cambiando el mercado junto con demografía, pues si bien en 1997 en el sur de La Florida otras etnias representaban el 40 por ciento de la población hispana, hoy son cerca de la mitad (Alvarado, 2012), siendo la comunidad de origen venezolano la más activa políticamente (Margolis, 2012).

"Desapareciendo junto con la generación más vieja de cubanos que sintonizan...", como dice John De León, quien fuera abogado de *ACLU* [44] y nativo de Miami: "en la radio cubano-americana, oyes cosas que pasaron hace 50 años como si estuvieran sucediendo ahora... Es muy nostálgico, pero no es propicio para el cambio y el progreso en la comunidad" (Ibídem).

Ileana Ros-Lehtinen (a la derecha) y Nelson Rubio en la emisora de radio Actualidad Miami, WURN 1020 AM (Ros-Lehtinen, 2013).

El principio de que el resto del mundo no existe y de que vivimos en un "enclave semi-autónomo" (Cabrera, 2009), es algo común en Miami, sobre todo en la generación de exiliados de mayor edad, los cuales no se caracterizan precisamente por su tolerancia y

---

[44] Asociación [Norte] Americana de Libertades Civiles.

nada más que escuchando la radio en español, se puede encontrar que el racismo es parte importante de sus creencias y sentimientos.

Exiliados protestan en Miami por el retorno a Cuba del balserito Elián Gonzalez (Lynn, 2007).

Sin embargo, considero particularmente interesante el criterio del reconocido intelectual cubano, Dr. Esteban Morales Domínguez, en cual afirma: "la llamada contrarrevolución cubana actual no es legítima, ni lo será nunca"[45]:

"Desde antes del triunfo revolucionario de 1959, ya el entonces presidente Eisenhower hacia todo lo posible por evitar la toma del poder político por parte

---

[45] Artículo: "La contrarrevolución cubana nunca ha existido".

de la fuerzas revolucionaras lideradas por Fidel. Como ello fue imposible, entonces la actividad de los planes contrarrevolucionarios fraguados, organizados y financiados desde Estados Unidos, se concentraron entonces en evitar a toda costa que las fuerzas revolucionarias se consolidaran en el poder. Todo lo cual tuvo lugar siempre bajo el liderazgo de las administraciones norteamericanas hasta hoy" (Morales-Domínguez, 2012)[46]

---

[46] El Profesor Domínguez-Morales fue expulsado del Partido Comunista de Cuba (Abril de 2010 y fue readmitido posteriormente) por su actitud de enfrentamiento contra el acomodamiento y la corrupción en las filas políticas y de Gobierno en lo que él califica en el artículo que causó esa expulsión *Corrupción: ¿La verdadera contrarrevolución?* (Agencias, 2011), donde dijo: "en realidad, la corrupción es mucho más peligrosa que la llamada disidencia interna. Esta última aún se encuentra aislada: carece de programa alternativo, no tiene líderes reales, no tiene masa. Pero la corrupción resulta ser la verdadera contrarrevolución, la que más daño puede hacer, porque resulta estar dentro del gobierno y del aparato estatal, que son los que realmente manejan los recursos del país" (Morales-Domínguez, 2010).

## EL CASO DE *THE MIAMI HERALD*

Cuando tres periodistas del gemelo en español de *The Miami Herald*, *El Nuevo Herald* –fundado como un suplemento en 1976 (López-Morales, 2011)- recibieron pagos de los programas de radio y televisión administrados por el gobierno de Estados Unidos, *Radio y TV Martí*, destinados específicamente a promover la subversión en Cuba (Joyner, 2006), llamó la atención a nivel nacional e internacional, resultando en un escándalo (Corral, 2006).

El mismo diario había publicado ya un problema similar en 2002 sin que se tomara ninguna acción al respecto (Lundberg, 2010, 14). El artículo "incluso se jactó de la cantidad que la Sra. [Olga] Connor obtenía por cada programa" (Fontova, 2006).

Los pagos por parte de un tercero, especialmente si es una rama del gobierno, va más allá de la lealtad a su patrón en los medios de comunicación, porque el que paga es su jefe y la definición ética es simple: "discernir la diferencia entre el bien y el mal" y por supuesto, actuar en consecuencia (Foreman, 2009:4).

Para hacerlo mucho peor, ese tipo de "moon

lighting", o pluriempleo con una institución gubernamental de los periodistas cubano americanos de *The Miami Herald* se remontan a 1985 y los dos artículos en cuestión sobre el tema del 2002 mencionan, sin objetar o mostrar las consecuencias negativas, que Pablo Alfonso y Olga Connor era colaboradores pagados de Radio y TV Martí (Corral, 2006 b).

(De izquierda a derecha) Margarita Rojo, Guillermo Martínez y Pablo Alfonso en los estudios de Radio Martí (BBG, 2013).

La periodista Frances Robles, entonces en *The Miami Herald* señaló el hecho, pero su supervisora, Myriam Márquez, hoy Editora Ejecutiva del periódico, "contestó que la cuestión había sido recogida en diez pulgadas de texto en el informe original de Oscar

[Corral], pero fueron cortadas por falta de espacio" (Fernández, 2009).

En la medida en que el reportaje se estaba editando, fue cortada en diez pulgadas de espacio para acomodar un espacio con las reacciones de las personas mencionadas. "Esas 10 pulgadas contenían los nombres de los expertos en ética que terminaron siendo citados anónimamente y una referencia a otro trabajo de 2002 que situaba a [Olga] Connor en la nómina de *Radio y TV Martí*. Esos cortes fueron mal aconsejados, por decir lo menos posible" (Hoyt, 2006).

ALFONSO  CONNOR  CANCIO  COSSIO  MONTANER

CAO  REMOS  CLARO  FERRE  CRESPO

La lista de periodistas locales incluye a colaboradores y reporteros, como el columnista Pablo Alfonso de *El Nuevo Herald*, la colaboradora Olga Connor y el reportero Wilfredo Cancio (Corral, 2006).

De hecho, otros seis empleados de *El Nuevo Herald* recibieron pagos de *Radio y TV Martí*, 49 en los medios hispanos de Miami.

El gobierno estadounidense ha invertido

más de $500 millones de dólares, del dinero de los contribuyentes norteamericanos en estos "servicios", específicamente el *Office of Cuba Broadcasting* [47] (OCB) en Miami, poniendo "en su nómina a periodistas nacionales d para transmitir el mismo mensaje dentro y fuera de los Estados Unidos sobre cuestiones relacionadas con Cuba" (La Riva, 2008).

El escándalo de *The Miami Herald* le costó sus puestos de trabajo al editor y diez periodistas del periódico –la mayoría de la edición en español- y de la cadena latina de televisión *Univisión* (Corral, 2006 a), así como a un grupo selecto de colaboradores, los cuales más tarde regresaron a las páginas editoriales de *El Nuevo Herald*

Una "inspección interna" (Associated Press, 2006) reveló que cuatro de los seis empleados que aceptaron pagos del Gobierno norteamericano habían sido autorizados por el fallecido editor ejecutivo de *El Nuevo Herald*, Carlos Castañeda (Times Staff, 2002).

Bajo la presión de la comunidad del exilio cubano, después de que Jesús Díaz Jr., editor de *The Miami Herald* despidiera a tres periodistas de *El Nuevo Herald* por recibir pagos de *Radio y TV Martí* (Pablo Alfonso,

---

[47] Agencia federal, supervisa transmisiones de radio y TV>.

Wilfredo Cancio Isla y Olga Connor).

La compañía californiana *McClatchy*, en ese entonces propietaria de los periódicos, instruyó a Díaz menos de un mes más tarde de que los volviera a contratar.

Carlos M. Castañeda (1932-2002), Editor y Director de El Nuevo Herald en Miami, FL (1998-2002) y posteriormente consultor editorial del periódico (FECMC, n. d.)

La realidad era que tenían además autorización de su supervisor en aquel tiempo, el editor ejecutivo de *El Nuevo Herald*, Humberto Castelló. Díaz renunció tras restablecer a los periodistas despedidos y dijo que había perdido el control de sus redacciones y por tanto no podía continuar en su puesto (Seelye, 2006).

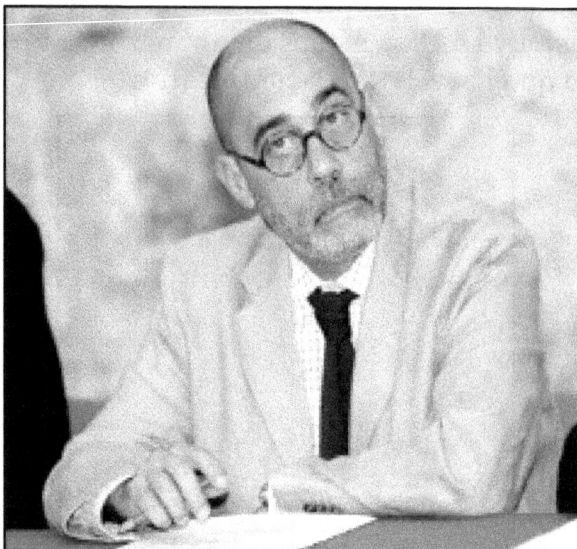

(Ichikawa, 2009)

Castelló declaró:

"para aquellos que no han vivido como adultos bajo un régimen socialista, comprender la pasión que los exiliados acopian para llevar la democracia a Cuba puede ser difícil... Algunos exiliados consideran su deber hacer lo que pueden para derrocar el gobierno de Castro... Es muy normal y natural para nosotros, para los periodistas cubanos" (en Prince, 2006).

En cuanto a los pagos Pablo Alfonso recibió $175,000 por su trabajo en *TV* y *Radio Martí*, Wilfredo Cancio Isla, $15,000 y Olga Connor, $71,000. Ese mismo año (BBC News, 2006).

En julio de ese año, en un encuentro en Argentina entre el entonces presidente cubano Fidel Castro y Juan Manuel Cao, reportero del canal cable en español 41 de Miami, Castro le preguntó si alguien le estaba pagando por preguntarle.

Posteriormente el Sr. Cao admitió haber recibido pagos por parte del Gobierno de los Estados Unidos: "No hay nada sospechoso en esto. Lo haría gratis. Pero las normas no lo permiten. Simbólicamente, cobro por debajo de los precios del mercado" (Ibídem).

Sin embargo hay argumentos legales sobre la importancia de evitar la discriminación a los periodistas sobre la base de sus ideas políticas o desempeño social, lo cual es más común de lo que todos quisiéramos[48].

---

[48] *Free Speech Vs. Free Press: Analyzing the Impact of Nelson v. McClatchy Newspapers, Inc. on the Rights of Broadcast Journalists* [Libertad de expresión vs prensa libre: Analizando el impacto de Nelson v. periódicos McClatchy, Inc. sobre los derechos de los periodistas de la televisión] (Ara, 1999). Ver Bibliografía.

En la sociedad norteamericana el dinero y los objetivos políticos siempre fueron las fuerzas impulsoras detrás de la prensa y como resultado, se cuestiona su objetividad (Dicken-García, 1989). Recordemos precisamente la llamada "prensa amarilla" en este país y su relación con la libertad de Cuba[49].
Tribunales en los EEUU han confirmado legalmente las medidas adoptadas por las entidades de medios de comunicación corporativos resultando en la censura política de periodistas, lo cual indirectamente incita a los periodistas a tener una mayor fidelidad con las corporaciones de medios de comunicación y sus agendas, en lugar de a sus comunidades o creencias individuales (Ara, 1999:530).

---

[49] *Yellow Press*, prensa sensacionalista, originada durante la "batalla periodística" entre el diario *New York World*, de Joseph Pulitzer, y el *New York Journal*, de William Randolph Hearst, de 1895 a 1898. Ambos periódicos engrandecieron ciertas noticias –como los acontecimientos relacionados con la Guerra de Independencia en Cuba contra el colonialismo español- para aumentar las ventas y pagaban a implicados para conseguir exclusivas. Es un juego de palabras en inglés, pues Yellow significa tanto amarillo como cruel y cobarde.

## Ética vs Pluriempleo

Las reacciones de indignación a lo largo y ancho del país, incluyeron una declaración del capítulo del sur de la Florida de la *Sociedad de Periodistas Profesionales*[50], declarando que aceptar pagos de agencias gubernamentales: "contradice la norma del periodismo independiente y socava la confianza del público en la credibilidad de los medios de comunicación" y continúa:

"Los periodistas del sur de Florida y cada vez más a través de los Estados Unidos, provienen de países con fuertes tradiciones ideológicas de periodismo militante[51], diferentes de las que tenemos en los Estados Unidos. Mientras respetamos otras formas de comunicación, la Sociedad acordó hace mucho tiempo que el profesionalidad requiere que los periodistas sean autónomos de aquellos en el poder, especialmente el Gobierno. Por otra parte, creemos que cualquier perspectiva

---

[50] *Society of Professional Journalists.* Se fundó en 1909.
[51] "Advocacy Journalism, en el original en inglés.

ideológica tomada por un medio de comunicación debe ser indicado abiertamente para que sus lectores o especta-
dores pueden juzgar mejor la veracidad
de la información ofrecida..." (en Corral, 2006 d).

El enlace al texto original en la página web
de la *Sociedad de Periodistas Profesionales*
(capítulo del sur de la Florida) está vacío.
Nuestras llamadas telefónicas y correos
electrónicos a la asociación en el estado y a
nivel nacional, solicitando una copia de la
declaración mencionada, nunca tuvieron resultados.

Antena parabólica en el techo de las emisoras financia-
das por EEUU, *Radio Free Europe* y *Radio Liberty*.
Foto AFP, Nana Jakrlova (TV-Novosti, 2013).

Ecos en la prensa nacional de este escándalo revivieron el debate entre la independencia de la *BBC* [52] y la *Voz de América* y la diferencia entre ellos. El conductor por muchos años de programas de la VOA, Martin Schram comentó que consideraba el servicio de radio del Gobierno más afín con la BBC que las emisoras orientadas a Cuba: "su objetivo es deshacerse de Castro y son muy ideológicas y lo reconocen. Yo no iría nunca a trabajar para ellos" (Gerstein, 2006).

Un bombero observa el daño producido por un incendio en la sede de la Oficina de Transmisiones para Cuba (OCB) en Miami en Abril de 2013 (BBG, 2013).

EL *BBG*, opera *Radio y TV Martí* y tam-

---

[52] *British Broadcasting Corporation*. (Corporación Británica de Radiodifusión), es el servicio público de radio, televisión e internet del Gobierno de Inglaterra.

bién *VOA*, *Radio Free Europe* y *Radio Liberty* tienen ahora la oportunidad para difundir a nivel nacional. Como su portavoz Lynne Weil declaró, *BBG* no es un vehículo de propaganda, y sus servicios principales como *VOA* "presentan noticias justas y precisas" (en Hudson, 2013).

Otras estaciones a su cargo son *Alhurra,* de transmisiones de TV vía satélite para el medio Oriente; *Radio Farda*, estación de radio orientada a Irán; *Radio Free Asia* y *Radio Sawa*, también dirigida hacia el Medio Oriente.

Nuevas reglas dictadas por el Congreso permiten ahora que las transmisiones de la *BBG* sean diseminadas por estaciones locales de radio y televisión alrededor de los Estados Unidos, algo prohibido en el pasado, pero muy común en Miami con *Radio y TV Martí,* con el fin de llegar a las comunidades de la diáspora con propaganda orientada de Gobierno (Hudson, 2013).

Como dije en mi libro *El Color de la Mentira* hace dos años:

"Ahora el Miami Herald descubrió que estas personas a las cuales despidió por conflicto de intereses recibían dinero federal mientras eran sus empleados. Gran cosa. Esto sucede a todos los niveles de la prensa de Miami, comenzando por Univision y sus estaciones... Estos periodistas en la nómina de la *payola* [53] no han hecho más que seguir la tendencia de una comunidad marcada por la inmoralidad y controlada por el odio. Pero el Miami Herald debía de mirar mas adentro y preguntarse quiénes han sido los culpables de que se haya convertido en un periódico comprometido y timorato" (González-Munné, 2012:52).

Lo más lamentable de todo es la conspiración del silencio del periódico más grande del estado de La Florida, *The Miami Herald*, el cual llega a extremos de alabar a figuras de la radio hispana como Martha Flores[54] "en un artículo de dos páginas cuando todos

---

[53] Los pagos por reproducción y difusión masiva, que en la industria musical de Estados Unidos, es una práctica no por ilegal menos frecuente, consistente en ofrecer dinero u otros incentivos a una estación de radio o disc jockey con el fin de garantizar una difusión prominente de un disco o una pieza en particular no son nuevos en las estaciones de radio y televisión hispanas, como el caso de Univisión hacia unos años, cuando la frecuente práctica ilegal llevo a una demanda La Comisión Federal de Comunicaciones y el Departamento de Justicia con el resultado del pago de una multa de $1 millón de dólares por parte de la empresa (Agencias, 2010).

[54] "Martha Flores, la voz de un exilio de 35 años por Daniel Shoer Roth: "Los fines de semana visita los comedores en La Pequeña Habana, participa en obras benéficas, actúa como maestra de ceremonias y disfruta de la vida hogareña", Dice Flores en el artículo. ver bibliografía (Shoer-Roth, 2014).

sabemos que pasa sus días en los centros de ancianos orquestando el robo de boletas de voto ausente mientras que aceptan pay-o-la debajo de la mesa por [hacer] comentarios favorables de políticos pagados en la radio en español" (De Valle, 2014).

Martha Flores (León-Cotayo, 2014).

Un artículo de Liz Balmaseda en el propio *Herald*, de hace 12 años, pone en perspectiva otra imagen de como ella misma se titula *La reina de la noche*:

"Los cheques de campaña para locutores de radio han estado pasando por largo tiempo. Durante años, los comentaristas han limpiado miles de dólares en concepto de honorarios de los candidatos [políticos]. Antes de que los reportajes del Herald detallaran esta práctica hace dos años, Flores recogió cheques de los candidatos en su agencia, *Marflo Adverstising Inc.* ¿Para esto, una pregunta la ha perseguido: su influencia [en la comunidad] se alquila?" (Balmaseda, 2002).

En aquella época los conductores de programas de la radio en español todavía aceptaban cheques, hoy en día todo se hace en efectivo, y es casi imposible para las autoridades, como la Comisión Federal de Comunicaciones[55], controlar estos pagos.

Prueba del delito o no, activistas de campaña conocedores del negocio alegan que cuesta $20,000 en una gran elección para contratar Flores y obtener cobertura favorable (Ibídem).

Su jefe, Claudia Puig[56], la defiende: "No se trata de dinero. Tiene amigos de verdad".

Ella dijo que sus estaciones aplican las mismas reglas a todos los candidatos cerca

---

[55] Federal Communications Commision, FCC.
[56] Entonces Gerente general de *Radio Mambí* y otras estaciones de Miami, propiedad de *Hispanic Broadcasting Corporation*, ahora le pertenecen a Univisión Radio.

del día de las elecciones, pero en realidad el acceso a los micrófonos no se limita a las guerras en tiempo de campañas políticas, algunos políticos disfrutan de acceso mientras que otros no son bienvenidos, pero Puig no estaba de acuerdo: "No es una cuestión de acceso. Es de relaciones. Los hispanos se basan mucho en la relación. Nuestro mercado está muy basado en la relación", dijo (Ibídem).

(Desde la izq.) Frank Alonso, presidente de la organización de exiliados *Unidad Cubana*; Ninoska Pérez Castellón, Eduardito, Newt Gingrich, Armando Pérez Roura y Claudia Puig en el estudio de WAQI Univision Radio (Montaner, 2012).

Es interesante la calificación de "locutor en

jefe"[57], el símil que da el intelectual cubanoamericano Néstor Díaz de Villegas refiriéndose al Director de *Radio Mambí*, Armando Pérez-Roura[58], él agrega:

"Achaco nuestra catatonia o rigor mor-
tis a una excesiva dependencia de la
radio de amplitud modulada. El exilio,
que no pudo fundar un periódico o un
canal de televisión –ni siquiera una
editora de libros o un suplemento lite-
rario que se respeten–, ha tenido un
éxito sostenido en el más anticuado de
los medios... es un hecho que la radio –
aún la del podcasting [sic] global– es
incapaz de abarcar ya el radio de "lo cubano... escucho las "reflexiones" de un
Locutor en Jefe que ha saturado la opinión pública durante más de cuatro décadas. Sin embargo, sus ratings siguen
siendo altísimos y el público parece no
cansarse de él. No cuestiono aquí la
justicia o la autenticidad de los "Tome
nota"[59], que cada mañana, camino de la
factoría, aceptaba en el receptor de mi
automóvil, inmediatamente después

---

[57] Con el *Comandante en Jefe*, Fidel Castro.
[58] Vinculado a organizaciones del exilio cubano como *Unidad Cubana*, muy ligada al *Consejo por la Libertad de Cuba*. Director General de *Radio Mambí*, estación de Univisión Radio, Periodista y Editorialista.
[59] Editoriales en Radio Mambí de Armando Pérez Roura.

de oír las predicciones de Walter Mercado. Apunto más bien a su dudoso efecto en nuestra capacidad de acción y reacción; a la necesaria obsolencia [sic] y estulticia de unas arengas concebidas por la vieja escuela de patriotismo; a la ansiedad colectiva que es transmutada a diario en estado de conciencia; a la dependencia enfermiza del "pueblo" y sus micrófonos" (Díaz de Villegas, 2007).

"Aquí llegas y, por supuesto, avanzas materialmente, pero el hecho es que Miami significa absolutamente los antípodas de todo lo que es Cuba y especialmente de todo lo que es La Habana. Este es un lugar completamente plano, feo, subdesarrollado, que nunca acaba de llegar. Salimos de una gran ciudad que es La Habana, y de pronto nuestras ansias, sobre todo las de los artistas y los escritores, se ven eternamente frustradas..." Néstor Díaz de Villegas en una entrevista a *Diario de Cuba* (En Triff, 2014).

## LOS PROBLEMAS DE RADIO Y TV MARTÍ

El centro de la controversia, la *Office of Cuba Broadcasting*, fue objeto de una investigación federal sobre costos operacionales, procedimientos, gestión y primero que todo sobre los problemas en la presentación de informes de contratación.

Los dos dirigibles TARS en Cudjoe Key, en el sur de La Florida. Uno fue utilizado por el Departamento de Estado para transmitir a *TV Martí*. El otro dirigible se utilizaba en operaciones de lucha contra las drogas y por el Comando de Defensa Aeroespacial Norteamericano, NORAD, según la fuerza aérea (Linhardt, 2013).

En el año 2009 la OCB, la cual operaba entonces a *Radio y TV Martí* administraba una plantilla de 153 personas para 330 horas de emisiones en Español semanales a Cuba, con un costo de casi $37 millones anualmente[60] del dinero producto de los impuestos a los contribuyentes norteamericanos (Robinson, 2009).

Un informe al Comité de Relaciones Exteriores del Senado de los Estados Unidos de Abril 29, 2010, titulado "Cuba: se necesitan medidas inmediatas para asegurar la supervivencia de Radio y TV Martí" (United States, 2010) plantea que aunque Radio Martíse creó en 1983 -y TV Martí- en 1990- para brindar a los cubanos "información confiable e imparcial", ha habido muchas quejas de que "no se adhieren a los estándares periodísticos más aceptados'" y utilizan "un lenguaje ofensivo e inflamatorio" en sus transmisiones (en Tamayo, 2010).

El informe detalla[61]:

"Los oyentes y televidentes nunca recibieron el tipo de programación de alta calidad que fue pensado originalmente.

---

[60] Más de $500 millones de dólares del dinero de los contribuyentes gastados desde su fundación (Morrissey, 2010)

[61] "Grupos de investigación patrocinados por el gobierno de Estados Unidos indican que Radio Martí tiene una sintonía de menos del 2 por ciento de los cubanos, y los reclamos de que TV Martí tiene cualquier audiencia estable son sospechosos..." (United States, 2010:1).

Problemas con la adherencia a los estándares periodísticos tradicionales, tamaño minúsculo de la audiencia, interferencia del gobierno cubano y las denuncias de clientelismo han perseguido el programa desde su creación... Los oyentes y televidentes nunca recibieron el tipo de programación de alta calidad que fue pensado originalmente. Problemas con la adherencia a los estándares periodísticos tradicionales, tamaño minúsculo audiencia, interferencia del gobierno cubano y las denuncias de clientelismo han perseguido el programa desde su creación..."
(Kerry, 2010: V).

Un ejemplo clásico de los problemas que han plagado desde sus inicios a estas estaciones es cuando la inauguración del primer presidente negro del país, importante para la programación puesto que el público en la isla es una nación de mayoría negra.

Sin embargo, el equipo de grabación de cinco técnicos y periodistas, encabezado por Christina Sanson, directora de Programas de las estaciones, enviado a cubrir la inauguración del Presidente Obama el año pasado llegó tarde: "llegaron, pero la inauguración había terminado" dijo Niurka Fernandez-Arteaga, especialista en producción de TV Martí: "hicieron tomas cerradas.

Nunca se vio al Presidente en el fondo y el Capitolio. Han cortado y pegado el video de otros y tomas de la noche. Como una puesta en escena" (en Morrissey, 2010).

Christina Sanson, directora de programas de *Radio* and *TV Martí*. Ella comenzó a trabajar en las estaciones en los años 90, recomendada por Jorge Mas Canosa, entonces presidente de la FNCA, de la cual el padre de ella fue uno de los Directores ejecutivos. Sus calificaciones profesionales son un misterio, pues su biografía oficial dice que obtuvo una Maestría en periodismo de la Universidad de Columbia, pero la oficina de Registrado no aparece, no tampoco de los estudios de pregrado en la Universidad del Sur de la Florida (USF). Foto de Michael Landsberg (Morrissey, 2014).

Fallos profesionales de este tipo han provocado investigaciones del Congreso, por no mencionar los chistes en el medio periodístico, donde se la conoce por "La TV que no se ve" (Ibídem).

Problemas de dudas sobre la objetividad de

las estaciones por parte de los oyentes en la isla y "acusaciones de amiguismo y conducta impropia continúan persiguiendo a la OCB", agrega el informe (en Tamayo, 2010 a).

Un ex director de programación de *TV Martí*, José Miranda (Kurlantzick, 2007) se declaró culpable en 2007 de haber recibido unos $112,000 en sobornos de *Perfect Image Film and Video Productions* (Walsh, 2011: 200), un contratista de OCB en Miami, en sus cinco años en la estación, de 1999 a 2004, señalaba el informe, añadiendo: "Estas acusaciones de nepotismo y corrupción han dañado el ánimo y llevado a cuestionamientos sobre la transparencia de la administración de la agencia [se refiere a la OCB]" (en Tamayo, 2010).

Sin embargo, los problemas continúan. El pasado 9 de febrero de este año, el profesor y periodista Tracy Eaton, escribió en su blog (Eaton, 2014) que los registros federales mostraron que *Radio Martí* en Miami al parecer había seguido pagando dos ex contratistas incluso después de que habían renunciado (Eaton, 2014).

Letitia King, directora de Relaciones Públicas de la Junta de Gobernadores de Radiodifusión (BBG) en Washington, D.C., le escribió para decirle que se trataba de un "error administrativo".

Ella le responde a Eaton, con la justificación de que se trataba de:

Letitia King (King, 2013).

"un problema técnico de un formulario en línea que se está atendiendo....lo que usted descubrió fue un error administrativo, pero este error no refleja los pagos reales, que eran correctos y debidamente elaborados cuando [esos] individuos fueron empleados por los Martís [sic] ... la información citada en el blog [de Eaton] era información incorrecta registrada en el FPDS [Sistema de Datos de Contratación Federal o Federal Procurement Data System], el cual estamos en el proceso de corregir, pero no hubo pagos a estos contratistas en esas fechas posteriores de 2013..." (en Eaton, 2014 a).

El periodista cubano Gilberto Dihigo dejó la estación de radio norteamericana financiada por los contribuyentes *Radio Martí* en 2012 y resulta peculiar que los pagos a él continuaron en 2013, al menos según los registros federales: "Es un poco extraño –dijo al respecto. "Dejé Radio Martí en abril de 2012. Ni mi sombra estaba ahí ya en 2013" (en Eaton, 2014).

La OCB reportó un pago a él 17 de Julio del pasado año de $13,200 y ese mismo día se incluyen pagos a Manuel Vázquez Portal, quien renunciara en Noviembre de 2011: "Nadie me pagó nada", declaró éste (Ibídem).

Después de conceder más de $1 millón de dólares en contratos a dos medios de noticias con sede en Miami, sin seguir los procedimientos habituales de contrato por licitación, los investigadores del Gobierno culparon del escándalo en *Radio y TV Martí* (Clark, 2008). El resultado fue la pérdida y uso fraudulento de un presupuesto de $74 millones de dólares entre los años 1996-2006, en la producción de transmisiones apenas escuchadas por consumidores de radio y televisión en Cuba y la malversación de fondos destinados "para promover la democracia en Cuba" (De Young, 2006).

"El programa ofrece un montón de dinero a

Miami pero no sirve bien al contribuyente y tiene poco impacto en Cuba" dijo Philip Peters, un experto en Cuba en el *Lexington Institute*, un "think tank"[62] con sede en Virginia (en Marx, 2006).

Gilberto Dihigo, expresa en su carta de renuncia: "la actual administración ha convertido la institución en un instrumento de entretenimiento, frivolidad y olvido de la misión para la que fue creada". Foto en (Eaton, 2014 b (Vázquez-Portal, 2011).

La "herramienta para socavar el gobierno cubano", ineficaz y costosa continúa siendo "una reliquia anacrónica de la guerra fría..." (Davidson, 2011).

Después de 25 y 18 años, respectivamente, de *Radio* y *TV Martí* en el aire, en el 2009 la GAO publicó un informe con resultados de que después de un cuarto de siglo en el aire y con un presupuesto anual de $34 millones,

---

[62] Grupo de expertos.

"la mejor investigación de audiencia disponible" indica que "la cifra de oyentes de *Radio* y de *TV Martí* es pequeña. Menos del 2 por ciento de los que respondieron a encuestas telefónicas desde 2003 informando que había sintonizado *Radio* o *TV Martí* durante la semana pasada" (US-GAO, 2009).

El Secretario de Estado John Kerry, ante la Comisión de Asuntos Exteriores del Senado de los EEUU. Foto: Getty (Morgenstern, 2013).

Un informe de abril de 2010 emitido por el Comité Bipartidista [63] de Relaciones Exteriores del Senado norteamericano, presidido por el senador John Kerry (D -MA), hoy Secretario de Estado federal, declaró que: *"Radio* y *TV Martí* han fracasado en obtener avances discernibles en la sociedad cubana, o influir en el gobierno cubano" (Committee,

---

[63] Quiero decir de los principales partidos políticos norteamericanos, el Republicano y el Demócrata.

2010:1). Es también una estación: "ampliamente criticada por los políticos por la falta
de objetividad y ética periodística" (Rodríguez, 2007:20).
John Kerry declaró:

> "Es decepcionante que después de
> 18 años Radio y TV Martí- no hayan
> conseguido hacer avance discernible
> alguno en la sociedad cubana o in-
> fluido en el gobierno cubano'... los
> programas para una sociedad civil
> de Estados Unidos pueden tener no-
> bles objetivos, pero tenemos que
> examinar si están consiguiéndolos"
> (en Tamayo, 2010 a).

Inicialmente la rama ejecutiva del gobierno de Estados Unidos controlaba *Radio
y TV Martí*, pero tan pronto como las estaciones fueron transferidas a Miami en 1998
(López-Morales, 2011) y sucesivas administraciones republicanas tomaban el poder
"perdió su autoridad de a los de línea dura
que querían que la estación tomara un tono
más agresivo" (Walsh, 2008: v).

## En Miami no todos lo aprobaban

Cuando el gobierno federal decidió reubicar la sede de *Radio* y *TV Martí* en Miami, algunos lo consideraron como "una prueba de buena voluntad del presidente demócrata Bill Clinton de renunciar al control de la política estadounidense hacia Cuba y cederlo al Congreso y las fuerzas principales en la comunidad de exiliados cubanos" (DeFede, 1996).

Puedo decir con certeza que no todos estaban contentos con la idea de trasladar las estaciones a Miami, lo cual costaría $9 millones de dólares —esto adicionalmente a su presupuesto entonces de $25M (Snyder, 1966). En un almuerzo con un funcionario de alto nivel en el Departamento de estado en Washington, DC, en ese entonces oficial de la USIA[64] , me dijo que era hora de "pasar ese dolor de cabeza a los cubanos"[65].

---

[64] Le conocí en su tiempo como Primer Secretario de la Sección de intereses de Estados Unidos (Embajada) en la Habana, en la época en que fui Editor de la Televisión Cubana.

[65] Ese mismo día temprano en la mañana, a pocas cuadras de allí, compartí un café con un compañero de estudios de nuestro tiempo en la Universidad de la Habana, Felix Wilson, en ese entonces Primer Secretario de Sección de Intereses de Cuba en Washington D.C. [Embajada Cubana]. Uno de los temas de la conversación fue la preocupación del gobierno de la isla en cuanto a las transmisiones de *Radio* y *TV Martí*.

No todos los exiliados cubanos apoyaron la idea como el ex preso político cubano Armando Valladares, defensor de los derechos humanos en la isla y ex diplomático estadounidense (Bush, n. d.), considerándolo un grave error o una "idea loca", quien dijo:

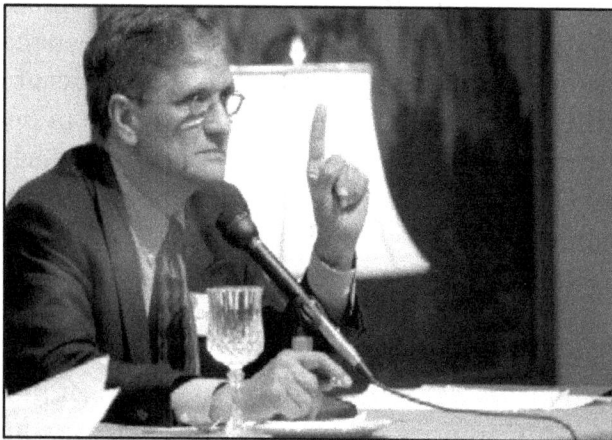

(Barrios, 2011).

"La fuerza de *Radio Martí* ha sido siempre su imparcialidad y que transmite el mensaje y el punto de vista del gobierno de Estados Unidos. Me parece que una vez en Miami, esas ventajas se perderán inmediatamente. Ya no pueda ser vista *Radio Martí* como la voz de los Estados Unidos, pero por el contrario, en la medida en que sucumbe a la política del exilio, como estación más expresando el punto de vista de un grupo del exilio. La credibilidad que *Radio Martí* se ha ganado por tantos años se evaporará en poco tiempo" (en DeFede, 1996).

Años más tarde Valladares escribió una columna donde les llamaba a los directivos de *Radio* y *TV Martí*: "señores de horca y cuchillo", mencionando su acerca de su obstinación en la dirección y eso: "El día que hagan una investigación a fondo de toda esa mugre que es *Radio* y *TV Martí*, el escándalo será grandioso..." (Valladares, 2012).

Algunos acusaron a Jorge Mas Canosa, porque él: "gobernó las programaciones (*Radio Martí* en particular) a través del miedo y la intimidación" (DeFede, 1996). El 27 de julio, el *New York Times*, citando a "funcionarios familiarizados con el informe", escribió que los investigadores habían encontrado que Mas Canosa: "sistemáticamente interfirió en las operaciones diarias de *Radio Martí*" y que "la estación de radio incorrectamente había ejercido represalias contra los empleados que protestaron contra tal manipulación" (Greenhouse, 1995).

En un reporte del *Servicio de Investigaciones del Congreso de los Estados Unidos* de 1994, se recogen las preocupaciones sobre el mal manejo de las estaciones, las cuales "desde el principio...han sido controversiales":

En la foto con Fulgencio Batista (izq.) es Rafael Díaz-Balart –padre de los políticos cubanoamericanos Mario y Lincoln-, cuya hermana, Mirna, se casó con Fidel Castro (Lynn, 2011).

"Las preocupaciones sobre la politización en Radio y TV Martí han centrado alrededor del papel de la Junta Consultiva para Radiodifusión de Cuba y su controvertido Presidente, Jorge Mas Canosa. Muchos están preocupados por la falta de rotación de los miembros del Consejo y el Presidente, como fue previsto por la legislación originaria. Como se ilustra en la tabla 1, los términos de todos los miembros de la Junta Directiva, incluido al Presidente, habrían expirado a finales de octubre de 1994. Algunos críticos afirman que la falta de volumen de resultados se debe a la falta de voluntad por parte de las administraciones pasadas y actuales para cambiar la composición de la junta. Dicen que el conservador Mas Canosa ha intentado usar su influencia para obtener el control de la estación de radio que podría ser utilizado para propagar las opiniones de la Fundación Nacional Cubano Americana [de la cual era Presidente en ese momento], una organización de exiliados cubanos fundada por Mas Canosa en 1981. Algunos han argumentado además que Mas Canosa está utilizando su posición para promoverse a sí mismo como el próximo líder de cubano después de Castro" (Epstein, 1994).

La operación de *Radio Martí*, el tema de la situación de problemas éticos con personal de *El Nuevo Herald*, en lo cual se centra este estudio, se ha observado desde sus inicios, principalmente por académicos y uno de los problemas de estas estaciones se refiere a cuestiones legales relacionadas con la Primera Enmienda a la Constitución de los Estados Unidos.

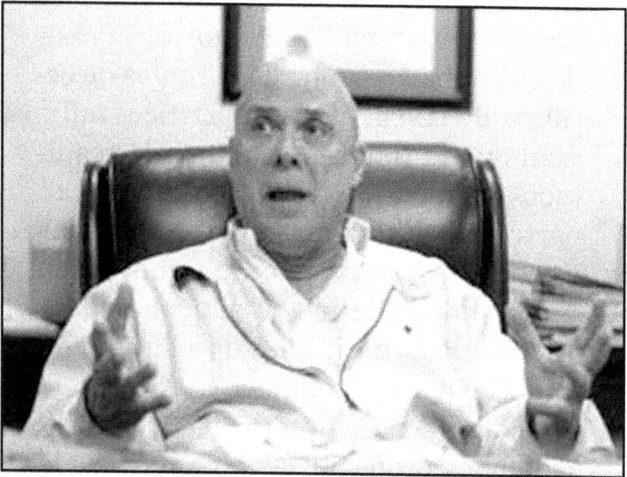

El Director de la OCB en la época del escándalo, Pedro Roig, quien supervisaba *TV* y *Radio Martí*, dijo en una entrevista que su operación se ejecutaba éticamente y quería iniciar un debate nacional sobre si los periodistas que trabajan para los medios y como independientes para el Gobierno tenían un conflicto de intereses. Roig dijo que creía era común para los periodistas en Washington ser pagados por el Gobierno a través de la *Voz de América*: "Era una práctica común en Washington donde han participado cientos de periodistas" [en VOA y otras transmisiones patrocinadas por el Gobierno de los Estados Unidos] dijo (Corral, 2006 c).

Violación de los principios éticos aparte y en

primer lugar enfocándonos en las cuestiones de la Primera Enmienda[66], esto es específicamente la legalidad de la propaganda gubernamental en los Estados Unidos "nublando las cuestiones de jurisdicción" (Hutchins, 2008:71). Sin mencionar aquí los pagos totalmente contra la ética de la "payola" a los periodistas (Mohney, 2006).

En esos días una columna de dos reporteros de *El Nuevo Herald*, Gerardo Reyes y Joaquín Utset: "Los pagos a periodistas son una práctica común", reflejaba:

"Durante décadas, por muchos, muchos años, algunos de los más respetables periodistas en el país [los Estados Unidos] han recibido pagos por programas específicos de *Voice of America*" [67] explicó Hart [Larry Hart, identificado en la columna como portavoz del *BBG*]. "El artículo [en *The Miami Herald*] deja la impresión de que esto es algo que solamente se hace por *Radio* y *TV Martí*, y que necesariamente están pagando [a los reporteros] para decir ciertas cosas o tener un determinado punto de vista" (Reyes, 2006).

Una larga lista de investigadores ha cuestionado el liderazgo y la misión de las estaciones, como Tim Gallimore, 1993; Kimberly

---

[66] La primera enmienda de la Constitución de los Estados Unidos protege los derechos a la libertad de religión y a la libertad de expresión sin interferencia del gobierno.

[67] Voz de los Estados Unidos de América

P. Howland, 1984; Yyu Ho Youm, 1991 y su eficacia en general: John Spicer Nichols, 1984; Hazel G. Warlaumont en 1988, con opiniones encontradas.

Gerardo Reyes hizo un reportaje en el cual revelaba que el cuñado del senador cubanoamericano Marco Rubio, había sido condenado por narcotráfico más de 25 años atrás, cuando Rubio era un adolescente. Lo paradójico es que la polémica que se armó en el sur de Florida no fue por eso, sino sobre la aparente mala fe con la que había actuado Gerardo Reyes. Líderes de la comunidad cubana calificaron la investigación como "sucia" y "tendenciosa" y consideraron que al autor se le había "salido el anticubano que nunca había podido ocultar desde que estaba en *The Miami Herald*" (Álvarez, 2011).

Tan temprano como en 1993, el profesor Donald E. Schulz, abogó por la "despolitización" de la estación, afirmando que "*Radio Martí* desempeñaba un papel importante en informar al pueblo cubano sobre eventos actuales que son ignorados o distorsionados, por los medios de comunicación oficiales [del Gobierno Cubano]" (en Hutchins, 2008:71).

Para asegurar su objetividad y credibilidad, su recomendación fue que Radio Martí debía colocarse bajo una dirección apolítica, menos susceptible a las presiones de grupos de interés (en Hutchins, 2008:72) y cerrar a *TV Martí* pues "la estación opera en violación de los convenios internacionales firmados por Estados Unidos, que prohíben el uso de canales de televisión asignados a otro país. Además, sus transmisiones son fácilmente interferidas" (Schulz, 1994:163).

Instituciones importantes como el *Cato Institute*[68] propusieron la eliminación o privatización de las estaciones en recomendaciones al Congreso de los Estados Unidos (Cato, 2005):

"Los exiliados cubanos también deben estar autorizados a participar en la transformación de la sociedad cubana. Sin embargo, su participación no requiere de la participación activa del gobierno estadounidense. Por lo tanto, *Radio* y *TV Martí*, entidades del gobierno que transmiten a Cuba, deben

---

[68] El *Instituto Cato*, el cual toma su nombre de las *Cartas de Catón* −ensayos de los escritores británicos John Trenchad y Thomas Gordon, publicadas desde 1720 hasta 1723-, es un *think tank* [grupo de expertos] con sede en Washington, DC; no afiliado a partidos políticos y con personería jurídica como organización sin fines de lucro, fundada en 1977 en San Francisco (CA). Se dedica al lobby y la promoción de políticas públicas consistentes con los principios de libertad individual, gobierno limitado, mercados libres y la paz.

privatizarse o ser cerradas. Si la comunidad de exiliados cree que esas estaciones son un recurso útil en su lucha
contra el régimen de Castro, tienen los
medios — no hay impedimentos legales
— para financiar tal operación" Ibídem: 429).

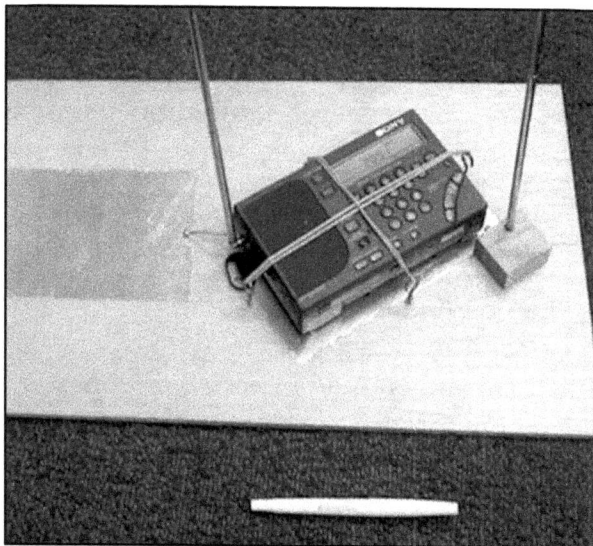

Una muestra de sugerencias de métodos contra la interferencia radial en la página del BBG. Foto: Cortesía
de H. Creech de Radio Free Asia (BBG, n. d.).

## TRANSMISIONES Y PAGOS ILEGALES

El representante Adam Smith (Demócrata por el estado de Washington) junto con el representante Max Thornberry (Republicano de Texas) copatrocinó una enmienda a la ley de autorización de defensa nacional, llamada Ley de Modernización de Smith-Mundt de 2012 (LeVine, 2012).

Eso fue una evidente violación de las propias leyes del Congreso norteamericano, como la Smith-Mundt de 1948 y la de Autorización Extranjera de 1987, contra la difusión en territorio nacional de EEUU de propaganda gubernamental, modificada en 2012, por una enmienda presentada por los congresistas Mac Thornberry, republicano por Texas y Adam Smith, un demócrata del estado de Washington (Lamarque, 2013).

(TV-Novosti, 2013)

La restricción de estas transmisiones institucionalizada en la década de 1970 por el senador de Arkansas, J. William Fulbright, diciendo que: "debe darse la oportunidad de tomar su lugar legítimo en el cementerio de las reliquias de la guerra fría" (en Hudson, 2013).

Esta idea la continuó en 1985 el senador de Nebraska Edward Zorinsky, quien argumentaba que esa "propaganda" debía mantenerse fuera de Norteamérica en cuanto a distinguir a los Estados Unidos "de la Unión Soviética, donde la propaganda interna es una actividad fundamental del gobierno (Ibídem).

La controversia se arremolinó alrededor de la modernización de la ley Smith-Mundt, en vigor desde 1948, la cual en una de sus disposiciones prohíbe a los ciudadanos estadounidenses "acceder" a los productos de diplomacia pública del gobierno estadounidense, ya sea en forma impresa o en las ondas, o sea, evitar propaganda nacional por parte del gobierno nacional (Geran-Pilon et al., 2012).

Algunos lo consideran negativo, otros plantean que "en una época cuando los flujos de noticias e información están disponibles 24/7 en versión impresa, en las ondas, y en línea, esta prohibición se ha convertido en un anacronismo" y que no "levantará las compuertas para la propaganda del gobierno de Estados Unidos dirigido a los ciudadanos estadounidenses" (Ibídem).

Por el contrario "obligará a una mayor transparencia en el gobierno y rendición de cuentas y permitirá penetraciones de los norteamericanos en lo que Washington está comunicando a las audiencias de todo el mundo" (Ibídem).

La última modificación por cortesía de los

legisladores Smith y Thornberry abre la puerta para el uso de propaganda para convencer al público estadounidense en un momento cuando la popularidad del Presidente y el Congreso sean bajas entre la opinión pública.

Desde la izquierda: George Cernat (Director de Mercadeo de *AudioNow*), David Ensor (Director de la VOA) y Addie Nascimento (jefa de Distribución Digital, de la oficina de estrategia y desarrollo del BBG) firmaron un acuerdo (30 de mayo 2014) para proporcionar programación de la VOA en territorio norteamericano, el cual amplía una relación continua entre VOA y *AudioNow*, que ya distribuye su programación en 34 idiomas por teléfono. Ahora las personas en los EEUU pueden marcar un número de teléfono nacional y oír el mismo audio de VOA de radio o programas de televisión que recibe su país de origen (Smith-Mundt News, 2014).

Se espera que puedan cambiar, si el gobierno estadounidense tiene la oportunidad con las nuevas leyes, de infiltrarse en las ondas de radio e introducir noticias destinadas a grupos demográficos específicos propuestos en el pasado como propaganda fuera del territorio de los Estados Unidos (TV-Novosti, 2013).

En 2008 el sector investigativo del Congreso de Estados Unidos, la *General Accountability Office*[69] o GAO, acusó a la agencia federal que supervisaba las transmisiones de radio y televisión a Cuba, *Office of Cuba Broadcasting*, de otorgar más de $1 millón de dólares en contratos a dos estaciones de radio de Miami.

Todo esto sin seguir los procedimientos normales de contrato-oferta (US-GAO, 2008) totalizando $1,069,451 para *WAQI Radio Mambí* 710 AM, perteneciente a la red de *Univisión Radio* (FCC 2003) y *TV Azteca*, ambas radicadas en territorio norteamericano, en estaciones de Miami (Chardy, 2008).

La idea de que el gobierno federal nunca difundió información a la población nacional en territorio norteamericano no es realista, pues siempre han existido otras vías, como el caso de conferencias de prensa, informaciones distribuidas por diferentes medios de

---

[69] Oficina de Responsabilidad Fiscal del Gobierno (GAO), agencia independiente de los servicios de investigación, evaluación y auditoría del Congreso de Estados Unidos. Como tal es parte de la rama legislativa del gobierno de Estados Unidos. En cuanto a sus funciones, algo corresponde a la oficina de administración y presupuesto de la rama ejecutiva.

las agencias gubernamentales y anuncios de servicio público (Walsh, 2011 a).

Además, la restricción no impide que cualquiera en los EEUU escuche a la *VOA* y otros programas patrocinados por el estado, los cuales utilizan las mismas ondas públicas que las emisoras comerciales, o a través de Internet, accesible a todos.

El alcalde de Miami, Tomás Regalado, periodista devenido político, entrega las llaves de la ciudad a la congresista federal Ileana Ros-Lehtinen (Arguello, 2013). En una entrevista en 2010 me dijo en cuanto a la apertura hacia Cuba y la presencia del exilio en la isla: "contaminaríamos a la sociedad cubana..." (González-Munné, 2010).

Ocasionalmente, desde la implantación de la ley en 1948 el Congreso norteamericano h aprobado peridiódicamente hasta 70 autorizaciones para hacer transmisiones públicas nacionales de propaganda, como en 1965 lo hiciera para lanzar *Years of Lightning, Day of Drums* [70], un documental realizado en su totalidad por la USIA[71] sobre John F. Kennedy (Ibídem).

En septiembre 1987 varias estaciones de radio de Miami se metieron en problemas por la retransmisión de las transmisiones de *Radio Martí*, de una entrevista exclusiva con un desertor cubano y el representante Daniel A. Mica, demócrata de La Florida y Presidente del Subcomité de Operaciones internacionales, pidió una investigación sobre el incidente (Staff, 1987), luego de acusaciones de que alguien en la estación había suministrado las cintas de programas a una estación de radio de Miami (Lipman, 1987).

La famosa entrevista, con el general cubano Rafael del Pino, fue retransmitida y "luego de la retransmisión el director de noticias de WQBA, Tomás Regalado [actualmente alcalde de la ciudad de Miami], dijo que las cintas de audio del programa de *Radio Martí* habían sido entregadas por Jorge

---

[70] Años Luminosos, Día de los Tambores.
[71] Estados Unidos dedicada a la "diplomacia pública". En 1999, las funciones de USIA fueron trasladadas a la recién creada Junta de Gobernadores de Radiodifusión, donde sus intercambios y funciones de información fueron dados a la recién creada posición de Subsecretario de Estado para Relaciones y Diplomacia Pública en el Departamento de Estado de EEUU. La agencia fue previamente conocida en el extranjero como el Servicio de Información de los Estados Unidos.

Mas Canosa, presidente de la Junta Consultiva de *Radio Martí* y Humberto Medrano, director ejecutivo de *Radio Martí*. Ambos negaron las acusaciones, y posteriormente Regalado dijo que no recordaba haber recibido ningunas cintas de audio directamente de Mas Canosa" (Lipman, 1988).

Desde la izquierda: General Arnaldo Ochoa, el General Senén Casas, Fidel Castro, General Rafael del Pino, el General Chileno Anaya Castro y Victor Drake -jefe de la Dirección Política del MINFAR [Fuerzas Armadas Revolucionarias de Cuba] en la época (del Pino y Díaz, 2005).

La ley existía, pero se la saltaban una y otra vez.

## LA HISTORIA DE RADIO Y TV MARTÍ

La historia puede arrojar algo de luz sobre esta rama de propaganda del gobierno estadounidense. Aunque *Radio Martí* fue lanzada el 20 de mayo de 1985, el Presidente Ronald Reagan firmó en Octubre de 1983 la *Radio Broadcasting to Cuba Act* [72] y en 1990 le siguió la *Television Broadcasting to Cuba Act* [73], comenzando *TV Martí* las transmisiones el 27 de Marzo, creándose además ese año la *Office of Cuba Broadcasting* [74](Kemble, n. d.).

Las estaciones estaban inicialmente controladas en esa época por la hoy desaparecida *Agencia de Información de los Estados Unidos*, entonces radicada en la capital Washington, D.C. (USIA), la cual fue "absorbida por el Departamento de Estado y clausurada" en 1999 (Brown, 2010).

En noviembre de ese año, la OCB cayó bajo la autoridad de una Junta de Gobernadores de Radiodifusión (BBG) y en 1996, *Radio Martí* se trasladó a la zona de Miami, donde

---

[72] Ley de Transmisión de Radio para Cuba, Ley 98-111.
[73] Ley de Transmisión de Televisión para Cuba, Ley 101-246.
[74] Oficina de Transmisiones para Cuba.

cayó bajo el control de la Fundación Nacional Cubano Americana (FNCA[75]).

Familia cubana mira la TV de la isla (Miroff, 2010).

En ese momento la estación de radio "se convirtió en una 'operación incontrolable' libre de supervisión como los más establecidos e institucionales canales de gobierno como la Voz de los Estados Unidos de América" (Grass, 2013).

---

[75] Asociación estadounidense formada por cubanos exiliados luego de la Revolución cubana, el 6 de julio de 1981 y su sede se encuentra en la ciudad de Miami, Estados Unidos. Sus fundadores fueron parte de las estructuras del gobierno del dictador Fulgencio Batista, miembros de la Brigada 2506, integraron grupos terroristas contrarios a la Revolución Cubana y algunos de ellos eran oficiales de la CIA (Ecured, n.d.).

DEPARTMENT OF THE NAVY
OFFICE OF THE CHIEF OF NAVAL OPERATIONS
WASHINGTON 25, D. C.

MEMORANDUM FOR THE CLASSIFIED SECTION OF THE
REPORTS OF FITNESS FOR

Lieutenant Kenneth D. VAN BELKUM, CEC, USN, 573311/5100

Subj: Commendation

1. On 16 March 1960 the Navy became responsible for
assisting in a very urgent project of great import-
ance to the United States. The implementing actions
required by this project were exceptionally complex.
The minimum time limit imposed was essential to its
success.

2. It is with great pride that I note the completion
of the project, insofar as Navy responsibilities were
concerned, well within the deadline date. The fore-
sight used in planning and the precision apparent in
execution were major factors in its success.

3. The physical results and timely completion which
were Lieutenant Van Belkum's immediate responsibility
reflect great credit upon the Navy and himself.

A finales de marzo de 1960, el batallón de construcción del Atlántico de la Marina de los EEUU, recibió un mensaje urgente de iniciar los trabajos para construir una estación de radio en la Isla del Cisne en el Caribe (Radio Swan, Honduras), lo cual requirió la construcción de dos torres de transmisión de radio de 220 pies y una pista de aterrizaje, así como instalaciones para residencias del personal y administrativas (Van Belkum, 2013).

Residiendo en La Habana, después de mi visita familiar a los Estados Unidos en 1989, el Presidente entonces del ICR-TV [Instituto Cubano de Radio y Televisión] y compañero de estudios en la Universidad de la Habana en la década de los 1970, Ismael González, me pidió hacer una presentación sobre las experiencias de mi viaje a Miami en la sede de la UPEC [Unión de Periodistas de Cuba]. Después, en una aparte al finalizar esa conferencia, nos dijo a un grupo de colegas de la prensa cubana reunidos allí que Fidel Castro estaba "profundamente preocupado" con el "peligro para la Revolución [cubana] que representaban las transmisiones de Radio y TV Martí"[76].

El propio Fidel Castro criticó públicamente a *Radio Martí* como una "agresión ideológica" en su primera respuesta directa, en una carta distribuida a los líderes militares cubanos en 1985:

"El pueblo cubano reitera su apoyo total a la digna respuesta por el gobierno

---

[76] El año anterior (1988) participé en una visita a la zona libre de Colón en Panamá, con un grupo de funcionarios de la Televisión Cubana para el Turismo (*Publicitur*), con la misión de evaluar la compra de equipos de alta calidad de post-producción y edición, así como sistemas portátiles para grupos móviles de corresponsales en las provincias, bajo las instrucciones de que debían ser "Estilo CNN". Nuestros superiores nos dijeron entonces en el *Instituto cubano de Radio y Televisión* (ICRT-TV) en la Habana, que Fidel Castro había aprobado una asignación de más de $64 M de dólares para el desarrollo de la televisión cubana "a todo color" con el fin de enfrentar la "amenaza" [sus palabras] que Radio y TV Martí representaban. En aquel momento, el ICRTV me transfirió temporalmente al Consejo de Estado para el desarrollo de la TV para el turismo. Mis responsabilidades en la red cubana nacional televisión *Tele Rebelde* incluyeron posteriormente la selección y capacitación de corresponsales locales en las 14 provincias de la isla, lo cual sería la base para la futura cadena de estaciones locales de televisión, actualmente operando.

cubano a la decisión cínica y provoca-
dora de la administración norteamericana para iniciar transmisiones de radio contra nuestro país... la firmeza de
por nuestro país frente a este tipo de
agresión ideológica que se ha perpe-
trado a través de los años por los Estados Unidos" (UPI, 1985).

Además, la selección del nombre del héroe
nacional cubano, José Martí (Liukkonen, n.
d.) fue un esfuerzo evidente "para tratar de
obtener ganancia" (Saco, 1992) sobre el pres-
tigio de una figura como "el poeta que ins-
piró una Revolución" (González-Munné,
2006:80).

El 19 de mayo de 1985, el aniversario de la
muerte de Martí y el día anterior a Radio
Martí empezó a transmitir, el Gobierno Cubano envió una airada nota a la Sección de
Intereses de Estados Unidos en la Habana
[Embajada]: "el insulto de utilizar el nombre
glorioso de José Martí para estas transmisiones hería profundamente heridos los sentimientos del pueblo cubano" (in Masud-Piloto 1988:104).

Un indignado funcionario cultural cubano,
el poeta y ensayista Roberto Fernández Retamar (Encyclopedia Britannica, n. d.) en
ese momento Director del Centro de Estudios Martianos (en la Habana) comentó que:

"sólo un gobierno que ha demostrado repetidas pruebas de su ignorancia puede cometer una estupidez tal de tomar el nombre del mayor antiimperialista que hemos tenido" (in Frederick, 1986:25).

Desde la izquierda: Roberto Fernández Retamar, Fernando González –uno de los dos espías cubanos de la red *Avispa*, uno de los dos liberados, residiendo en La Habana, de los cinco condenados en EEUU- y su esposa, Rosa Aurora Freijanes. Foto: Casa de las Américas (La Ventana, 2014).

La *Presidential Commision of Broadcasting to Cuba*[77], defendió esta decisión, argumentando que José Martí: "era un apasionado de la verdad, la democracia y la libertad, así como de la independencia de Cuba de la dominación extranjera de cualquier

---

[77] *Comisión Presidencial de Transmisiones a Cuba*, por la Orden Ejecutiva 12323, del 22 de Septiembre de 1981, por el entonces Presidente Ronald Reagan (Reagan, 1982).

origen... Tal vez es el único símbolo de ello para todos los cubanos" (Ibídem).

No todo el mundo estaba de acuerdo, como *The New York Times*:

"Dejando de lado las objeciones de los profesionales de la voz de América, que sienten que sus actuales emisiones dicen la verdad. Olvidemos los tristes recuerdos de una estación clandestina de la C.I.A. en la Isla del Cisne[78], que anunció la invasión de Bahía de Cochinos. Consideramos sólo la ignorancia mostrada por el nombre propuesto. Como saben todos los cubanos, el mártir Martí desconfiaba profundamente los Estados Unidos. Un periodista que vivió aquí durante 14 años, Marti hacía una campaña incansable contra el imperialismo español - pero también contra el expansionismo norteamericano. 'Es mi deber', escribió en 1895, 'evitar, a través de la independencia de Cuba, que los Estados Unidos se extiendan por las Antillas y caigan, con esa fuerza más, sobre otras tierras de

---

[78] El 17 de marzo de 1960, el presidente Eisenhower aprobó un programa de acción encubierta contra el régimen de Fidel Castro. En el marco de propaganda de ese programa, un objetivo importante fue crear y utilizar una estación de radio alta potencia media y onda corta y esta se montó en sesenta 60 días en la Isla del Cisne (Radio Swan), en el Caribe, frente a la costa de Honduras. Operó hasta 1968 (Time, 1971).

nuestra América... Conozco al mons-
truo, porque he vivido en su guarida -
y mi única arma es la Honda de David'.
Fue su último testamento, escrito poco
antes de su muerte" (Editorial, 1981,
E18).

El Presidente norteamericano John F. Kennedy con un
grupo de líderes de la fallida invasión organizada por la
CIA a Bahía de Cochinos [Playa Girón], Cuba, el 27 de
diciembre de 1962 en Palm Beach, algunos de ellos recién liberados de prisión en La Habana luego de ser
capturados. Desde la izquierda, Roberto Pérez San Román –quien escapó por barco durante la invasión-,
José Alberto Pérez San Román - Comandante de la
Brigada invasora 2506-; el Presidente Kennedy; Manuel Artime; Erneido Oliva y Enrique "Harry" Ruiz-Wi-
lliams. Foto de la *Prensa Asociada* (AP), William J.
Smith (Estada-Montalván, 2013).

Algo de cierto, no solamente en lo erróneo
de utilizar el nombre de José Martí, sino en
el hecho de que las "agresiones radiales"

contra Cuba por parte de las agencias norte-americanas de inteligencia.

Un ejemplo es el uso de transmisiones encubiertas como la mencionada *Radio Swan* en apoyo a la *Operación Pluto* para la invasión a Cuba en la década de los 1960[79]; o las "oficiales" a través de la *Voz de América.*

Inicialmente *Radio Swan*, con un transmisor de 50,000 watts de potencia en onda media (1160 kHz) y otro de onda corta de 10 mil watts (5 MHz), con programación anticastrista y mensajes operacionales para la malograda invasión de Bahía de Cochinos en 1961, fue precedido por una poco conocida operación pirata CIA de radio en la década anterior (Lee, 2010).

Estos transmisores habían sido utilizados por *Radio Free Europe* y tras el desastre de la fallida invasión a la isla, *Radio Swan* se convirtió en *Radio Americas* hasta Mayo de 1968, en que su transmisor de onda media fue trasladado a Vietnam para "asistir" en las guerras del Sudeste de Asia (Ibídem).

Posteriormente, con financiamientos encubiertos de emisoras de habla hispana en el sur de La Florida y Nueva York, orientando los sistemas de antena para que se pudieran captar en onda media y corta en la isla, desde el estado de Massachusetts, comenzó

---

[79] Luego *Radio América* "La Voz de la Verdad para todo el Continente", o la "Voz Anticomunista de América. Recortes de presupuesto la eliminaron (Coro-Antich, 2011).

la llamada *Radio New York Worldwide*, financiando una programación diaria de varias horas de duración (Coro-Antich, 2011).

El Embajador cubano en la India Abelardo R. Cueto Sosa, en una entrevista con Siddharthya Swapan Roy: "hay un canal de TV 24 × 7 y una estación de radio del gobierno de Estados Unidos. Como un insulto a nuestra nación las nombraron con el nombre de nuestro héroe nacional, TV Martí y Radio Martí. Tienen como propósito declarado incitar a la gente contra Fidel Castro y su gobierno. Una declaración implícita. No la censuramos. Cualquier joven cubano es libre de escuchar o ver lo que se dice en las transmisiones anticubanas. A pesar de ser un gobierno democráticamente electo y nuestro derecho a la soberanía, permitimos que los canales insidiosos circulen libremente. ¿Por qué? Porque creemos en el poder de la verdad y la debilidad de las mentiras. Porque creemos en la Revolución y lo que tiene y puede hacer por la gente" (Elliot, 2012).

No queremos alargar este capítulo con la idea de las estaciones "piratas" de la CIA, pues aunque éstas transmisiones se caracterizan principalmente por el hecho de que parten de emisoras sin una licencia regular, las del Gobierno norteamericano hacia Cuba, son programaciones completas hasta en frecuencias de radio con licencia comercial (Jones, 1988).

La OCB le ha pagado a Alina Fernández –hija ilegítima de Fidel Castro- $20,025 en el período de 2004 a 2007 por escribir, ser anfitrión de programas y otros servicios, según registros federales (Eaton, 2011).

Desde la creación de: "el clima psicológico adecuado" para la subsiguiente invasión y el esperado colapso del gobierno de Castro. Las emisiones clandestinas a Cuba fueron suplidas por el bombardeo de la propaganda blanca más concentrado y jamás realizado por las Voz de América y estaciones comerciales en español, principalmente en el sur de Florida (Soley, 1987:184).

En aquella época tan temprana el papel de Jorge Mas Canosa ya se presentaba (Ibídem: 178) y luego de la Crisis de los Misiles se planteó lo que sería la semilla de TV Martí.

La propuesta era en los 1960 ampliar la guerra mediática norteamericana contra Cuba mediante la inclusión de difusiones de la televisión, una nueva arma en el arsenal de la propaganda de Estados Unidos contra Cuba.

En colaboración con el Departamento de defensa, la USIA había desarrollado un plan para transmitir programas grabados de televisión desde aviones, o sea dos DC-6 especialmente equipados volando en un máximo de 18,000 pies justo fuera del espacio aéreo cubano (Nichols, 1988:24).

El destacado académico norteamericano John S. Nichols, en una audiencia en el Congreso norteamericano en el año 1988, luego de alertar de lo inoperable del proyecto de

*TV Martí* por la facilidad con que el Gobierno cubano podría bloquear las señales, lo calificó *Martí* como una Enmienda Platt[80] electrónica" (USHR, 1988:88-90).

En ese momento expresó sus dudas de que los cubanos estuvieran escuchando otra cosa que no fueran los programas de entretenimiento en *Radio Martí*, así que "hay poca certeza que los cubanos le prestarían ninguna atención a las noticias de *TV Martí* y buenas razones para creer que lo ignorarían. Su controvertida fuente sería sospechoso" (USHR, 1988:36).

Si bien los Estados Unidos no tienen la verdad absoluta en los conceptos de libertad y verdad, recurrir a estos lemas políticos para justificar las transmisiones a Cuba es un disparate, pues, nadie puede darse el derecho a decirle los demás lo que deben pensar o qué información acceder –especialmente cuando hay una agenda política poderosa envuelta en el problema- es igualmente errónea (Progler, 2011).

En vez destacar lo malo de uno bando y lo bueno del otro, tal vez la solución sea en promover el intercambio y diálogo culturales, pero es imprescindible para llegar a soluciones, superar la politización y los intereses que han rodeado a las estaciones desde su

---

[80] Apéndice agregado a la Constitución de Cuba en el período de la primera ocupación militar estadounidense en la isla (1899–1902), la cual respondía a los intereses de los EEUU.

nacimiento.

"Radio y TV Martí es algo irracional", dijo en la Unión de Periodistas de Cuba en La Habana en 2013, el profesor Nichols, en una visita: "Desde 1988 estoy escribiendo sobre el tema, aunque creo que debería hacer más. No tenían sentido Radio y Televisión Martí en aquellos años, hoy lo tienen menos". Este es un ejemplo del "inmenso problema entre Cuba y Estados Unidos. Es irracional la forma en que se expresan las relaciones bilaterales" (Enríquez-Infante, 2013).

## ¿EXISTE FUTURO PARA LAS "MARTÍS"?

Los tiempos exigen nuevas formas de conquistar audiencias y ante el fracaso de llegar con sus transmisiones a la isla, o conquistar una audiencia, ahora los esfuerzos en *Radio*

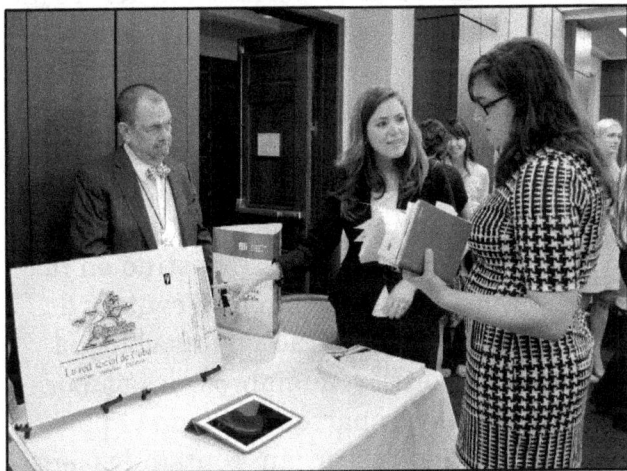

Natalia Crujeiras, directora de Medios Digitales y Redes Sociales de la Cuba Broadcasting Office (CBO), explica las últimas herramientas anti-censura de internet que estaba utilizando la OCB en sus transmisiones a Cuba en la Expo de innovación BBG (Press Release, 2013 a).

y *TV Martí* se dirigen hacia un modelo multimedia "para utilizar las redes sociales, los servicios de mensajes de texto a través de celulares y la distribución en DVDs y memorias flash para expandir el impacto de sus contenidos" [textual de El Nuevo Herald].

El objetivo según Humberto Castelló, director de noticias, es: "llegar a la audiencia de cualquier modo" (Gámez-Torres, 2014).

En el artículo de *El Nuevo Herald* [Radio y TV Martí intentan llegar a más cubanos en la isla], Crujeiras expuso también la estrategia para insertarse dentro de la circulación alternativa de información dentro de Cuba:

"Actualmente copiamos 3,000 DVDs semanales con los contenidos que producimos y los enviamos [ilegalmente a través de "mulas" y pasajeros que visitan Cuba] a 18 puntos de destino en la isla. Luego, estos llegan a 86 centros de distribución donde activistas, blogueros, opositores y miembros de grupos religiosos los reparten por todo el país. También se descargan contenidos en esos centros" (Ibídem).

Sin embargo y según la misma información, la cual atribuye a Natalia Crujeiras, directora de medios digitales y redes sociales de la Cuba Broadcasting Office (CBO)[81],

---

[81] Oficina de Transmisiones a Cuba.

el sitio web martinoticias.com ha crecido un 48 por ciento en los últimos tres años (Ibídem).

Según el sistema de análisis de internet *Alexa*[82], la página mencionada tiene el lugar 48,288 internacionalmente, con un "bounce rate" [tasa][83] de 56.60%, "daily page views per visitor"[84] [vista de página por visitante] de 1.95 y "daily time on site" de 3:00[85], siendo los países de mayores visitas Cuba (18.1%), Tailandia (13.8%), España (13.3%), Angola (11.9%) y los Estados Unidos (11.9%).

El 18.20 por ciento de los visitantes proviene de un "search engine" [herramienta de

---

[82] *Alexa Internet*, Inc. es una subsidiaria de la compañía *Amazon.com* (CA). Provee información acerca de la cantidad de visitas que recibe un sitio web y los clasifica en un ranking.

[83] La tasa o porcentaje de rebote es un término utilizado en los análisis del tráfico de visitantes de las páginas de Internet. Rebote (bounce) se produce cuando un navegante abandona el sitio después de haberlo visto durante unos segundos. Los sistemas de estadísticas fijan el tiempo para que una visita se considere *rebote* en 30 segundos: un visitante se define como "desinteresado" si abandona la página antes de 30 segundos. El límite de 30 segundos es un valor de referencia que en algunas aplicaciones de software comercial, se está bajando a 5 segundos para evitar *counter terrorism* ("marcar" las páginas varias veces para falsificar las estadísticas).

[84]Una vista de página (PV) o impresión de página es una petición para cargar un solo archivo HTML (página web) de un sitio de Internet. En la World Wide Web, resultaría una solicitud de página de un internauta haga clic en un enlace de otra "página" apuntando a la página en cuestión.

[85] Es el *tiempo promedio en el sitio* es un tipo de informe de visitante que proporciona datos sobre la cantidad de tiempo que los visitantes han gastado en su sitio.

búsqueda] (Alexa, 2014) y en Cuba tiene el "rango" [rank] de página 195.

Carlos Garcia-Perez, director de Radio y TV Martí en los estudios de Radio Praga: "Vamos desde la más primitiva forma de distribuir información, que es a través de discos y DVDs en la isla, donde ponemos nuestra radio y contenido de TV a satélite. Entre esos, tenemos una estación de AM, nuestra propia señal 1180, pero compramos tiempo de estaciones comerciales en Miami -eso encuentra en un período de prueba- pero que lo hacemos porque sabemos que llega a la isla, y estamos recibiendo excelentes comentarios de la isla en estos. Estamos haciendo onda corta y también probamos con FM. Sabemos que el acceso a internet es un gran componente de distribución -aunque sabemos que es muy limitado en la isla. El flash drive de papel es un componente muy importante ahora en nuestra distribución" (en McCumiskey, 2013).

Pero a pesar de todos los esfuerzos de los

116 empleados de la OCB - con un presupuesto de $26.3M de los impuestos de nosotros, los contribuyentes norteamericano- pero en mi experiencia personal, nunca he podido ver las transmisiones de *TV Martí* en la isla, ni conozco a nadie que las haya presenciado.

El 6 de enero de este año se rifaron en el programa de radio Martí El Revoltillo seis motocicletas eléctricas donadas entre todos aquellos cubanos residentes en la isla que participaron por diferentes vías (Gámez-Torres, 2014).

El ex profesor de la Universidad de las Villas en Cuba, Amador Blanco Hernández, afirmó a *El Nuevo Herald* desde Caibarién [Matanzas, al norte de la isla, el lugar más cercano a las costas de La Florida]: "nosotros no hemos visto nunca la *Televisión Martí*. Si alguien le dice que se ve, es falso. La audiencia de *Radio Martí* también es mínima" (Gámez-Torres, 2014).

Otro opositor, Leonardo Díaz Castañeda de la Unión Patriótica de Cuba, dijo desde La Maya, provincia Santiago de Cuba, que ha recibido los DVDs, "con programas noticiosos" pero que nunca ha visto la señal de televisión. "Radio Martí se oye, pero con problemas, porque instalaron recientemente una antena para interferir" (Ibídem).

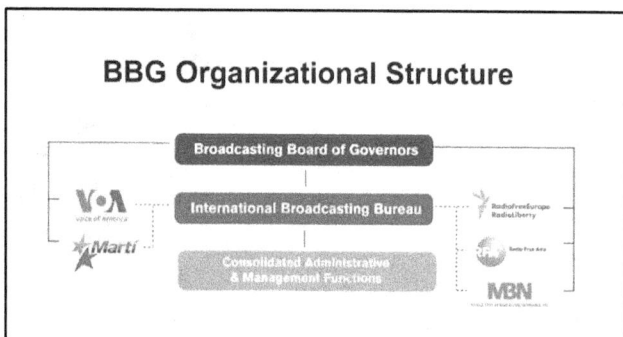

Estructura organizativa de la BBG, Junta de Gobernadores de Radiodifusión (Stine, 2014).

A pesar de que el presupuesto de la BBG para transmisiones internacionales es algo menor que el de 2013, aún sus críticos piensan que es un gasto demasiado grande del dinero de los contribuyentes en contenidos: "prematuros y mal orientados", o en un sistema cuya gerencia ha demostrado ser incompetente (Stine, 2014).

La cifra del presupuesto para 2015 es $721.26M –eran $733 en 2014-, lo cual incluye las inversiones necesarias para: "migrar a los medios de comunicación que sus oyentes... utilizan cada vez más" (Ibídem).

La BBG se califica a sí misma "independiente de la plataforma", pues está dispuesta a utilizar cualquier medio de comunicación en la que el público prefiera recibir información y estudia el "futuro de la radiodifusión de radio de onda corta", proponiéndose la reducción de personal, a través de compensaciones monetarias o retiro.

Gary Thomas, un ex corresponsal de la VOA y crítico de la BBG, dijo que la última solicitud de presupuesto de la organización, el cual califica de "desastroso", "presta escasa atención al periodismo" y "para todos los propósitos es un aviso de la muerte" para la mayor parte de la cobertura de noticias en las estaciones (Ibídem).

Por si fuera poco, la BBG recibió una calificación negativa de la Oficina del Inspector General del Departamento de Estado federal de los Estados Unidos[86].

La entonces Secretaria de Estado Hillary Clinton, al testificar en 2013 ante la Comisión de Asuntos Exteriores del Senado norteamericano, describió a la BBG como "prácticamente pasiva en cuanto a su capacidad

---

[86] Office of Inspector General for the US Dept. of State.

para dar un mensaje alrededor del mundo" (Ibídem).

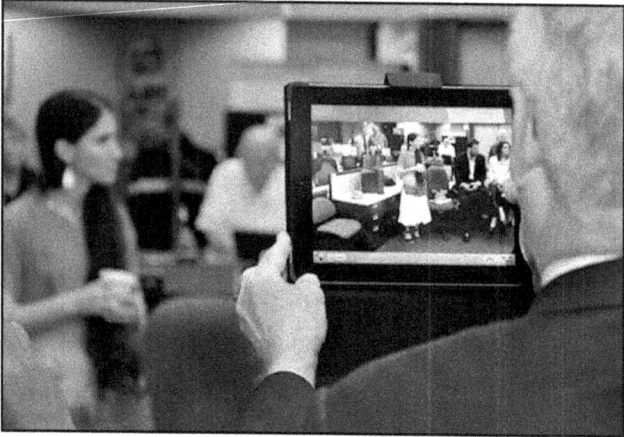

La bloguera cubana Yoani Sánchez se reunió con el OCB antes de aparecer en las noticias diarias de *Radio Martí* en 2013 (Stine, 2014).

Los problemas de las "Martís" no terminan ahí, pues un tribunal de Apelaciones confirmó un fallo contra la Junta de Gobernadores de Radiodifusión (BBG), por despedir a 16 empleados de mala fe (Stephens, 2014).

En el Congreso y el Senado de Estados Unidos se ha propuesto una nueva ley que plantea una revisión radical de las transmisiones internacionales del Gobierno estadounidense, la cual fue aprobada por unanimidad por la Comisión de Asuntos Exteriores del Congreso por unanimidad bipartidista a finales de abril.

El Representante republicano por California, Edward Royce, presentó en conjunto[87] el proyecto H.R. 4490, Ley de Reforma de las Comunicaciones Internacionales de los EE UU de 2014, tiene como propósito mejorar la eficiencia, eficacia y flexibilidad del mensaje internacional de los Estados Unidos y plantea la creación de una agencia de comunicaciones internacionales al efecto. La OCB, que maneja *Radio* y *TV Martí*, seguiría existiendo dentro de la Voz de América (Stine, 2014).

El resultado de *Radio* y *TV Martí* es una fallida iniciativa de diplomacia pública de Estados Unidos y una imagen cada vez más impopular para los Estados Unidos en América Latina y el Caribe (Ristovic, 2013).

Aquí en Miami, se le conoce como "La Compañía Embotelladora Martí"[88], donde botella y embotelladora es un eufemismo cubano para la "sinecura" o prebenda, refiriéndose a un trabajo que requiere poco o ningún esfuerzo (Varela, 2010).

Mientras tanto las presiones continúan sobre el gobierno norteamericano para cortar

---

[87] Los señores Royce (por si mismo), Engel, (la Sra.) Ros-Lehtinen, Sherman, Rohrabacher, Connolly, Chabot, Keating y Salmon) presentaron la ley al Comité de Relaciones Exteriores (ver texto de la ley en Bibliografía: United States International Communications Reform Act).

[88] Martí Bottling Company.

los recursos a los Martis, que no ha consiguen superar la interferencia del gobierno cubano a sus transmisiones.

Los informes de instituciones como los periódicos de la Oficina de Responsabilidad Fiscal del Gobierno (GAO) mantienen los cuestionamientos sobre la efectividad de las estaciones, así como del estándar perpetuamente pobre del periodismo de éstas (Adams, 2009), donde se repiten los problemas de editorializar y "presentar opiniones individuales como noticias" según esos informes.

También se ha encontrado el uso de "insustanciales reportes procedentes de Cuba" y el uso de "lenguaje incendiario y ofensivo en las emisiones (Ibídem).

Toda la tecnología del mundo no puede superar los problemas de fondo de contenido y programación denunciados no solo por la prensa y los académicos, sino por las propias instituciones del Gobierno federal norteamericano.

# ¿COMPLACENCIA CON CUBANO AMERICANOS?

(Lynn, 2008)

El ex Congresista Lincoln Díaz-Balart, un republicano cubano-americano, que renunciara en 2010, poco después de ser mencionado en un caso federal por soborno, fraude y lavado de dinero en Puerto Rico (Christensen, 2010) y otras acusaciones de peculado y nepotismo[89] dijo que: "creía que los editores de *El Nuevo Herald* y *The Miami Herald* sabían que los tres escritores de *El Nuevo* habían trabajado para la Oficina de Radiodifusión para Cuba [OCB]" (Goodnough, 2006).

Wilfredo Cancio Isla y la intelectual cubana Wendy Guerra (Navarrete, 2008).

Se refería a los artículos de ambos periódicos alrededor de 2002 describiendo a Pablo Alfonso, quien reportaba entonces para *El Nuevo*, *el cual* recibió casi $175,000 y Olga Connor, la cual aceptó $71,000, como un

[89] Algunos blogs argumentan su vinculación con una empresa vinculada al Complejo Militar Industrial llamada *Mark Two Engineering* (MTE) de la ciudad de Medley en el sur de La Florida, donde su esposa, Cristina, mantenía un contrato de $200,000 anuales (El Periodista, 2010).

participante frecuente pagado en Radio Martí (González, 2013:3-4).

Wilfredo Cancio, otro de los periodistas en cuestión dijo que sus supervisores habían conocido y aprobado de sus apariciones en *Radio y TV Martí* y siempre expresó sus propias opiniones y no las del gobierno [norteamericano]. "Es por estas razones que niego cualquier conflicto de intereses en mi comportamiento profesional... y creo que mi despido fue una decisión injusta y desproporcionada, hecha de mala fe" (en Goodnough, 2006).

Uno de la plantilla de *The Miami Herald*, el escritor y humorista Carl Hiassen dejó caer unas gotas de humor sobre el tema: "algunas personas podrían llamar este corromper a la prensa; Yo lo llamo conservadurismo compasivo... la generosa iniciativa de la administración Bush de Divulgación para Reporteros Éticamente Confusos" (Hiassen, 2006).

Bromas aparte, desde las columnas olvidadas del 2002, la historia de Corral del 2006, hasta las famosas faltantes diez pulgadas perdidas (Lundberg, 2010, 14):

"Puede ser visto como un ataque preventivo: conociendo que otro periódico iba a exponer a tres de sus reporteros - junto con varios otros reporteros del

sur de la Florida en la nómina del gobierno — el periódico publicó un gran
artículo de primera plana como noticia
de última hora y destacando el anun-
ciando del despido de los tres periodistas. Algo así como una buena, pero do-
lorosa, movida de relaciones públicas"
(Norman, 2006).

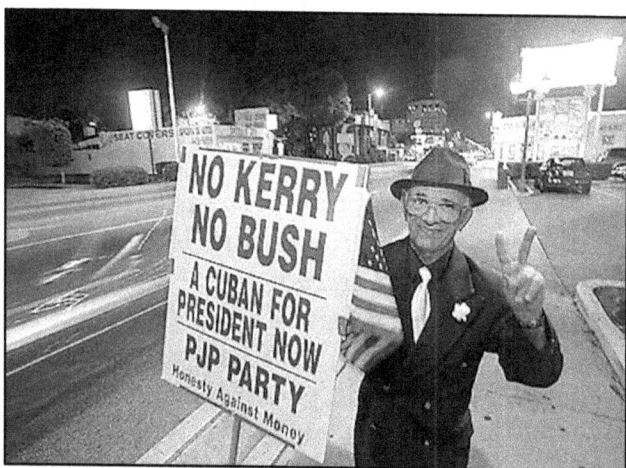

Santiago Portal, de 65 años muestra su cartel anti-
Bush y anti-Kerry en la Pequeña Habana, Miami: "No
sentimos que Cuba volverá a ser libre porque el gobierno de los Estados Unidos está más interesado en
liberar a Irak", dijo Portal, que votó por Bush en 2000
(Fournier, 2004).

La "falla de supervisión" de la dirección de
*The Miami Herald*, permitiendo durante
años, que algunos periodistas cubano ameri-

canos ejercieran el pluriempleo como "con-
sultores" pagados del gobierno, era tan in-
creíblemente incorrecta que la solución de la
solución de "esencialmente llevarlos al tras-
patio y matarlos a tiros una vez que llegaron
a ser una molestia" (Norman, 2006) porque
otros tenían la historia antes. El "apuro"
para publicar la historia estaba justificado,
porque hubo fuentes que le dijeron a Corral
que el *Chicago Tribune* estaba investigando
el tema (Lundberg, 2010).

Foto: Giulio Siorio. Jorge Rodríguez y su hijo, Jorge Jr.,
operan *La Poderosa* –antiguamente *Radio Fe*, del fallecido periodista Emilio Milián-, la última estación independiente de propiedad Cubano-Americana en Miami
(Alvarado, 2012).

En mi humilde visión, más allá del impacto
de la Internet, el coto de caza abierto donde

nadie se convierte en una fuente de información, seguimos buscando en otros cuando se trata de encontrar excusas para nuestra propia "interpretación" de la culpa cuando se presentan respuestas a los conflictos de intereses.

La importancia de la esfera pública digital para disputar el poder mediático es cada vez mayor en la medida en que las esferas de los canales de comunicación en la sociedad se vuelven más porosos unos con otros, lo cual atrae a los investigadores a considerar las vías de medios micro-medianos como fuentes de mensajes importantes para los medios de comunicación corporativos.

La propiedad distribuida de la Web hace difícil para las organizaciones de noticias cerrar las puertas a la información que no pueden negar debido a la feroz competencias actual de los medios, pues el consumo de operaciones noticiosos 24/7 convierte la demanda por información fresca en absurdamente necesaria (Bennet, 2003).

Casi siempre culpamos a los políticos y funcionarios del gobierno y miramos hacia otros países, pero nunca a nuestros colegas y vecinos. "Puede haber alguna relación entre nuestras hipocresías y preocupaciones acerca de nuestra credibilidad" (Basset, 1988:40).

## Saltar de la izquierda hacia la derecha

La presión del entorno social y político del enclave cubano-americano (Moreno, 1966, 150) impone a los periodistas y los intelectuales recién llegados a Miami encontrar maneras de integrarse las ideas de los primeros exiliados bajo presión de "desprecio y discriminación" (Aguirre, 2006:208) o someterse a las consecuencias.

A la mayoría de ellos, educados en el sistema comunista de Cuba se les hace fácil hacerlo, adoctrinados desde la infancia (Blázquez, 2013), también como ex militantes de organizaciones de la juventud comunista en la isla (Rodríguez, 2007: iv), se convierten de "hijos de la revolución", en exiliados de línea dura (Piffer, 2013:352).

El sentido de pertenencia podría diferir (Cooper et al., 2009:15), dependiendo de la llegada a los Estados Unidos y las experiencias, con "puntos de vista divergentes evocados distintas políticas épocas" (Eckstein, 2002:826).

Al cambiar de bando de la cerca es fácil para algunos periodistas cubano-americanos o improvisados "corresponsales populares" sin una educación adecuada, como el

movimiento de "periodistas independientes"[90] en Cuba, al cual algunos de ellos per-
tenecieron.

En la foto (desde la izq.) el Canciller Moreno, Ubaldo
Izquierdo y el senador Walker (La Hora, 2010).

Este movimiento ha sido financiado por el
gobierno de Estados Unidos y otras instituciones internacionales, a pesar de la expresa
oposición de instituciones de alcance internacional como el Comité para la Protección

[90]El fenómeno del periodismo independiente cubano nació en
los años 90. Entre sus fundadores estaban: Rolando Cartaya,
Indamiro Restano, Rafael Solano, José Rivero, Julio San
Francisco, Raúl Rivero, Iria González Rodiles, Ana Luisa Ló-
pez Baeza, Juan Antonio Sánchez, Germán Castro, Tania
Quintero, Bernardo Arévalo Padrón, Jorge Olivera, Olance
Nogueras, Joaquín Torres, Héctor Peraza, Manuel Vázquez
Portal, la mayoría de ellos viviendo en el exilio (García, 2010)

de Periodistas[91] (Bilello, 1996).

Un ejemplo de estos reporteros improvisados es el caso reciente del auto-titulado periodista José Ubaldo Izquierdo, recibido oficialmente en Chile por el Ministro de relaciones exteriores chileno Alfredo Moreno y el senador Patrick Walker en agosto de 2010 después de ser liberado de prisión en Cuba (CID, 2010), donde él y su familia –esposa, hijas, un sobrino y sus suegros (Ahora TV, 2010)- recibieron estatus político, una casa y trabajo (Candia, 2010).

Después de tres días de labor, renunció a una posición en una estación de radio comunitaria porque no se sentía competente para realizar ese tipo de trabajo. En un correo electrónico personal al alcalde de Isla de Maipo, David Morales, explicó: "Pensé que mi trabajo no sería fructífero, ya que hay tres profesionales reales de la información [en la estación de radio], hice periodismo en Cuba, pero no soy graduado [no tengo una educación como periodista], así que no me sentía competente".

Izquierdo mencionó a la prensa su intención de buscar trabajo en la industria alimentaria (Oyarce, 2010).

La "prensa independiente" cubana, que se consolidó en 1990 con la aparición del Grupo

---

[91] *Committee to Protect Journalists* o CPJ, organización independiente, sin fines de lucro con sede en Nueva York, promueve la libertad de prensa y derechos de periodistas.

de los Doce[92], compuesto por periodistas de
la prensa oficial cubana e intelectuales,
miembros de la UNEAC [Unión de Escritores y Artistas de Cuba].

Raúl Rivero Castañeda, Antonio Llaca y Pedro P. Álvarez (Llaca, 2008).

Entre otros, el poeta y periodista Raúl Rivero Castañeda, José Rivero García ex reportero del periódico nacional *Trabajadores*
y el escritor Manuel Vázquez Portal, entre
otros, todos ellos en el exilio en Europa y los
Estados Unidos (González-Munné, 2014).

José Rivero García, laureado escritor y periodista, quien vive hoy en Miami, fue uno

---

[92] Se refiere al Grupo de Intelectuales y periodistas cubanos
que se declaró en contra del Gobierno comunista de la isla.

de los promotores del movimiento de los periodistas independientes en la isla y luego como Director de la desaparecida revista *Carta de Cuba* [93] (1995-2010), evalúa ese movimiento con una frase: "la prensa independiente cubana nació por Radio Martí, porque nos dio una voz" (González-Munné, 2014).

Llegaron a Miami en las dos últimas décadas, pasando de un estado totalitario, a un severo enclave político y social (Ramos, 2013:16):

"Aquellos con compromisos totalitarios profundos identifican al estado con la sociedad, su gente y su cultura. Por lo tanto, quienes criticaron las políticas del Kremlin bajo Stalin fueron condenados como 'antisoviéticas' o por 'odiar a Rusia'. De sus homólogos en el oeste, quienes critican las políticas del gobierno estadounidense son 'antiamericanos' y 'odian a Norteamérica' (Chomsky, 2002).

En el caso analizado del *The Miami Herald*, la renuncia del editor Jesús Díaz, Jr., en sus palabras a causa de aquellas políticas de personal "ambiguamente comunicadas"

---

[93] La dirigía el intelectual cubano Carlos Franqui (1921-2010), la publicó trimestralmente desde Puerto Rico y Miami.

(Associated Press, 2006), desde los periodistas ejerciendo el pluriempleo trabajando como colaboradores pagados del servicio de transmisiones del gobierno de los Estados Unidos en la *VOA*, *Radio* y *TV Martí* (Deans, 2006).

Jesús Díaz Jr., Director de *The Miami Herald* y *El Nuevo Herald*, a la derecha, en Julio de 2005. Junto a él Tom Fiedler, Editor Ejecutivo (Seelye, 2006).

Un despacho de la época de la *Agencia de Prensa Asociada*[94] dijo que Díaz consideraba la aceptación de pagos por parte de los periodistas:

"fue una violación de principios ampliamente aceptados de ética periodística... nuestras políticas que prohíben este tipo de comportamiento pueden

---

[94] Associated Press, o AP.

han sido ambiguo diseminadas, aplicadas inconsistentemente y en gran parte malentendidas durante muchos años en la redacción de *El Nuevo Herald*" (Associated Press, 2006).

Los empleados de The Miami Herald posan frente al edificio de los periódicos en 2003, el cual no existe, pues fue derrumbado para construir un centro comercial y posiblemente un casino (Bill, 2013).

Después de 1959, comportamiento social de los ciudadanos cubanos se convirtió en objeto de interpretación política y práctica de emigración abiertamente fue definido como una forma de disidencia política, tal vez por aquello de "votar con los pies"[95], utilizando

---

[95] Ver página 55.

la "deserción".

La emigración cubanoamericana desde 1959 como como acto político o económico, dependiendo de las diferentes etapas de la Revolución (Piffer, 2013), o las diferentes "cosechas migratorias"[96], clasificándose en grupos disímiles de acuerdo a su fecha de "llegada" a los Estados Unidos o su decisión de viajar a la isla y mantener relaciones con sus seres queridos en Cuba.

La emigración de cubanos a los EEUU continúa siendo –a pesar de los cambios legislativos o de discursos gubernamentales eminentemente política porque emigrar es siempre una ruptura con un orden social, moral, económico y político (Sayad, 2004).

Como magistralmente describiera el sociólogo argelino Abdelmalek Sayad (1993-1998), somos tanto inmigrantes como emigrados, físicamente en ambos hogares, el viejo y el nuevo, el pasado o el presente, donde ese ambiguo estado de identidades mellizas y pensamiento binario es nuestro mayor desafío como inmigrantes: vivir suspendidos entre dos mundos (Ibídem).

---

[96] Ver página 49.

## DESACREDITADO OSCAR CORRAL

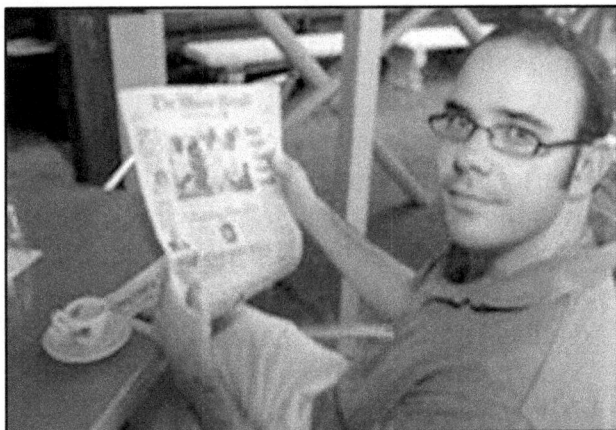

(Houston, 2007).

Si bien el origen del escándalo de periodistas del *El Nuevo Herald* aceptando dinero de una institución de propaganda del Gobierno norteamericano, fue un artículo del entonces reportero de *The Miami Herald* Oscar José Corral, no lo fue tanto su caída en desgracia 2007 en un oscuro incidente en la Pequeña Habana [97] "negociando el precio de una mamada con la acusada de prostitución de 18 años de edad Yamilet López" (Houston, 2007), lo cual se decidió por $50 dólares.

---

[97] Zona pobre de población básicamente hispana en Miami.

Los cargos fueron desestimados, pero poco después, dejó a *The Miami Herald* y fue el final de una prometedora carrera[98].

El Profesor Antonio de la Cova, en un artículo de la época, compara la forma en que el *Herald* informó sobre la detención de Corral con el de un congresista republicano detenido por un delito similar:

"Cuando el Miami Herald informó lacónicamente este incidente tres días después de lo ocurrido, omitieron muchos de los detalles, incluyendo los nombres del chulo y la prostituta acusados conjuntamente con él. En contraste, cuando el representante Bob Allen, republicano del estado de la Florida fuera detenido también por solicitar prostitución para sexo oral, el *Miami Herald* publicó numerosos artículos, inclusive mencionando en uno que Allen estaba casado y tenía una hija adolescente (Cova, n. d.).

En contraste, el *Miami Herald* no hizo mención que Corral está casado y tiene dos

---

[98] En la actual trabaja en publicidad. En 2012 finalizó el documental *Tom Wolfe Gets Back to Blood*, siguiendo al escritor por Miami, realizando investigaciones para una novela.

hijas, lo cual no es precisamente una muestra de cobertura imparcial, dada la fuerza con que se publicaron noticias similares.

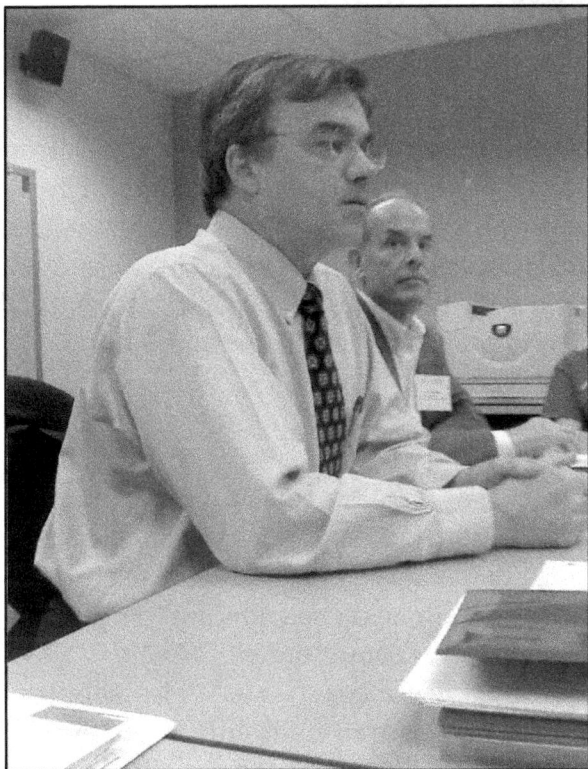

(Cotton, 2008)

Su editor entonces, Anders Gyllenhaal lo apoyó: "Es una situación desafortunada. Oscar dice que esto se debe a un malentendido y el periódico lo respalda en esto".

Un reportero de *Miami New Times* [99] le preguntó si Corral estaba trabajando en un reportaje en ese momento y él respondió: "No tengo ningún comentario adicional" (Strouse, 2007).

Aparte de ese oscuro incidente en Pequeña Habana, donde un –refiriéndose a la ciudad de Miami- un gran Amigo siempre dice: "aquí todo puede pasar y pasa...", el propio Corral toma con sentido del humor lo que escribe sobre él MNT: "New Times me confiere un Honor -de algún tipo- a mí. Desde *New Times* de este año, *Lo mejor de Miami* [100] [sección del tabloide] (Corral, 2007).

"El mejor agente comunista Oscar Corral. Ese maldito Oscar Corral. Primero, escribe un reportaje informando a los residentes de Miami que diez periodistas del sur de La Florida están en las nóminas de los medios de propaganda estadounidense *Radio* y *TV Martí*. Entonces tiene la desfachatez de decirnos que nada de los $55,5 millones en dinero de los contribuyentes destinado a financiar a los disidentes cubanos ha llegado a la isla en efectivo.

---

[99] Es un semanario gratuito publicado cada jueves, tiene su sede en el Distrito Artístico de Wynwood.
[100] *The Best of Miami*

En cambio la mayor parte se gastó en Miami y Washington, o en facturas exorbitantes para enviar mercancías a la isla. Y entonces dice que la mayoría de ese gasto local fue hecho sin supervisión ni licitación competitiva y que los bienes comprados por militantes anticastristas para fomentar la democracia incluyen [los juegos de video] *Nintendo Game Boy*, una motosierra, *Sony Playstations*, suéteres de Cachemira, una bicicleta de montaña, chocolates Godiva y carne de cangrejo. Él puede estar derramando materia fecal y estar relleno de tubos, pero había un solo hombre detrás de todo esto, y lleva una chaqueta de pista Adidas y tiene barba. Gracias a Dios por el columnista independiente en *El Nuevo Herald*, Nicolas Pérez Díaz-Argüelles[101], quien finalmente ató cabos y se arriesgó para insinuar lo que estaba en las mentes de todos nosotros: Oscar Corral es un espía cubano. El editor del escritor puede haber llorado "libelo sangriento", pero cuando todo se resume a eso, los periódicos son irrelevantes para una democracia. Comiendo trufas mientras juegas *Grand Theft Auto* es una bofetada en la cara de Castro (MNT, 2007).

---

[101] Escritor y periodista, ex-preso político cubano.

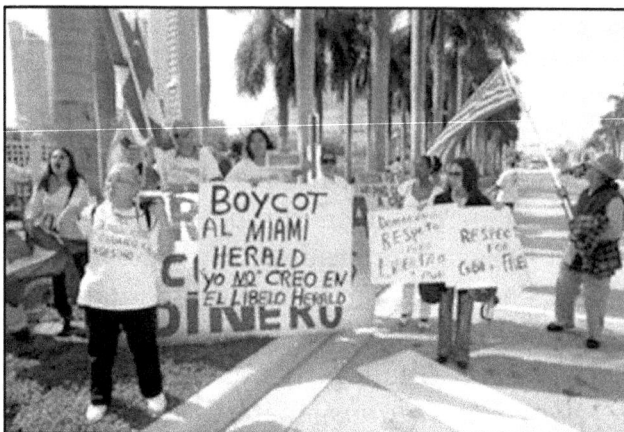

Grupos anticastristas protestan frente a El Nuevo Herald (Chávez, 2011).

La reacción de la dirección del editor de *The Miami Herald* fue airada, en un correo electrónico a la redacción con el título "La verdad al poder"[102] Fiedler escribió que un columnista "freelance" [Nicolas Pérez Díaz-Argüelles de *El Nuevo Herald*] cometió un "libelo sangriento" contra Corral en la versión del diario en español.

Escribió que estaba investigando "quién era el columnista" y cómo "cómo una difamación de carácter tan escandalosa" pudo suceder (en Norman, 2006 a).

Este es el correo electrónico de Fiedler:

---

[102] Truth to power.

"Desde: Fiedler, Tom. Enviado: miércoles, 22 de noviembre de 2006 12:09. Para: .MIA Newsroom [Redacción de Miami]. Asunto: La verdad al poder. Importancia: Alta.

Los reportajes de Oscar Corral cuestionando el gasto de dólares públicos en programas aquí bajo el pretexto de restablecer la libertad a Cuba han pinchado los nervios -y amenazó las carteras- de gente poderosa en esta comunidad que tienen acceso a los medios de habla hispana, incluyendo, tristemente, la página de opinión de *El Nuevo Herald*. Hoy un columnista independiente, en un intento por justificar que se permita a estas empresas alimentarse del peculio público, cometió un libelo sangriento contra Oscar directamente y esta redacción indirectamente.

No yo sé en este momento quien es este columnista o por qué se permitió esta difamación de carácter ultrajante, les informaré si y cuando tenga alguna información que compartir. Pero sé que responderemos en la mejor tradición del periodismo -mediante el apoyo a Oscar en continuar informando sobre esta información dondequiera que conduzca y publicando los resultados en las columnas de *The Miami Herald*.

Tom" (Norman, 2006 a).

El resto es historia, Oscar Corral ya no está en *The Miami Herald*, tampoco Tom Fiedler luego de su desafortunado comentario comprado a algunas "excelsas" comentaristas de la radio en español de Miami con el perrito chihuahua del anuncio de Taco Bell[103] y Pérez Díaz-Argüelles sigue escribiendo en *El Nuevo Herald.*

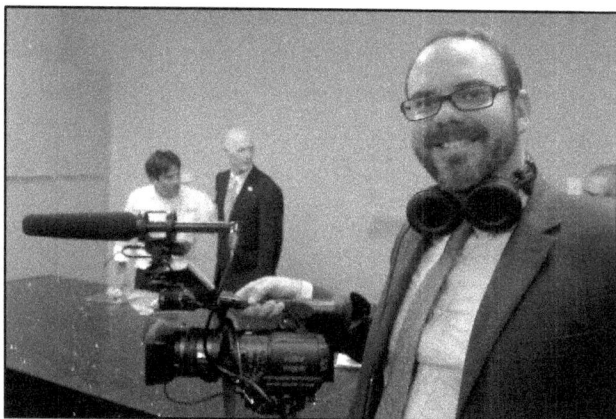

Oscar Corral en una foto reciente, al fondo el Gobernador de La Florida, Rick Scott (Corral, 2012).

---

[103] Ver *¿Fiedler se Disculpa, pero por qué?* [Fiedler Apologizes, But For What?] en Bibliografía. *Miami New Times* reportó: "En las reuniones del personal el martes, reporteros del *Herald* preguntaron si el periódico iba a ceder ante los críticos. El Editor Tom Fiedler desestimó esa idea, diciendo que las "22 personas que escuchan la radio cubana" estaban siendo provocadas por "pequeños Chihuahuas mordisqueando nuestros talones". Más tarde se disculpó por su elección de palabras" (Houston, 2007)

En cuanto al temor de Corral por represalias físicas, dijo entonces en una entrevista a Rebeca Wakefield en el *Miami SunPost*[104]:

"Llegó un punto donde sentí que tanto yo como mi familia estábamos en peligro y me hizo sentir como si la discusión que podría haber sido desencadenada por esos reportajes fue secuestrada por personas que estaban orientados básicamente a sofocar cualquier discusión con amenazas e insultos. Algunas personas se vuelven tan convencidas y seguras de su punto de vista que cuando un determinado conjunto de hechos plantea interrogantes acerca de eso, hay una reacción instintiva a la persona exponiendo los hechos. Esa persona es un enemigo y hay que capturarlos. Y eso es una tragedia porque eso no es cierto" (Wakefield, 2007).

Aún hoy *The Miami Herald* le publica notas a Oscar Corral, como una de Abril 5 de este año, cuyo título es: *La invasión de los Pitones: segundo fragmento de vídeo ofrece adelanto de documental sobre la amenaza invasiva de reptiles invasiva a los Everglades* [105] [pantanos de La Florida] (Corral,

---

[104] Es un semanario comunitario publicado en Miami, La Florida, se distribuye todos los jueves.
[105] The Python Invasion: second video snippet offers sneak

2014).

Al pie de la nota dice: Oscar Corral, un ex reportero del Miami Herald, es el fundador y Presidente de *Explica Media*[106] y el director y productor de la *Invasión de los Pitones*[107]

(Explica Media, 2014).

---

peek of documentary about invasive reptiles' threat to the Everglades (Ibídem).

[106] Según el registro de corporaciones de La Florida *Explica Media Solutions, Llc.* Fue crada el 30 de Junio de 2008 y radica en Coral Gables, FL.

[107] El original en inglés: "Oscar Corral, a former Miami Herald reporter, is the founder and president of *Explica Media*, and the director and producer of The Python Invasion" (Ibídem).

## LA EVALUACIÓN DE HOYT

Un conocido periodista, Carl Hoyt, ex editor de *Knight Ridder*, fue contratado entonces por *The Miami Herald* como mediador temporal y el director ejecutivo del periódico.

Sobre lo cual el entonces Editor Ejecutivo del *Herald* Tom Fiedler, dijera: "en la búsqueda de la base común que debemos ocupar como periodistas comprometidos con ésta comunidad" (Romenesko, 2006) en las secuelas del escándalo.

La revisión de Hoyt:

"Un examen del reportaje sobre [*Radio* y *TV*] *Martí* de *The Miami Herald*" incluye las fallas en cuanto a mencionar en los reportes anteriores como las columnas publicadas en 2002 sobre un colaborador de *El Nuevo Herald*, que estaba en la nómina de *Radio Martí*: estas referencias planteaban una pregunta obvia: si la compañía editora de *El Herald* frunció el ceño sobre los pagos de *Radio Martí* a sus periodistas, ¿por qué la Administración no investigó y respondió de alguna manera en el año 2002? ¿Y qué era tan nuevo en 2006?" (Hoyt, 2006:2).

Primera plana de *The Miami Herald* con el reportaje de Oscar Corral que inició el escándalo (Dudley, n. d.).

Él evaluó el reportaje como "de mano dura

y unilateral" (Hoyt, 2006:2), Pero más allá de eso, lo que captura nuestra atención es la ofensiva y racista consideración de que existen en los Estados Unidos "diferentes roles del periodismo", o las normas para periodistas hispanos y estadounidenses:

"El reportaje careció de contexto cultural. El miércoles, 4 de octubre, una columna por Christina Hoag en la página 8A de *The Miami Herald* dijo que el Editor Ejecutivo de *El Herald* [Tom] Fiedler creía que nunca fue apropiado para sus periodistas aparecer en *Radio y TV Martí*, incluso sin recibir pago, mientras que el Editor Ejecutivo de *El Nuevo Herald*, Humberto Castelló creyó que estaba bien si no se recibían pagos. El reportaje dijo entonces que su desacuerdo ilustraba los 'diferentes roles' del periodismo en América Latina y Estados Unidos. El periodismo estadounidense hoy en día, a diferencia de hace décadas, se concentra en la objetividad, mientras que el Latinoamericano puede abogar por el cambio'. Si esas palabras hubieran aparecido en el reportaje original, hubiera sido inmensamente más justo. Se habría sugerido la posibilidad de un motivo que no fuera de beneficio personal por

parte de los periodistas al aceptar pagos de *Radio y TV Martí*" (Hoyt,
2006:3).

Carl Hoyt (Olesky, 2010)

Uno de los despedidos, Pablo Alfonso, no
estaba de acuerdo, evidentemente espera
una disculpa y la aceptación de que no habían hecho nada incorrecto:

"Para aquellos de nosotros que practican la carrera de periodista las palabras son herramientas elementales de nuestro trabajo. Tal vez por "deformación profesional" a veces nos acostumbramos a utilizarlas bajo esas condiciones. Sin embargo, las palabras tienen un valor intrínseco en y de sí mismas. Ese valor es aún más importante cuando se utilizan para hacer un compromiso, como una garantía personal. Le di crédito a mis palabras y las mantengo ahora..." (Gómez, 2006).

No se trataba de palabras sino de ética. Es significativo que el "reporte" de Hoyt utiliza esa palabra cinco veces, tres para mencionar a los expertos que se eliminaron en las famosas "diez pulgadas cortadas" (Hoyt, 2006:4) del reportaje original de Oscar Corral y solamente dos veces para referirse a problemas de ética:

"No identificar a los expertos en ética, cuyos nombres fueron borrados <u>accidentalmente</u> [subrayado es mío] en el proceso de edición, es sí mismo una violación de buena ética periodística, en mi opinión... Los despidos, que resultaron ser demasiado apresurados, inevitablemente le dieron al reportaje un canto más duro que de lo contrario pudiera haber tenido. El *Herald*, no estaba sólo presentando una cuestión ética de periodismo para que los lectores reflexionaran, informaba sobre un juicio oficial sobre esta cuestión que, temporalmente, al menos, les costó a tres personas su empleo (Ibídem, 3).

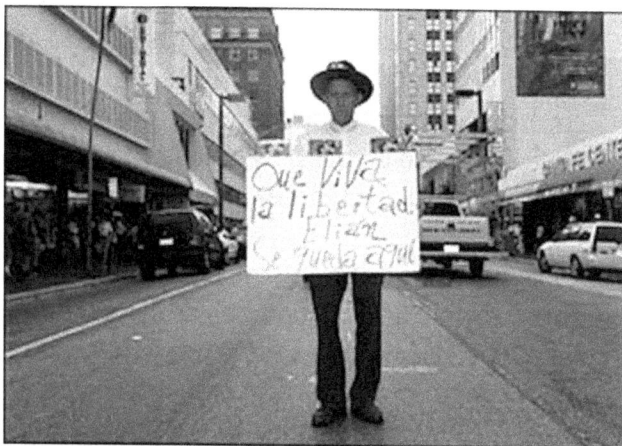

Manifestante exiliado en los años 1990 en la calle Flagler, Downtown Miami, La Florida (Archivos del periódico *La Nación Cubana*).

Al final, Hoyt no justifica lo que hicieron éstos periodistas exiliados – "Yo creo que un periodista no debe recibir pago del gobierno o una corporación o grupo de interés que él o ella cubre sin sufrir una pérdida de credibilidad"-, pero a quien culpa mayormente es la Dirección del periódico, es decir *The Miami Herald* (Ibídem, 5).

## Periodismo hispano: ¿Otros estándares?

Muchos periodistas hispanos en el país consideran erróneo e insultante el juicio de los directores de la versión en español de *The Miami Herald*, *El Nuevo Herald* de que si bien es aceptable para los periodistas hispanos tomar posiciones políticas, no lo es en el caso del periodismo norteamericano tradicional.

En Miami, la radio hispana implacablemente ataca a cualquiera que se atreva a desafiar las prácticas de la generación más vieja del "exilio", la cual mientras denuncia constantemente a los medios de comunicación controlados por el gobierno comunista de Cuba, nunca habla sobre los conflictos de intereses que permean los medios locales, donde "no es extraño para conductores radiales aceptar contribuciones de los políticos" (Bardach, 2003:106).

En diferentes lugares de los EEUU, muchos periodistas hispanos favorecieron la acusación de ruin, alegando que se trataba de "corrupción", o impugnaron estas acciones porque reflejaban "un doble estándar al juzgar a los medios hispanos" (Shore, 2006).

Lo peor del escándalo fue contra la imagen

de los medios hispanos, ya dañada, al igual que en el caso de *The Miami Herald*, que está siempre en "aguas profundas" entre los extremistas políticos en la comunidad cubano-americana (Cobas, 2001: iii).

"A los vándalos no les importaba el dinero dentro de las cajas expendedoras de periódicos de color amarillo brillante, solamente las palabras. Ellos pintaron *comunista* en varias de ellas y atascaron las ranuras para las monedas con pegamento y goma de mascar. Se aseguraron de que las noticias y opiniones editoriales de *The Miami Herald* estuvieran selladas en sus cajas de acero. Para algunos cubanoamericanos en Miami, es donde el periódico debe estar, sin ser leído, desacreditado y sin credibilidad... Es la guerra, para influir o controlar la forma en que un periódico informa las noticias" (Bragg, 1992).

Los dos diarios, *The Miami Herald* y *El Nuevo Herald* pueden compartir el mismo edificio y gerencia, pero siempre tienen diferentes aproximaciones al periodismo y un evidente "conflicto de valores entre ellos" (Gladstone, 2006). C

O tal vez como un empleado de *El Herald*, el periodista Dan Grech, dijera entonces en un programa de la *Radio Pública Nacional* [108] (NPR) norteamericana:

"El *The Miami Herald*, como la mayoría de los periódicos de Estados Unidos, se enfoca en la objetividad. *El Nuevo Herald* es más bien como los periódicos en América Latina y Europa que promueven el cambio social. *El Nuevo* tiene muchos empleados que huyeron de la Cuba de Fidel. Varios han sido prisioneros políticos. Los periodistas que estaban en *Radio Martí* eran apasionados defensores del cambio de régimen mucho antes de que trabajaran para la programación del Gobierno de los Estados Unidos" (en Gladstone, 2006).

Ese "choque cultural", reflejo de una larga disputa entre las dos redacciones de los pe-

---

[108] NPR, antiguamente National Public Radio, es una organización de medios de difusión la cual cuenta con financiación pública y privada, funcionando como red de difusión nacional para unas 900 estaciones de radio pública en los EEUU.

riódicos y el miedo a la traducción al caste-
llano de trabajos periodísticos, por miedo de
la reacción de los extremistas en la comunidad cubano-americana (Gladstone, 2006)
acrecienta el sentido de racismo y subesti-
mación de los periodistas de *El Nuevo Herald*, con respecto a sus colegas de *The
Miami Herald*.

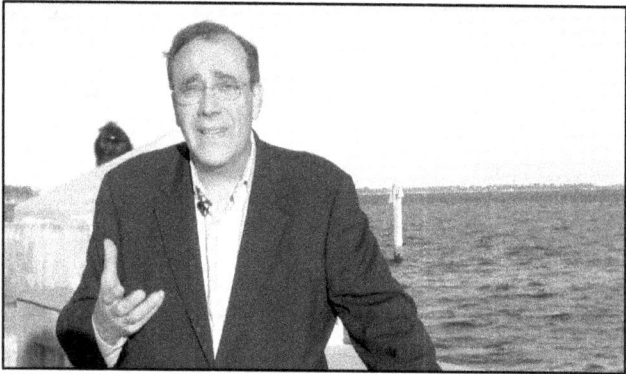

(Pestano, 2012).

Otro colaborador participante en el escándalo de *El Nuevo Herald*, Carlos Alberto
Montaner, un escritor cubano-americano
quien colabora también con periódicos españoles como *El Mundo* y *ABC*, (Lecturalia, n.
d.) lo puso en perspectiva:

"Para los periodistas 'Anglosajones',
sus colegas cubanos tenían conflictos.
En contraste, los periodistas de

*ENH* [109] sentían que sus hermanos corporativos los habían emboscado. Para los Cubanoamericanos de Miami, esto fue una muestra de doble moral..." (Montaner, 2006).

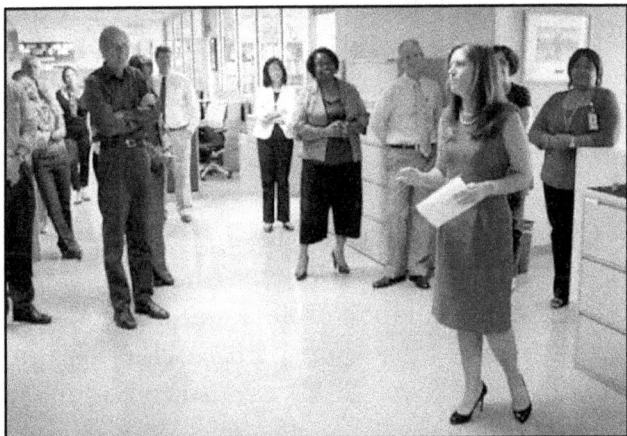

Aminda "Mindy" Marques Gonzalez fue nombrada Editora ejecutiva de *The Miami Herald* (Octubre 2010), sustituyendo a Anders Gyllenhaal, uniéndose a Myriam Marquez, nombrada editora de la página editorial en mayo de 2009 (Maynard Institute, 2010).

Otros argumentos de Montaner justificando "racismo y prejuicios anticubanos" (en Lundberg, 2010:1) fue el caso de la emisora gubernamental inglesa *BBC*, donde periodistas de los medios de comunicación privados contribuyen con frecuencia. Por lo tanto, la consideración de los Hispanos o Latinos -particularmente los cubanos- como "gente

---

[109] *El Nuevo Herald.*

fanática, propensa a la corrupción e incapaz de ser rigurosa y objetiva" (Fernández, 2009).

Es importante agregar que considerándolo correcto, un grupo autodenominado "Apoyo a Periodistas de *El Nuevo Herald*", publicó en Internet una carta abierta a la Corporación *McClatchy*, propietaria entonces de los periódicos, pidiendo reconsiderar el despido de Pablo Alfonso, Wilfredo Cancio Isla y Olga Connor.

Calificaban el artículo de Corral como "sensacionalista" y que "creaba la falsa impresión de que la labor profesional de esos colegas era una operación política clandestina" (Grupo de Apoyo, 2006) y continuaban en su arenga:

"Su colaboración con *Radio y TV Martí* era una continuación de sus deberes profesionales y no estaba subordinada a las agendas del Gobierno... Ninguno de los profesionales mencionados habían mantenido secreto su participación en *Radio y TV Martí*, lo cual había sido consultados con sus supervisores" (Ibídem).

La falta de "equilibrio de los medios hispanos", es un argumento que utilizan quienes quieren inclinar la balanza a su favor uy un ejemplo es que al "perder la batalla por el electorado Latino, los Republicanos conservadores enfrentan lo que dicen es parte de la culpa: los medios de comunicación en español" (Gamboa, 2014).

En un análisis del "conservador" *Media Research Center* se dice que los medios de comunicación español tiene un sesgo liberal, pasa demasiado tiempo cubriendo una reforma migratoria y proporciona a republicanos poco tiempo para dar perspectiva conservadora en temas como el *Affordable Care Act* [110] (Oliver-Méndez, 2014)

Sin embargo, no todos culpan a los medios Hispanos, el Senador por Kentucky Rand Paul[111], candidato a la presidencia de los EEUU para las elecciones del 2016, "reconoció que los conservadores [léase republicanos] tienen que hacer más apariciones en la televisión hispana y tener algo que decir

---

[110] *Ley de Protección al Paciente y Cuidado de Salud Asequible* [Obamacare],promulgada el 23 de marzo de 2010. Junto con la *Health Care and Education Affordability Reconciliation Act* [Ley de Reconciliación de Salud y Educación Asequible de 2010], parte de la reforma de salud del congreso.

[111] Randall Howard "Rand" Paul es un político republicano estadounidense, oftalmólogo. Es el hijo del ex-Representante del estado de Texas, Ron Paul. Se describe a sí mismo como un conservador constitucionalista y libertario, pero está considerado de extrema derecha por su apoyo a las ideas del *Tea Party* y el pensamiento libertario en general. Luego de ser electo al Congreso de EEUU en 2010, ha impulsado varios debates, leyes y reformas que lo han puesto en conflicto no solo con el Partido Demócrata, sino también con el ala más conservadora de su propio partido, el republicano.

para cambiar las actitudes de la gente sobre los conservadores y el partido republicano" (Gamboa, 2014).

(Shapiro, 2013).

"Tenemos que lanzar un mensaje importante para las personas nos escuchen... Yo creo que lo que ha pasado es que no hay <u>percepción de empatía</u> [el subrayado es mío] procedente del partido republicano... Haciendo apariciones públicas, pero uno tiene que aparecer y decir algo y tienes que decir algo diferente a lo que hemos estado diciendo" (en Ibídem).

## ¿Periodismo Militante?

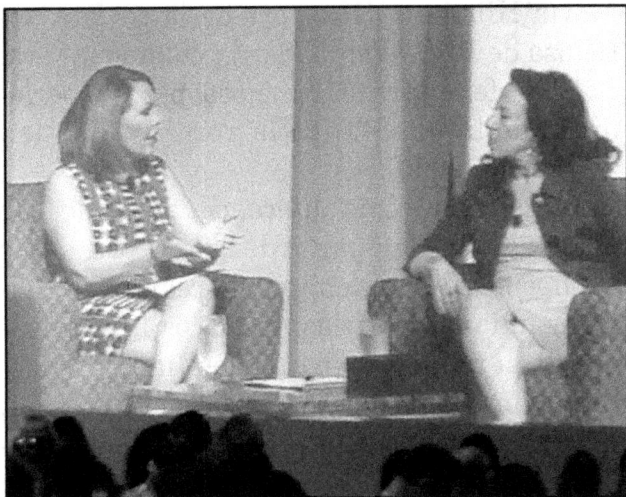

María Hinojosa entrevistada por María Elena Salinas en el *Latinovator* lunch del evento *Hispanicize Miami 2014*: "los blogueros y periodistas tienen el poder de impactar el futuro de los Estados Unidos" dijo (Vitieri, 2014).

Aparte del debate mencionado, no estamos de acuerdo con establecer normas diferentes para periodistas hispanos, lo que algunos califican como una tendencia de "periodismo militante" (Wides-Muñoz, 2006).

Acerca de lo cual la presentadora de noticias de la cadena en español norteamericana

*Univisión*, María Elena Salinas dijera: "si hablar de los logros de los Latinos me convierte en un periodista militante, entonces no me importa, que así sea" (en Alloca, 2009).

No es tan simple, porque como la corrigiera María Hinojosa, Directora de la revista noticiosa de PBS, *Now* [Ahora], cuando la Sra. Salinas felicitara a Hinojosa por su periodismo militante: "Digo la verdad", dijo (en De la Isla, 2008).

Porque existe una diferencia entre decirle a su audiencia su punto de vista y presentar los hechos, distorsionando la realidad editorializando las noticias, como los improvisados de la radio en español de Miami.

El ejemplo más reciente, es la Internet, donde nos sumergimos en ese paisaje diferente y multicolor siempre en movimiento, donde coexisten diferentes géneros pues "el periodismo artístico y el activismo son formas de atraer la atención, aprovechar y activar la fuente de compromiso personal" (Hobbs, 2013: 626-627).

La influencia y el financiamiento Gubernamental van más allá de la prensa nacional y podemos mencionar el caso de cómo en busca de fuentes "creíbles" para sus transmisiones a Cuba en *Radio y TV Martí*, el Gobierno norteamericano paga a improvisados "periodistas independientes" en la isla.

El texto de la página en internet de la Embajada de EEUU (USINT) en la Habana explica: "Casi 30 periodistas independientes de las provincias a lo largo de Cuba completaron un curso intensivo en reportar para la radio el 26-27 de enero. El curso de dos días fue desarrollado para los individuos no pueden participar en más cursos ofrecidos por la Sección de Intereses de Estados Unidos (USINT). Contenido del curso fueron proporcionados vía DVC (digital video conferencia) por profesores de la Universidad Internacional de Florida [FIU] con sede en Miami, La Florida y San José, Costa Rica. USINT también ofrece una introducción más larga al curso periodismo y una sala de redacción Virtual para periodistas independientes. Todos los cursos se ofrecen gratuitamente y están abiertos al público cubano. Esta fue la primera vez que USINT ofreció un cursillo intensivo de esta naturaleza. En el futuro USINT planea ofrecer cursos cortos similares sobre diferentes temas en periodismo" (Usint Events, 2012).

Más de $113 millones de dólares de fondos aportados en sus impuestos por los contribuyentes: "en un cálculo conservador que no toma en cuenta otros programas de Cuba dirigidos por la CIA, así como los Departamentos Federales de Defensa, Tesoro, Seguridad

El texto explica: "El sábado, 27 de junio, USINT Havana celebró la tercera edición del *Open Mike Night* [Noche de Micrófono Abierto] -evento cultural concebida para proporcionar libertad de expresión a músicos cubanos y otros artistas en un ambiente sin fines políticos [subrayado es mío]. Doce grupos de intérpretes, entre ellos uno liderado por nuestro funcionario de derechos humanos Tom Hamm de USINT, encantó a una audiencia de casi 200, reunidos en la residencia de PAO [Oficial de Relaciones Públicas] con estilos y ritmos que oscilan entre el tradicional son cubano y la rumba, hasta el Afro-jazz, rap, regaetton [sic] y rock. Añadida a la mezcla de libre expresión esta vez había también concursos de poesía y pintura en que miembros de la audiencia seleccionó a los ganadores mediante votación secreta. Un periodista independiente cubano describió este evento inmensamente [sic] popular como "... una especie de oasis en el que los disidentes, la oposición y la gente común, pueden reunirse libremente y sin temor de que la policía política lo interrumpa". Noches de micrófono abierto también le ofrecen a grupos cubanos aficionados -llamados "bandas de garaje"- una rara oportunidad para tocar ante audiencia substancial en vivo, a menudo por primera vez" (Usint Events, 2009).

Nacional, la Guardia Costera y otros organismos" (Eaton, 2010).

Como dijera Rafael Solano, periodista independiente cubano exiliado en España, fundador de *Habana Press*[112]: "*Radio Martí* es otra opción. La prensa del exilio, especialmente la de Miami, se basa en la prensa independiente de Cuba" (en Calvo-Ospina, 2000:117).

No exactamente, puesto que muchos "periodistas independientes" cubanos fueron reclutados, promovidos y entrenados para servir de fuente a la prensa del exilio (Manzaneda, 2011).

Como me dijera un Editor de *The Miami Herald*: "los periodistas <u>oficiales</u> [el subrayado es mío] están contaminados, necesitamos otras fuentes" (Archivos de *La Nación Cubana*). Eso fue en plena campaña del *Herald* de enviar personal contratado con visas de turistas a recoger información en Cuba (Kroeger, 2012).

En el caso de *Radio* y *TV Martí* se llegó al extremo de entrenarlos en el local de la propia Sección de Intereses Norteamericana en La Habana, como un documento del Departamento de Estado norteamericano —marcado como "sensitivo" pero no restringido- de 2007 declara:

---

[112] Grupo de periodistas "independientes" cubanos.

"Con miras al futuro, hace cuatro años PAS [Public Affairs Section, Sección de Relaciones Públicas] también estableció un programa de capacitación para asegurar que haya un núcleo de periodistas profesionales, independientes disponible <u>cuando el tiempo esté maduro</u> [para cuando sea necesario, el subrayado es mío]. En colaboración con la agencia estadounidense para el desarrollo internacional, PAS utiliza sus instalaciones de videoconferencia digital (DVC) para organizar sesiones interactivas con presentadores en los Estados Unidos. El equipo de OIG [Oficina del Inspector General del Departamento de Estado federal] quedó impresionado por una sesión de entrenamiento muy animada en la que participaron 30 periodistas independientes cubanos. Medios de comunicación fuera de la isla ya han contratado a varios periodistas independientes como contactos para obtener información [stringers] sobre el terreno en Cuba, aunque prevalece la legislación estadounidense que ha hecho difícil para estos individuos recibir pago por su trabajo" (US Department of State, 2007).

Volviendo al *Advocacy Journalism*[113], el tema plantea un conflicto entre los valores que muchos periodistas tenemos, pues aunque se nos enseña que nuestro trabajo es informar a los lectores, pero no promover un determinado curso de acción, lo cual sería

Los reporteros han escuchado la acusación durante años: "periodismo militante". Término amenazador, pues está utilizando reportajes para promover una agenda. La mayoría de los periodistas hace lo posible para mantenerse alejado de tales acusaciones, pero un grupo lo está asumiendo abiertamente. David Darg y Bryn Mooser han lanzado RYOT.org, noticiero en colaboración con actores, animando a los lectores a tomar acción política: "El modelo que estamos utilizando con RYOT -donde dejamos que ustedes actúen con la noticia-, es una especie de modelo nuevo, tal vez un poco radical y algo que una generación más joven va a abrazar mientras que la vieja generación puede estar un poco atada a sus formas" (Gavin, 2013).

[113] Periodismo militante.

cometer *advocacy journalism*, o sea promover una agenda disfrazándola como información (Zuckerman, 2013).

Esto no es nuevo en la prensa norteamericana. La cadena de televisión *Fox News* pro-
movió fuertemente manifestaciones del *Tea
Party* [114] como una vía en que los televidentes podrían involucrarse en campañas destinadas a la política de reforma tributaria en
los EEUU. Se les acusó de crear artificial-
mente un movimiento político perdieron
hasta la más mínima imagen de neutralidad
periodística (Ibídem).

En el propio *New York Times*, el periodista
David Bornstein ha escrito una serie de columnas llamadas "Fixes" [115] para un blog,
presentando a personas y organizaciones
con soluciones novedosas a problemas difíci-
les, en lo que él califica de "periodismo de soluciones" (Forbes, 2012), lo que sugiere que

---

[114] *Tea Party Movement* (Partido del Té), movimiento político
estadounidense de extrema derecha fundado en 2009, centrado en una política fiscal conservadora. Definido por el "ori-
ginalismo" -vuelta a los orígenes filosófico-constitucionales
de los EEUU-, con temas como endeudamiento público y ataques a la clase política. Abogan por reducción del Gobierno
Federal. *Tea Party* hace referencia al movimiento anticolonia-
lista de finales del siglo XVIII llamado *Motín del té de Boston*
[Boston Tea Party], el cual protestaba por la aprobación de
impuestos al té sin tener los miembros de las 13 Colonias
norteamericanas representación en el parlamento británico.
[115] Arreglos

el siguiente paso para los periodistas después de exponer un problema social, es ofrecer soluciones (Bornstein, 2011).

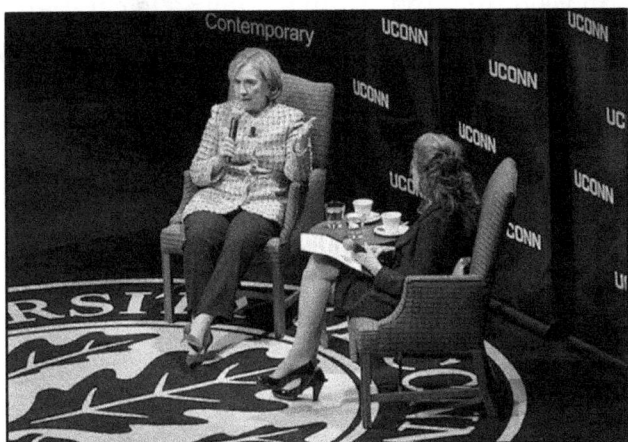

Hillary Clinton sobre el periodismo: Menos militancia, se necesita una explicación más detallada. La ex secretaria de Estado Hillary Clinton habló en la Universidad de Connecticut: "Creo que el periodismo ha cambiado un poco, de una manera que no es buena para el país". Foto: Peter Morenus. (Skahill, 2014).

Otros ejemplos en esta era de la simplificación pueden ser *ShoutAbout* [116] un portal de lanzamiento de noticias, el cual invita a los lectores a compartir acciones –como donar dinero a diferentes causas, o enviar cartas o correos electrónicos a políticos o funcionarios- o dirigirlos a fuentes de información donde los lectores pueden aprender más (Catone, 2012).

---

[116] Do something about the news, www.shoutabout.org

Inclusive grandes periódicos como el *Washington Post*, cuando publicó un reportaje sobre la igualdad del matrimonio, se emparejó con una invitación a donar a la campaña de derechos humanos, así como un enlace para leer un conjunto de otras informaciones relacionadas (Zuckerman, 2013).

¿Pero cruzan estas nuevas iniciativas la línea entre reportar y promover? Un nuevo informe de la reconocida organización sin fines de lucro *ProPublica* ofrece ideas al respecto en un informe encargado por la *Fundación Gates* [117] examina cómo la redacción puede medir el impacto de su trabajo (Tofel, 2013).

¿Deben los periodistas buscar el impacto de su trabajo? El estudio concluye que deberían y ofrecen una distinción entre periodismo y promoción de ideas [118]: "Periodismo, argumentan, comienza con preguntas y progresa a respuestas, mientras que la defensa de criterios [promoción de ideas] comienza con respuestas, asumiendo que los hechos ya se han establecido" (Ibídem: 11).

---

[117] La Fundación Bill y Melinda Gates [Fundación Gates] es la fundación privada de caridad más grande del mundo, su sede está en la ciudad de Seattle, Washington. En mayo de 2006 fue galardonada con el Premio Príncipe de Asturias de Cooperación Internacional. El matrimonio Gates son los donantes más generosos, entregaron $38,000 millones de dólares a la institución.

[118] Advocacy journalism.

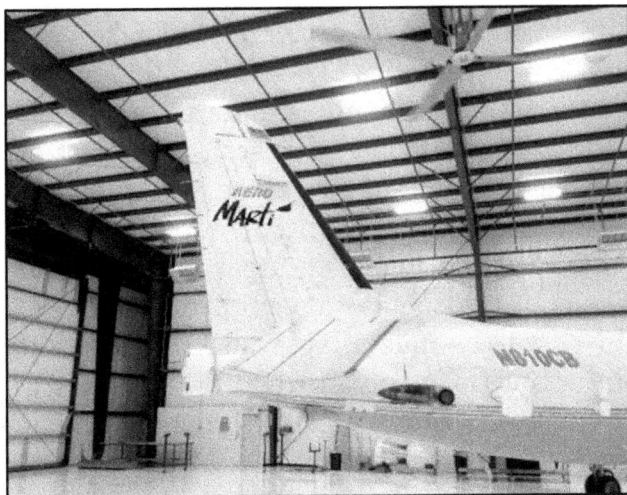

En un campo de aviación en una zona rural del sureño estado norteamericano de Georgia, el gobierno de EEUU paga a un contratista $6,600 mensuales por almacenar un avión que no vuela. Se trata de un turbohélice de la década de 1960 con un extraño conjunto de antenas en su extremo posterior y el nombre del héroe nacional cubano pintado en su cola. Sustituyó al dirigible llamado a "Fat Albert" [El Gordo Alberto], el cual suspendido a 10,000 pies sobre los Cayos de Florida para transmitir la señal de *TV Martí*, pero en el 2005, fue rasgado en pedazos por el huracán *Dennis*, y el gobierno federal renunció a los dirigibles, intentando primero con un gigantesco avión militar de carga C-130, hasta que los altos costos llevaron a crear "Aero Martí", con otro pequeño avión como éste dos cerca de Cayo Hueso, lo cual desde octubre de 2006, le costaron a los contribuyentes al menos $32 millones de dólares, a una factura de $12,000 diarios (Fahrenthold, 2013).

Como resultado: "cuando un problema se identifica por un reportaje publicado, y cuando por lo tanto se revela la solución... es apropiado para los periodistas el llamar la atención sobre el problema y la solución hasta que se aplica el remedio" (Ibídem).

*ProPublica* entiende pudieran ser acusados de "periodismo guerrero", pero sostiene es normal cuando los periodistas proponen soluciones que han encontrado el curso de sus investigaciones, en lugar de a través de ideas preconcebidas o partidismo (Ibídem).

Nos vamos más allá de las tradiciones de informar, formar y entretener, ahora es un requisito persuadir (Sanabria-Martín, 1994:62), sobre todo si el medio pretende sobrevivir en el voraz universo competitivo de los medios.

En el tema que nos ocupa, *Radio* y *TV Martí*, la búsqueda de la creación de *clusters* [119] radiofónicos, o audiencias que respondan al mensaje político y de propaganda definido de las estaciones, lo cual se ha manejado irracionalmente, a pesar de la progresiva implantación de tecnologías en la búsqueda de esa audiencia (Moreno, 2005).

---

[119] Segmentos de audiencia identificados en función de características relevantes, ejemplo edad, sexo, profesión, etc.

## ¿Racismo o discriminación?

Barack Obama y Jorge Mas Santos durante una reunión de la Fundación Nacional Cubano Americana en Miami, el 23 de Mayo de 2008, antes de ser Presidente de los Estados Unidos (Clary, 2012).

No todo el mundo está de acuerdo con los alaridos de racismo y discriminación (Sizemore, 2004:771) como la columnista de *The Miami Herald*, Ana Menéndez, dijo: "los despidos han fortalecido la industria de la opinión y sometido los habitantes de esta ciudad a dosis de hipocresía superiores a las habituales". Enfrentándose a quienes atacaban a Corral por su reportaje, agregó: "más hipócritas: todos los patriotas del exilio que atacan a Corral para informar la verdad defendiendo al mismo tiempo a los periodistas de *El Nuevo Herald* por aceptar dinero de los propagandistas" (Menéndez, 2006).

Publicaciones hispanas en otras partes del país, estaban de acuerdo con los despidos. "Nosotros hemos despedido gente por menos que eso", dijo el editor Pedro Rojas de *La Opinión* de Los Angeles. "Mi principal preocupación es que la gente vea esto [el conflicto de intereses] como una tendencia en los medios de comunicación étnicos y sacar la conclusión de que todos los medios étnicos hacen esto. Esta es una excepción a la regla" (en Shore, 2006).

Pesimismo sobre el deterioro "irreparable" (Swartz, 1999:36) de *The Miami Herald*, reflejado en los medios nacionales norteamericanos, también vino desde el ámbito académico, como dijera el Dr. José Luis Benavides, profesor de periodismo en la Universidad Estatal de California de Northridge quien dijo:

"Espero que esta sea una forma para la compañía *McClatchy* de intentar hacer algo acerca de *El Nuevo Herald*, para hacerlo más sensible a la comunidad más amplia de los Latinos en Miami y no sólo al grupo anticastrista ... *Knight*

*Ridder* [120] (el antiguo dueño), lo intentó pero no pudieron controlarlo" (en Shore, 2006).

(Loewy, 2010)

Lo que algunos llaman "aculturación en reversa" como la resistencia a la asimilación y la oleada de "bi-culturalismo" como una "alternativa... a la completa asimilación a la cultura americana", sino: "en la medida en que crece la economía de enclave, también lo hace el alcance de esta perspectiva política distinta, la cual ubica a los refugiados agu-

---

[120] Era una empresa de medios de comunicación norteamericana, especializada en prensa y publicación en Internet, siendo la segunda de su tipo en los EEUU con 32 diarios. La compró la compañía *McClatchy* el 27 de junio de 2006. Ambas radican en el estado de California.

damente aparte de las visiones algo liberales del periodismo estadounidense. Los cubanos se vieron a sí mismos como más militante..." (Portes, 1994:8, 139, 216).

Otros académicos tienen una visión diferente, como que los enclaves económicos "no tolerar la más pequeña desviación social y ninguna variación en la lealtad de las virtudes del sistema" (Argüelles, 1982:41).

La batalla estaba perdida por la complacencia con un potente y a veces peligroso oponente, el grupo político y económico del exilio cubano-americano de Miami "atrapado en un impasse anacrónico de la Guerra Fría" (De la Campa, 2000:1), donde no se aplica el concepto tradicional de pertenencia e integración como un inmigrante como en otras comunidades étnicas en los Estados Unidos" (Pavulans, 2004: 11, 106).

En otras comunidades la batalla se centra en "integrarse", olvidando nuestra lengua y cultura y "competir como prensa". Eso dijo Mónica Cecilia Lozano, quien fuera gerente general por cuatro años (ImpreMedia, 2014) de *ImpreMedia*, el pequeño gigante mediático que controla *La Opinión* en Los Angeles, *El Diario La Prensa* y *Hoy Nueva York* en Nueva York, *La Raza* en Chicago, *El Mensajero* en San Francisco, *La Prensa* en Orlando y *Rumbo* en Houston (Grant, 2014).

Según la Sra. Lozano –hija del dueño de *La*

*Opinión* de los Angeles, CA-, en una conferencia ante estudiantes de la Universidad de Texas en el Paso, la nueva dirección de los medios latinos se centrará más en contenido diversificado o "puntos de pasión" [de lo cual no tengo idea de lo que quiso decir] y que hoy la prensa debe informar, educar y darle fuerza a las comunidades [en lo cual estoy en desacuerdo, pues hay mucho más que hacer] (Ibídem)

(Ganz, 2012)

Por otra parte dijo, refiriéndose a contenidos más específicos, concentrados en las áreas de interés para diferentes estilos de vida y generaciones, que el futuro de los medios latinos también incluirá los medios en inglés y su cobertura de los Latinos: "Hay un futuro muy brillante por los medios de comunicación en español. Las familias latinas son multi-generacionales y multilingües y ese es nuestro futuro" [no es el caso de la mayoría señora, no lo es].

Así que los racistas contra nuestra lengua y cultura no solamente se llaman Smith.

En 2011 decenas de estudiantes de la Universidad de California [UC] y trabajadores de *Disney Resort* en disfraces protestaron frente a las oficinas de *La Opinión* en el centro de Los Ángeles, contra la Sra. Lozano.

Ellos argumentaban que había aprobado alzas en los costos de estudios superiores, y en el caso de los trabajadores de Disney, pedían mejorar salariales, pues esa compañía había ganado millones de dólares en incentivos fiscales del estado de California (Coker, 2011).

La Sra. Lozano estaba en la Junta Directiva de la Universidad y de *Disney*. Un estudiante universitario le dijo a la prensa: "Como regente de UC, Mónica Lozano está ayudando a la devastación de la educación superior de California, mientras le paga Disney, que está teniendo enormes recortes de impuestos" dijo Joe Silva, un estudiante de la UCLA. "Disney hizo $4,4 billones en ganancias netas el año pasado [2010]--¿realmente necesita una exención de impuestos?" (Ibídem).

Ese mismo año el descontento creció entre los miembros del *Gremio de Periódicos de*

*Nueva York* [121] le pidieron al Presidente Barack Obama, retirar a Mónica C. Lozano, de su Consejo de Trabajo, argumentando que su compañía, *ImpreMedia* quería despedir a un tercio de los trabajadores sindicalizados en *El Diario* de NY, y que estaba subcontratando trabajos fuera del país (Semuels, 2011).

Manifestantes –estudiantes y trabajadores sindicalizados del gobierno- en la entrada del edificio donde radica una sucursal del Bank of America en el centro de San Francisco, donde Monica Lozano, es miembro de su junta directiva (McMenamin, 2011).

"La hipocresía de Mónica Lozano sirviendo en el Consejo de Trabajo del Presidente Obama es impactante" dijo Bill O'Meara,

---

Presidente del Gremio de Nueva York. "*Im-preMedia* está subcontratando empleos estadounidenses a otros países y socavando protecciones que costaron mucho conseguir para los trabajadores de clase media" (Ibídem).

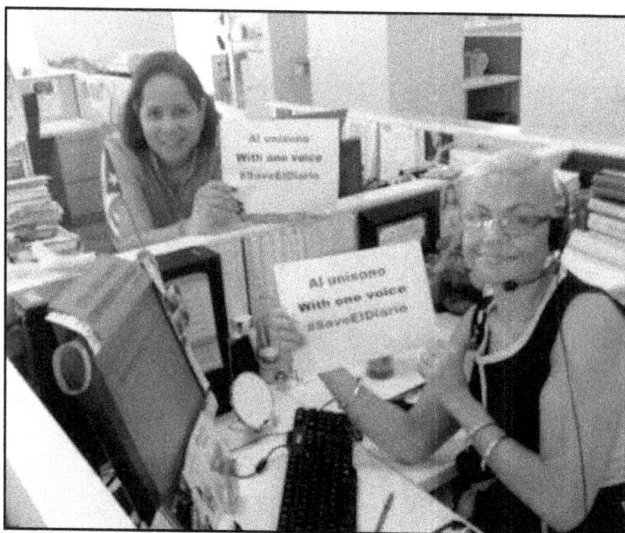

Las miembros del Gremio Ana Vera (izq.) y Miriam Nieto muestran solidaridad el 19 de junio por sus compañeros que fueron despedidos por ImpreMedia, dueña de El Diario La Prensa en Nueva York. El Gremio presentó una demanda por violación de la ley federal estadounidense de trabajo. El parte de prensa dice: "La nueva dirección de *ImpreMedia* dice que El Diario era "periodismo de gueto" antes de que llegaran. Quieren deshacerse de los periodistas veteranos que conocen a nuestros vecindarios y los problemas que enfrentan nuestras comunidades y reemplazar periodismo real con un producto más barato" (Rodríguez, 2014).

# A LA PRENSA SE LE PAGA O SE LE PEGA

Isolina Maroño (Guerrero, 2013)[122].

---

[122] "Brenda [Medina de *The Miami Herald*], hay un dicho que dice que a la prensa se le paga o se le pega", acentúa la comisionada de Sweetwater, Isolina Maroño, madre de Manuel "Manny" Maroño, el contrariado ex alcalde del gobierno municipal, en relación a un reportaje que lleva su firma sobre el lucrativo negocio de una empresa de servicios de grúa que perteneció a Manny Maroño y hasta hace poco gozaba de un monopolio en la ciudad, cuyas multas para recuperar los vehículos remolcados eran excesivas. "A Manolito lo regañaron porque tú pusiste en el periódico que Manny, a través de

Los grupos extremistas en la comunidad hispana del sur de La Florida acostumbrados al refrán de sus países de origen: "A la prensa: se la Paga o se le Pega", siguen activos hoy en día (Shoer-Roth, 2013).

"Estaría aterrorizado si quisiera hacer periodismo independiente sobre Cuba en Miami" dijo José Luis Benavides, profesor de periodismo en la Universidad Estatal de California en Northridge: "Si la comunidad vociferante apoya a los periodistas, y fueran reintegrados, es una pérdida para el periodismo independiente" (en Shore, 2006).

Miami no es un buen lugar para estar en el otro extremo de la mira de las armas, es decir de las fuerzas del orden. Cuando hubo quién trató de reportar las noticias como medios de comunicación independientes, durante la manifestación contra la *Convención para el Área de Libre Comercio de las Américas* [123] en 2003, descubrió que: "en Miami, ser un periodista independiente significaba que eres un objetivo. Numerosos periodistas independientes y periodistas, los

---

su mamá, dijo que esas grúas no eran de él, y tú no has hablado con Manny, yo soy la que estoy hablando. Plea-se, si algún día vuelvo a contestarte el teléfono, no pongas nada de Manny, que él no puede hablar. Yo fui la que dije que esas grúas no son del él. Thank you, bye" (Shoer-Roth, 2012).
[123] *Free Trade Area of the Americas* in 2003

cuales no representaban a medios importantes, reportaron hostigamiento y detenciones durante las acciones. A algunos les confiscaron y destruyeron sus equipos" (Hogue, 2004).

El Presidente Ronald Reagan y Jorge Mas Canosa en una visita a Miami en 1983 (Pérez, 2012).

Sin embargo, ¿por qué los cubanos americanos se han convertido en influyentes colectiva e individualmente en la política en los Estados Unidos?

Su influencia política nacional comenzó

bajo el Presidente Ronald Reagan[124], quien apoyó la formación de la *Fundación Nacional Cubano Americana* (FNCA) en 1981 a cambio del voto cubano-americano (Eckstein, 2006:300), patrocinando una de las organizaciones más influyentes en la comunidad hispana en los Estados Unidos

Los cubanos de Miami "ejercen el control político" en La Florida (Stepick et al., 2003: 8) de la ciudad de Miami, el Municipio Miami-Dade y sus escuelas públicas, con amplia representación en la legislatura estatal, tres escaños en el Congreso de Estados Unidos y uno en el Senado[125]. Sin embargo, fue a través de la "La Fundación"–como es conocida en la comunidad cubano-americana-, que consolidan su influencia sobre la política exterior hacia Cuba de Estados Unidos.

Jorge Mas Canosa, me dijo en 1992 en la oficina de su compañía en el South West de Miami que iba a ganar la guerra con *The Miami Herald*, en un pasado no muy lejano cuando las cosas iban tan mal entre la comunidad exiliada y el periódico que incluso en esos días el editor, David Lawrence or-

---

[124] Ronald Wilson Reagan (1911- 2004) fue el cuadragésimo presidente de los Estados Unidos (1981-1989).
[125] 3 congresistas y 1 senador por La Florida, otro por NJ y el senador por Texas.

denó poner una alerta de bomba en su *Pontiac Bonneville*.

Mas Canosa me dijo que planeaba ganar esa pelea de la manera que mejor conocía: "invirtiendo en la *Knight-Ridder*" (González-Munné, 2006:56). Después de eso y para mi sorpresa, me ofreció el puesto de Director Editorial de *El Nuevo Herald*, lo cual decliné respetuosamente[126].

En una manifestación en Washington, D.C. Mayo 10, 1975 (Mas-Canosa, 1975),

---

[126] Mi primer encuentro con Jorge Mas Canosa fue en 1989 durante mi visita a Miami, en la casa de un miembro de mi familia en la ciudad de South Miami. En aquel momento, mi posición en la televisión nacional cubana era Corresponsal de Guerra en la cadena *Tele Rebelde*. Dijo que era su primer encuentro con un cubano "de la isla". Tuvimos una larga conversación sobre sus planes para "mejorar" *Radio y TV Martí*.

El Presidente de la "Fundación", Jorge Mas Canosa (1939-1997), considerado por "muchos críticos... el principal arquitecto de una política americana [hacia Cuba] era considerado como excesivamente rígido" (Rohter, 1997) logró convencer a gran parte de los cubano-americanos de apartarse de las tácticas terroristas "hacia la estrategia de grupos de interés importantes como medio de ejercer influencia política" (Eckstein 2006:300).

Desafortunadamente, no todos, incluyendo los miembros de la *FNCA*, abandonaron las iniciativas violentas ilegales en las calles de Miami.

En cuanto a *Radio* y *TV Martí*, como dijo en un artículo el profesor Saúl Landau[127], para Mas Canosa:

"*Radio Martí* era un instrumento en una guerra, con él como comandante general de la propaganda. Como un comandante militar, mostró poco interés en las nociones de libertad de expresión ya sea (en términos de lo que su puso en el aire) o equidad (en las políticas de personal). Quienes discrepaban de sus dictados recibían castigos,

---

[127] *No Mas Canosa - the death of Cuban political figure Jorge Mas Canosa – Obituary.*

incluyendo el despido. A pesar de quejas públicas de agravios en *Radio Martí,* Mas prevaleció y se mantuvo en la Junta de Martí durante más de nueve años.

*Radio Miami International* fue fundada en 1989 por Jeff White (Director General actualmente) y Kiko Espinosa (ingeniero jefe, quien falleció en 2005), comenzando a emitir en 1989 vía tiempo de aire contratado en otras instalaciones de onda corta. Eventualmente, Blanco y Espinosa solicitaron una licencia de la Comisión Federal de comunicaciones de Estados Unidos a poner su propia estación en el aire desde Miami y trajeron a dos nuevos socios en la empresa. En junio de 1994, WRMI salió al aire. En la foto, desde la izquierda: Thais and Jeff White con la congresista Ileana Ros-Lehtinen (RMI, 2014). Los clientes cubanos de WRMI han atravesado toda la gama desde *La Voz del Cid,* respaldada por la CIA hasta *Radio Roquero,* que transmite másica de *heavy metal* a la isla. Su programación va desde supremacistas blancos o racistas, como Ernst Zündel quien escribió un libro sobre *El Hitler amamos y por qué* [The Hitler That We Love and Why] hasta programas religiosos de todo tipo (Blake, 2005).

Los leales a Mas en *Radio Martí* espiaron a funcionarios que pensaban eran desleales al Presidente de la Junta. Durante más de una década, los puntos de vista de Mas salieron al aire y llegaron a Cuba. Su nombre fue mencionado más que el de cualquier otro cubano. Mas acusó a quienes cuestionaron la conveniencia de su táctica, de albergar simpatías comunistas" (Landau, 1999).

Es importante mencionar que parte de *Radio* and *TV Martí*, la organización y el propio "Charmain"[128] tuvieron a su disposición a *La Voz de la Fundación* a principios de los 1990, su estación de radio oficial (Moreno, 2010), la cual comenzó con la adquisición de tiempo en el aire de la estación de onda corta WRMI de La Florida (QSL, n .d.).
Otras estaciones de onda corta de organizaciones exiliadas por la misma estación han sido la del *Foro Militar Cubano* de la *Cuban American Veterans Association*[129], la

---

[128] Se refiere al Presidente de la FNCA, Jorge Mas Canosa.
[129] WRMI (*Radio Miami International*) es una emisora de onda corta transmitiendo desde Miami, La Florida, la cual vende tiempo aire para negocios y organizaciones. Según su expediente de estación de la *Federal Communications Commission* [Comisión Federal de Comunicaciones] (FCC, n. d.) sus zonas de difusión son el Caribe, Centro y Sur América, en particular, gran parte de su programación está dirigida hacia Cuba. La estación comenzó a emitir en junio de 1994, con un transmisor de 50 kilovatios y dos antenas cerca de Miami,

cual comenzó a transmitir en 1997, conjun-
tamente con la programación de la *Junta
Patriótica Cubana*; *La Voz de Alpha 66*[130] de
*Alpha 66*[131]; *La Voz del CID* [132]de la organi-
zación *Cuba Independiente y Democrá-
tica*[133], con fondos de la CIA de 1983 a 1996
(QSL, n. d. a); *La Voz de la Disidencia*[134] del
*Grupo de Apoyo a la Disidencia*[135]; *La Voz de*

---

Florida. En diciembre de 2013, compraron el transmisor de
WYFR y su complejo de *Family Radio* en la zona de
Okeechobee, en La Florida. Esta nueva instalación incluye
una docena de transmisores de 100 kilovatios más uno de 50
kilovatios y varias antenas para cubrir todas las partes del
mundo (Archivos de *La Nación Cubana*).

[130] Activa desde: Marzo de 1980 hasta Junio de 1982 en fur-
gonetas móviles en La Florida. 1983-1983 la cerró otra vez la
FCC. En 1983-1990, fueron arrestados de nuevo por la FCC.
Desde 1992 transmite a través de estaciones de radio comerciales en la FL (QSL, n. d. a)

[131] Alpha 66 es una organización militante y terrorista que lucha contra el gobierno de Cuba, y está basada en Miami, FL.
Según anuncia, realiza: "operaciones clandestinas, sabota-
jes, huelgas, protestas en silencio), que mantienen las prisio-
nes llenas de patriotas en todo tiempo" en la isla.

[132] Transmisiones desde: El Salvador hasta mediados de
1997. Ahora vía WRMI. También fue transmitida por *Radio
Rumbos* en Venezuela y *Radio Clarín* en la República Domi-
nicana durante los años ochenta. Activos desde: 1981-1982
en el sur de la Florida, luego del Salvador de 1983-1997.

[133] Es una organización exiliada cubana, fundada por el ex-
comandante revolucionario Huber Matos (1918-2014).

[134] Activa desde 1998.

[135] Surge a principios de la década del 90. Forma parte del
*Instituto para la Democracia en Cuba* (IDC), entidad compuesta por 10 organizaciones exliadas radicadas en Miami y
a las cuales el gobierno norteamericano ha destinado un presupuesto millonario para "promover la democracia en Cuba".
Su director, Frank Hernández Trujillo, su director ejecutivo reconoció recibir $6M de dólares del Gobierno federal norte-
americano desde 2005 hasta 2010 en que los fondos fueron

*los Plantados* , desde 1998, de la organización *Plantados Until Freedom and Democracy in Cuba*[136]; desde 1996, *Radio Revisto* [sic] *Lux*, de la organización: *Union of Electrical Plant Workers of Cuba in Exile* [Unión de Trabajadores de Plantas Eléctricas de Cuba en el Exilio] y desde 1997, *Alternativa*, del *Directorio Revolucionario Democrático Cubano* [Cuban Democratic Directorate] [137]

---

congelados (Tamayo, 2010). Existen reportes de que más de la mitad del dinero destinado a promover la subversión en la isla permaneció en Miami, en cuentas personales de los directivos de esas organizaciones. El GAD envió durante años a Cuba artículos como abrigos de pieles caros para el frío intenso constante de la isla, finos chocolates "para las personas que están muriendo de hambre" videojuegos para "entretener" a los aburridos "disidentes" y como el propio Frank Hernández Trujillo, dijo: "Es parte de nuestro trabajo, para demostrar que el pueblo cubano lo que podría ser si no estaban viviendo bajo el sistema (comunista)" (Trabajadores, 2007).

[136] *Plantados Until Freedom and Democracy in Cuba*, antes conocidos como la *Agencia Independiente de Prensa* (Independent News Agency.)

[137] El *Directorio* también opera *Radio República*, una programación radial diaria en onda corta y AM.

## LOS NUEVOS EMIGRADOS: DIFERENTES

La participación política y social de los emigrados de las oleadas recientes, aun con fuertes lazos con sus seres queridos en la isla, está limitada por el "viejo exilio militante", vinculado con actos terroristas locales e internacionales (Loiacano, 2010):

"Cuyas opiniones también no han sido escuchadas, porque durante décadas el liderazgo de la primera legión no realizado ningún esfuerzo para representar a los intereses de los recién llegados, muy mal servido por la política de endurecer el embargo por la cual abogaban. Las visiones de los emigrados post-1990 estaban fuera del radar político, no debido a una negligencia benigna, el desconocimiento de liderazgo y por lo tanto, la insensibilidad con las preocupaciones de los recién llegados. El liderazgo deliberadamente ni siquiera se expresó por todos los de su cohorte. Con los años la facción dominante se basaba en la intimidación, el chantaje económica y la violencia (especialmente en la década de los 1960 y

1970) y la negación del acceso a los medios de comunicación, cuando las normas establecidas no bastaban para
mantener a los de su propia etnia a
raya..." (Eckstein 2006:304).

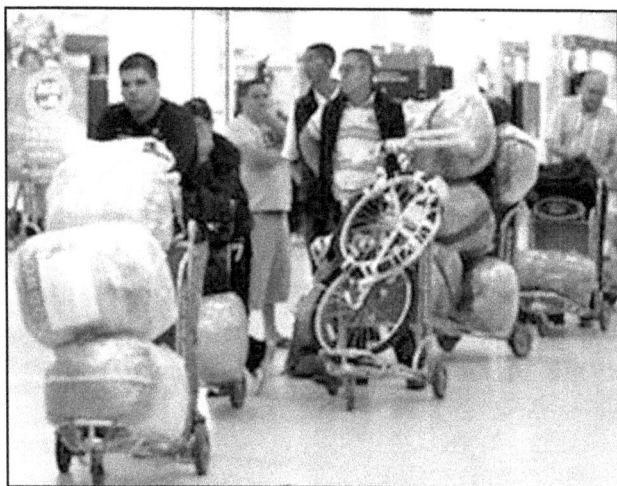

Viajeros a Cuba: pasajeros fácilmente reconocibles en
el aeropuerto internacional de Miami (Morales, 2013).

Pero el éxito de los emigrados cubanos no
estaba exclusivamente vinculado a los esfuerzos de una inmigración hispana esfor-
zada y trabajadora, pero también debido al
nivel del apoyo del Gobierno de los Estados
Unidos, recibido para facilitar su transición
y el trato preferencial por encima de otros
inmigrantes de habla hispana y el Caribe en
el país.

El resultado, debido a los beneficios económicos, sociales y jurídicos otorgados a esta comunidad permitió una "mayor movilidad ascendente y asimilación, llevando a los éxitos en los negocios, la política, las artes y los grupos académicos, lo cual no han disfrutado de otros grupos de inmigrantes" (Bueso, 2010:14).

En esta foto de la Prensa Asociada (AP) del año pasado, un grupo de personas espera para entrar a la Sección de Intereses de los EEUU en La Habana, Cuba para la entrevista por sus visas norteamericanas (Orsi, 2013). El tiempo de espera entre la solicitud y la cita para esa entrevista puede llegar a un año.

Si bien es cierto que la mayoría de los primeros exiliados cubanos huyeron de Cuba por la Revolución comunista, los inmigrantes recientes son en su mayoría inmigrantes económicos, pero el gobierno estadounidense les ha adjudicado aún beneficios sin precedentes.

Algunos de ellos reciben capacitación y certificación como profesionales, con becas, gastos de viaje de Cuba a Estados Unidos, estatus de residencia permanente y préstamos para negocios: "podría decirse que en 1990 estaba claro que estos inmigrantes de primera generación y sus hijos habían triunfado en Norteamérica más rápidamente que cualquier comunidad inmigrante anterior en la historia norteamericana..." (Stepick et al., 2003:8).

En un estudio de la Dra. Consuelo Martín Fernández, del Centro para Estudios en Migraciones Internacionales [138] (CEM) de la Universidad de La Habana, presenta ideas significativas al respecto:

"Cuba sigue siendo un país de emigración. Nuestro [el cubano] proceso migratorio es un fenómeno multicausal [sic] de gran impacto social y familiar. Esto se explica por factores económicos, familiares, políticos, legales, psicosociales y factores periódicos, determinados por el contexto histórico. Hay más varones que hembras participando, pero también hay más mujeres que antes, jóvenes, padres con niños y

---

[138] Ponencia en la Conferencia Anual de la Sociedad Británica de Estudios de Población, Sept. de 2006. Ver bibliografía

Table 3: Cuban-American Citizens in Florida by Year of Arrival, 1980-2010

| | 1980 Census | | 2000 Census | | 2010 ACS | |
|---|---|---|---|---|---|---|
| | Number | Percent | Number | Percent | Number | Percent |
| Cuban-origin citizens | 239,938 | 100.0% | 582,925 | 100.0% | 816,088 | 100.0% |
| Naturalized | | | | | | |
| Entered before 1980: | 154,692 | 64.5% | 279,066 | 47.9% | 248,342 | 30.4% |
| Entered 1980 to 1989: | | | 68,324 | 11.7% | 77,349 | 9.5% |
| Entered 1990 to 1999: | | | 23,736 | 4.1% | 75,087 | 9.2% |
| Entered 2000 or later: | | | | | 23,677 | 2.9% |
| Native | 85,246 | 35.5% | 211,799 | 36.3% | 391,633 | 48.0% |

1980 Census includes 1980 entries

2000 Census includes thru March 2000 in 1999 entries

1990 Census does not provide data on year of entry

Sources: U.S. Decennial Census, Florida, 1980 and 2000; U.S. Census American Community Survey, 2010.

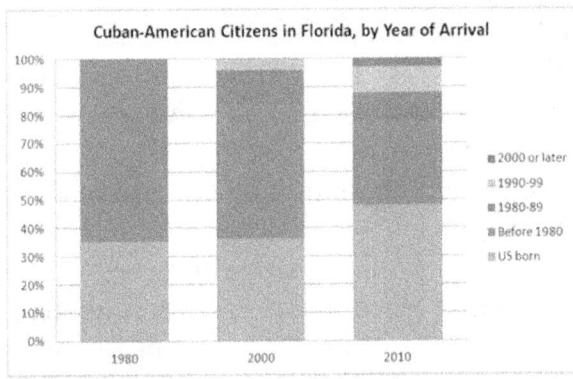

Cuban-American Citizens in Florida, by Year of Arrival

La nueva encuesta de los cubanoamericanos en el sur de La Florida, del Instituto de Investigaciones Cubanas[139] de la FIU confirma las tendencias en la opinión durante los últimos 30 años. Inexorablemente, se adoptan puntos de vista más moderados sobre Cuba, favoreciendo el compromiso sobre la tradicional política de hostilidad. La última encuesta confirma los resultados de otras recientes, incluyendo la del Consejo Atlántico [Atlantic Council[140]] (LeoGrande, 2014).

---

[139] Cuban Research Institute.

[140] Atlantic Council Poll: Americans Want New Relations With Cuba (Atlantic Council. 2014). El Consejo del Atlántico de Washington D.C. es un influyente *think tank* [grupo de expertos] en el campo de los asuntos internacionales fundado en 1961, promueve diez centros regionales y programas funcionales relacionados con la seguridad internacional y la prosperidad económica mundial.

recién nacidos en el extranjero, y se quedan en casa ancianos y niños sin uno o dos padres. Las familias han fortalecido las redes nacionales y transnacionales a pesar de las restricciones de Estados Unidos. Existe y existirá una mayor diversidad de empleo, de las redes familiares y transfamilia [sic], así como formas de migrar legalmente y por mar. Hay más asentamientos en otros países, mientras que la migración a los Estados Unidos sigue siendo un asunto de seguridad nacional para Cuba...Al final, lo más importante es que el migrante es una persona que necesita y merece nuestro compromiso con ellos como un ser humano (Martín-Fernández, 2006:7-8).

Según un reporte de la *Prensa Asociada* (AP), hacia finales de noviembre de 2013, 185,000 cubanos habían hecho 258,000 viajes al exterior, según datos divulgados por un funcionario del Servicio de Inmigración de Cuba en diciembre de ese año, lo cual representa un aumento del 35% respecto al 2012 (García, 2014).

Esas consecuencias de la nueva Ley de Migración de Cuba de octubre de 2012 (Gaceta Oficial, 2012), permitieron además que unos 66,000 cubanos viajaran a Estados Unidos en ese lapso, desde turistas hasta personas con visa de inmigración, investigadores académicos, o individuos con doble ciudadanía, cubano-española, los cuales no requieren visa para ingresar a Estados Unidos (García, 2014).

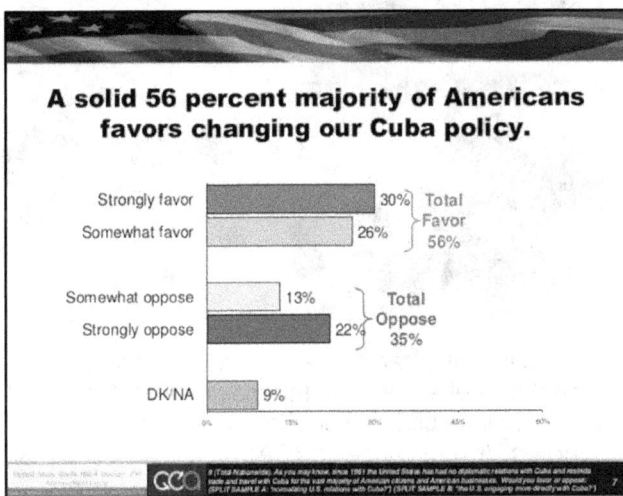

**A solid 56 percent majority of Americans favors changing our Cuba policy.**

La opinión política americana apoya una amplia apertura del Gobierno estadounidense hacia Cuba, incluyendo el fin del embargo comercial de 54 años y las restricciones de viajes de estadounidenses a la isla, según una encuesta a nivel nacional del Consejo del Atlántico (Atlantic Council, 2014).

Este nuevo concepto permite a los cubanos obtener visados norteamericanos de hasta cinco años y no pierden su condición de residentes de la isla –ni sus propiedades que eran confiscadas por el Gobierno cubano al emigrar.

Ellos ahora tienen la posibilidad de una residencia norteamericana –y futura ciudada-
nía- con la aún vigente *Ley de Ajuste Cubano*[141] al residir un año y un día en su territorio.

Foto de la inauguración de los vuelos directos a la Habana desde el Aeropuerto Internacional de Tampa (FL)
de la compaña chárter con licencia federal *Cuba Travel
Services* de Los Ángeles (CA), con aviones de *Sun
Country Airlines* (Press Release, 2013).

¿Qué ha representado esto para ambos países? En primer lugar la transformación radical de espectro político y social de los enclaves cubanoamericanos en los EEUU,
como lo muestra la reciente encuesta del *Cuban Research Institute* de FIU[142], la primera
de las cuales se hizo en 1991, en la cual el

---

[141] *Cuban Adjustment Act*
[142] Florida International University, Universidad Internacional
de La Florida.

71% de los emigrados respondió que no consideraba que el embargo contra Cuba ha funcionado siquiera regularmente (Grenier, 2014).

Esto muestra que luego de los acuerdos migratorios entre ambos países, el arribo de 20,000 emigrados legales y 5,000 ilegales por mar o a través de las fronteras ha representado más de 450,000 nuevos emigrados, los cuales envían dinero, viajan a la isla y tienen relaciones directas son sus seres queridos en Cuba.

Ejemplo de ese tráfico son los nueve vuelos diarios a La Habana, los también nueve semanales a Santa Clara, tres a Cienfuegos, seis a Camagüey, nueve a Holguín, tres a Santiago de Cuba y uno a Manzanillo, los cual representa 14 vuelos diarios desde Miami a los aeropuertos autorizados en la isla.

Desde otras ciudades de La Florida, como Tampa hay semanalmente uno a Santa Clara y cuatro a La Habana, con uno semanal desde Fort Lauderdale. Vuelos desde Nueva York y Los Angeles son ocasionales, pero no hay programaciones serias para un futuro próximo.

Esto indica que los más de 450,000 pasajeros directos a Cuba son mayoritariamente emigrados recientes (a partir de 1995), 135,000 -o el 30%- viajeros "frecuentes", los cuales van a la isla varias veces al año, constituyendo muchos de ellos las famosas mulas y 55,000 norteamericanos.

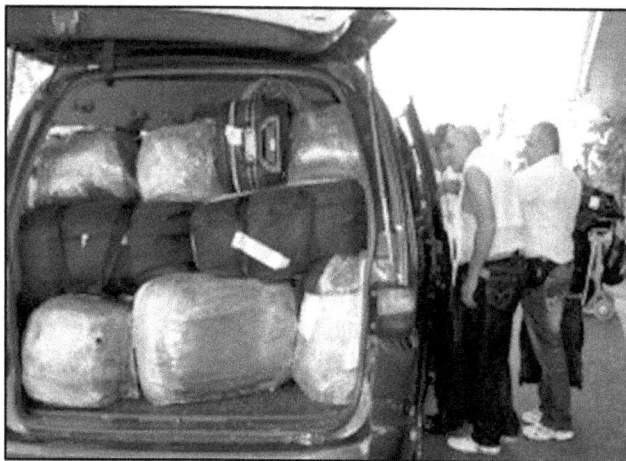

La mayor parte de la ropa que se vende en las calles de Cuba llega como equipaje acompañante de las mulas, en bolsos como estos, conocidos como "gusanos". Foto: Raquel Pérez (Ravsberg, 2012).

Las siete compañías Chárter operando bajo licencias federales y contratos cubanos obtienen un promedio de ganancias de $80 por pasajero, lo cual representa $36 millones (M) de dólares, incluyendo otros cargos como el sobrepeso de las maletas.

Las más de 500 agencias de viajes legales e ilegales –la inmensa mayoría con oficinas en los enclaves cubanoamericanos del sur de La Florida- obtienen $18 M para una industria, la cual en total produce beneficios por más de $100 M de dólares al año.

Las temporadas más importantes de estos viajes siguen siendo Navidad, comenzando en noviembre y los meses de verano, junio y julio.

Uno de los fenómenos más interesantes de los últimos es la constante progresión de la llamada "prohibición de entrada" por parte del Gobierno cubano, la cual según informaciones de prensa se acerca a las 300,000 personas, solamente en los EEUU (Tamayo, 2012).

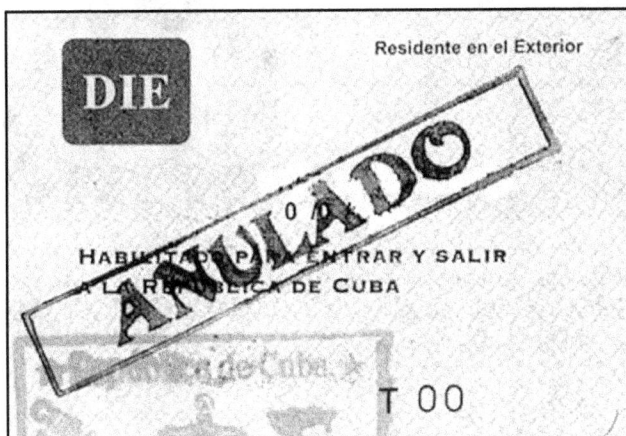

Muestra de pasaporte cubano "anulado" para la entrada a la isla, lo cual descalifica al viajero para utilizar los vuelos de las compañías chárteres norteamericanas que vuelan directamente a la isla o las aerolíneas regulares por terceros países. Los menos afortunados son devueltos desde los aeropuertos cubanos a su llegada, incluyendo a personas que no han nacido en la isla y compran su "tarjeta de turista" para viajar al país.

Las personas incluidas oficialmente en esas categorías son balseros, médicos y profesionales de la salud, así como deportistas, funcionarios, u otros que emigraron de cuba ilegalmente o "desertaron" en misiones oficiales del gobierno de la isla.

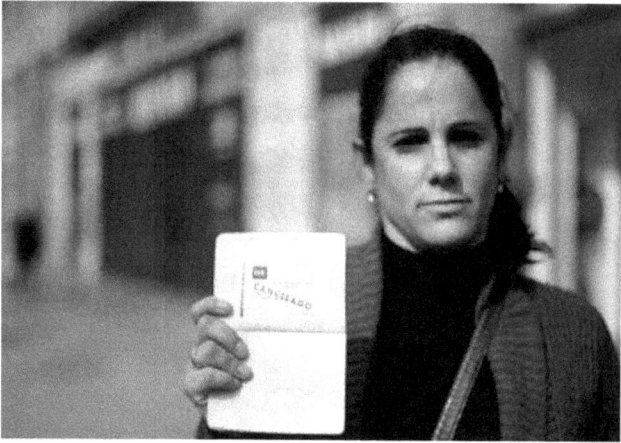

En las afueras del Consulado de Cuba en Barcelona, España, Idalmis Menéndez López protesta porque el Gobierno cubano le niega la entrada a la isla (Penúltimos Días, 2011).

## Perdiendo visión y prestigio

Décadas de concesiones ante el chantaje de las presiones y cohecho en la presa cambiaron la imagen pública de periodistas como figuras de la virtud cívica (Remnick, 1996:37), en el caso de Miami, algunos autores consideran que simplemente debido a la complejidad de la relación entre los medios de comunicación corporativos estadounidenses y el enclave cubano que pudiera haberse basado, en la situación específica de *The Miami Herald* "en malentendidos culturales" (Soruco, 1996:27, 29,74).

Otros se centran en lo que ellos llaman "teoría de la conciencia", mucho más en el caso de las reacciones del enclave cubano con la prensa (Cobas, 1998:29):

"Como el enclave creció, y los exiliados aferraron a la Cuba pre-Castro y las posteriores olas de migración añadían capas sociológicas a la comunidad, la comunidad cubana continuó reforzando su cultura social y política. Los medios de comunicación en el enclave reflejan ese fenómeno. La conciencia

del enclave se ha desarrollado sobre experiencias tales como inmigración y
exilio. Las experiencias de los exiliados
cubanos los han convertido en descon-
fiados de las instituciones democráticas liberales, en particular los medios
estadounidenses" (Cobas, 1998:29).

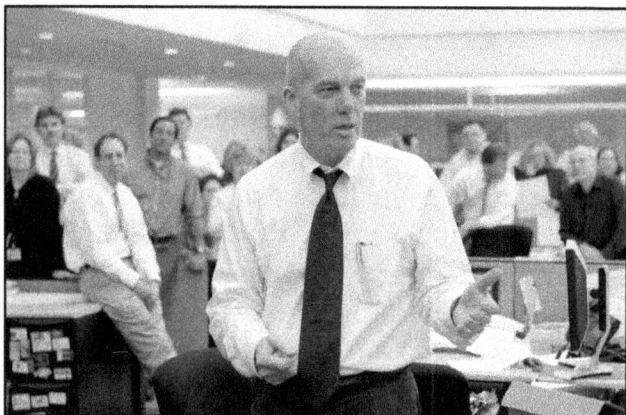

Doug Clifton, Editor de noticias de *The Miami Herald*,
lamentó una vez darles a otros la oportunidad de deci-
dir: "¡Consume tanto tiempo! Algunas veces mi impulso
es de gritar, ¡*Sólo hazlo a mi manera porque yo soy el
jefe!*" (en Helgensen, 2005:157). Foto: Turner, 2007.

Sin embargo, la reacción de escritores de
columnas de opinión reconocidos, como el
editor de *The New Yorker*, David Remnick
no se hizo esperar:

"En el caso de *The Miami Herald*

cuando los periodistas comienzan a actuar como camareros y reciben órdenes
del público y los encuestadores, los resultados no son agradables. El escritor
presenta el ejemplo de *The Miami Herald* y su editor Doug Clifton tratando
de reestructurar el periódico basán-
dose en encuestas de audiencia... Una
vez que un editor comienza a respon-
der a cada grito de '¿y mis necesidades
qué?' la portada se leerá como un tabloide de anuncios" (Remnick, 1996:
38).

David Lawrence (Teproff, 2014).

En *City on the Edge* [Ciudad al Límite]
(Portes, 1994), los académicos Alejandro
Portes y Alex Stepick describen cómo el fa-
llecido líder cubano-americano Jorge Mas
Canosa "se enemistó con el periódico [*The
Miami Herald*] incluyendo amenazas de
muerte contra [David] Lawrence [editor

1989-1999 (About Us, n. d.), que vivía aterrorizado..." (en Swartz, 1999:37).

Esa lucha reforzaba a Mas en Miami y Lawrence "terminó pareciendo un fracasado
con buenos propósitos", algunos creyeron
que este bien intencionado periodista profesional merecía el apodo que le había dado el
semanario local *Miami New Times*: *Felpudo
Dave* (Strouse, 1999).

El hecho de ver al *Miami Herald*, quien
desde la época de la llegada de los primeros
cubanos a Miami, siempre los vio con recelo
y por supuesto, representaba a las comunidades residentes en el sur de La Florida antes de los resultados provocados por la estampida ante la Revolución cubana, es algo
innegable a la hora de analizar las experiencias de conflicto con el "poder cubano" que
representaban Jorge Mas Canosa y su Fundación Nacional Cubano Americana.

Las relaciones nunca fueron cordiales
desde el principio, de un periódico fundado
en 1903 –*Miami Daily Record*- en una pequeña ciudad apretada entre el mar y los inmensos pantanos de La Florida (Lohmeier,
2014).

Luego de conflictos de intereses y choques
con la creciente comunidad hispana, *Knight-Ridder* le vendió en junio de 2006 a la
también compañía californiana *McClatchy*,

lo cual no provocó un cambio en la desconfianza hacia la creciente comunidad cubanoamericana y de otras partes de Latinoamérica, considerándolos una "carga económica para los Estados Unidos", lo cual era entendido "fuerte y claro" por la comunidad (García, 1966:45).

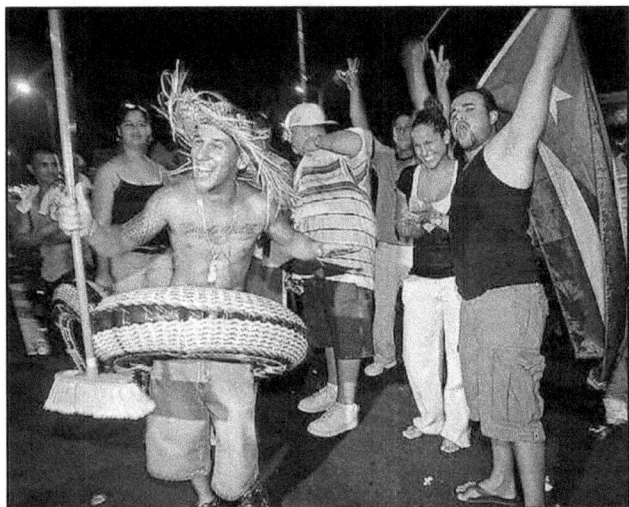

Foto: Al Díaz (Schmidt, 2014).

En el mencionado libro *City on the Edge* [Ciudad al Límite] los académicos Portes y Stepick plantean:

"Como la voz del establecimiento Anglo [*The Miami Herald*], que considera el éxodo de Mariel una amenaza doble: primero, como un cataclismo económico, dado el estado deprimido de la industria local y el impacto negativo de la entrada en el estado de Miami como destino turístico; y segundo, como una amenaza directa a la estructura del poder establecido, dada la adición de muchos miles de personas a una población cubana ya incómodamente grande" (Portes, 1994: 27).

Aunque la propietaria del periódico en 1976 –*Knight Ridder*- estableció un suplemento en español, en lo que constituyó la "primera sección en español de un periódico de ese nivel en los Estados Unidos" (García 1996:105), no fue hasta que se lanzó El Nuevo Herald en español 1987 que comenzó a hacer un impacto en lectores y subscripciones, completándose la separación en 1999, sucumbiendo los dueños y la comunidad anglo a la esperanza de que todos nos fuéramos pronto (Lohmeier, 2014).

Pero quién sucumbió fue el periódico quien tuvo que plegarse ante a fuerza económica y política creciente, adoptando "el concepto de la revista *People*"[143], traduciendo algunos artículos de *The Miami Herald*: "Pero tiene

---

[143] El concepto de *People* ha sido atribuido a Andrew Heiskell de *Time Inc*. Y ex editor de la revista *Life*. caracteriza la revista como "volviendo hacia a las personas que están causando las noticias y que se ven envueltos en ellas, o merecen estar en ellas. Nuestro foco está en la gente, no en temas" (Luce, 1974).

su propio personal de noticias y editoriales que crean su propio mensaje político..." (Larson, 2005: 127).

"Venderle" al violento exilio cubano un periódico que consideraba su enemigo, y lo consiguió. Me parece importante para entender mejor el servilismo de la prensa de Miami a los intereses de los grupos más reaccionarios de la comunidad, reproducir parte del artículo de 2000 de Mike Clary en *Columbia Journalism Review* al respecto:

"[Alberto] Ibargüen fue nombrado editor de *The Miami Herald* en agosto de 1998, se le ordenó no hacer las paces con la ferviente comunidad exiliad anticastrista. Tampoco le dieron una cifra como objetivo para revertir la caída precipitada de la circulación del periódico, o cualesquiera instrucciones específicas sobre cómo restaurar la reputación periodística del periódico declinando cada vez más.

"Me hicieron una pregunta", dice Ibargüen, recordando sus conversaciones con el Presidente P. Anthony Ridder y otros ejecutivos de *Knight Ridder Inc...* '¿Puede incrementar el margen de ganancia del 18 por ciento al 22 por ciento en tres años?' Y dije que sí". Ibargüen dejó claro desde el principio que él era muy diferente a su antecesor, David

Lawrence, Jr. En primer lugar, Ibargüen es un abogado y un empresario que no cree que su papel incluye la persuasión de la comunidad multiétnica rebelde del sur de Florida en un coro armonioso. "No soy una persona política, y no quiero ser un jugador en esta ciudad," dice el atildado [personaje] de cincuenta y seis años de edad...

Para transformarlo en un periódico, atrajo a Castañeda de su semi retiro en Puerto Rico y le dijo: "Dame un periódico que no pueda ser confundido con el *Miami Herald*". Y eso es exactamente lo que ha hecho Castañeda. El *Nuevo Herald* es un híbrido, una mezcla llamativa de ímpetu Latino, fervor político del exilio cubano y la revista *People*. Es un panfleto con una mentalidad de tabloide, y Castañeda dice que tiene un único objetivo: "Sacar un buen periódico que vende" (Clary, 2000).

Lo demás es historia, en 1992, el Herald contrató a Alvaro Vargas Llosa, hijo del novelista peruano galardonado con el Premio Nobel Mario Vargas Llosa (La Vanguardia, 2010) y la decadencia del *Herald* se convirtió en un tema nacional. La empresa *Knight-Ridder* se mudó a California "un signo claro de pesimismo sobre el futuro del Herald"

(Swartz, 1999: 37). El resto se puede ver con una larga lista de editores, directores y editores, continuando con la venta a la también californiana *McClatchy* (About, n. d.).

## THE READERS' FORUM

8A THE MIAMI HERALD, MONDAY, OCTOBER 15, 1990

### Pre-Cuban Miami was a good place to live

To The Editor:
Re *The Herald's* Sept. 28 article "Cubans: Preserve Little Havana name": Manuel Carbon is quoted as saying: "When we [the Cuban refugees] came here in 1959, there was nothing here." Every so often, this refrain is heard from someone in the Cuban community. As a long-time resident, I dispute that statement. Pre-Cuban Miami was a lovely, friendly, viable community with an unhurried, enviable, quality life style. It was a good place to live.

What exactly do Cubans mean when they say that there was "nothing" here? Do they mean that there was no overcrowding, no overdevelopment, no traffic anarchy, no drug-crime problem? Or perhaps that English rather than Spanish was the predominant language?

I speak (and formerly taught) Spanish and am married to a (non-Cuban) Hispanic. I admire the Spanish culture and indeed know more about its literature and poetry than the average Hispanic does. But if I had wanted to live in a Latin country, I would have moved to one. Instead, one has moved here. It is a feeling of being overwhelmed.

Strangers come up to me on the street to ask directions, in Spanish, presuming that everyone here knows the language. The telephone directory now contains more Rodriguezes and Garcias than Smiths and Browns. Many of the people in the local news have Hispanic names now, but so do the people who write or broadcast it. More and more of the politicians are Hispanic, and so is their constituency. Many of the criminals have Spanish surnames, but then so do the policemen. How many major American newspapers have a Spanish-language edition, or need to?

Is it any wonder that there is an Anglo flight? Is it surprising that people wage campaigns to retain English as the "official" language? Or that there are bumper stickers asking the last American who leaves Miami to bring the flag? Many non-Hispanics feel threatened by these developments. The threat is not physical; it's sociocultural, psychological. It will not diminish. It will not be improved by those who remark on how "wonderful" Miami is now with its Latin flavor.

Had hundreds of thousands of Americans fled to Cuba and established themselves there, bringing their culture with them and saying that there was nothing good there prior to their arrival, what would have been the Cubans' reaction?

I offer no solution, but, Mr. Carbon, please don't make matters any worse by saying that there was nothing here before you got here.

MILTON WEISS
*Miami*

El titular dice: Miami antes de los cubanos era un buen lugar para vivir, publicado en *The Miami Herald*, el 15 de Octubre de 1990 en la página 8ª (TMH, 1990).

Una nota acerca de la transición, bajo la dirección de Alberto Ibargüen, describió su

abandono del concepto de unir a una comunidad diversa en un periódico por tres "me-
jorados, culturalmente personalizados Miami Heralds.

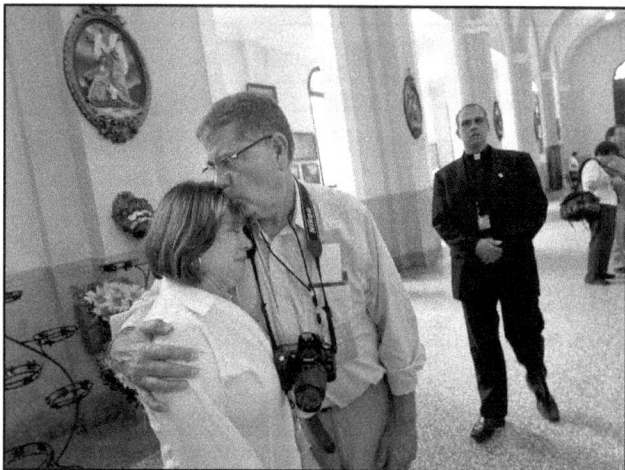

Alberto Ibargüen, Presidente de la *John S. y James L.
Knight Foundation* hoy en día, da un abrazo consolador
a Olga Saladrigas, ante su emoción visitando la estatua
original de *Nuestra Señora de la Caridad*, ubicada en el
*Santuario de El Cobre* el lunes 26 de marzo de 2012,
antes de la Misa de del Papa Benedicto XVI en la Plaza
de la Revolución *Antonio Maceo* en Santiago de Cuba.
Foto: Patrick Farrell (Rohan, 2012).

Esto es: uno para el Condado de Broward
[básicamente entonces] Anglo[144], otro para

---

[144] Anglo es un prefijo que indica a una relación con los "An-
gles" de Inglaterra, el pueblo inglés o el idioma inglés, como
en el término lengua anglosajona. A menudo se utiliza solo,
para referirse a personas de ascendencia Británica en las

la población Cubanoamericana del Municipio Miami-Dade y *El Nuevo* [Herald]" en español, con diferentes contenidos y orientación (en Swartz, 1999:37).

Ibargüen, quien es ahora presidente de la *John S. and James L. Knight Foundation* in Miami, Florida, no mostró intención alguna, a diferencia de su predecesor, Lawrence: "de escribir columnas sobre amor fraterno: "No me molesta el hecho de que nosotros nos hemos unido", dijo (en Swartz, 1999:37).

Hacer las paces con los extremistas agresivos que se oponían a una prensa libre o la opinión de algunos en la comunidad cubana de que *The Miami Herald* "maltrataba a este importante segmento de sus lectores", y agregaba:

"El tratamiento del Herald de los cubano-americanos de Miami fue groseramente insensible, lindando en xenófobo. Así que cuando los cubano-americanos, motivados en parte por esa cobertura, comenzaron a organizarse en una fuerza política en los 80, era apenas una sorpresa que ejercitaran esa potencia en dirección al Herald..." (Lizza, 2000: 18).

---

Américas, Nueva Zelanda y Australia. También se utiliza, comúnmente, para referirse a personas de habla inglesa de otros orígenes europeos.

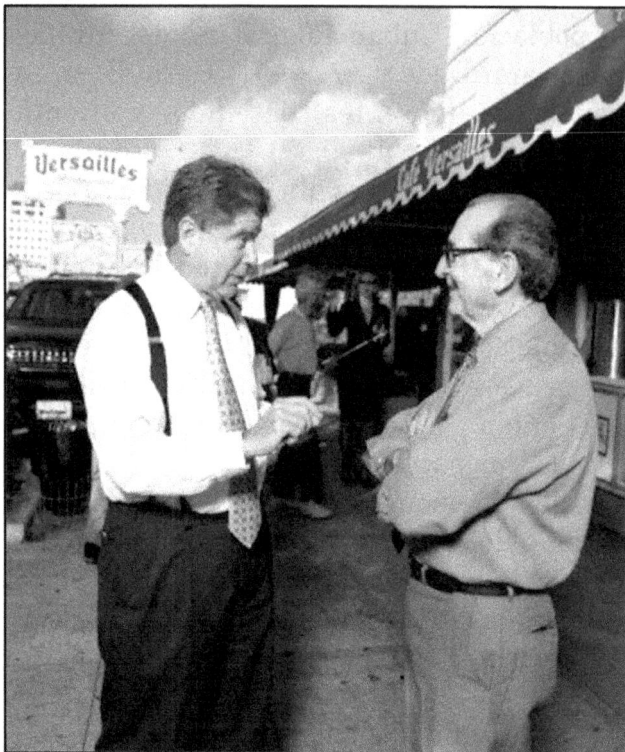

Cuando era Director de *The Miami Herald*, Alberto Ibargüen al frente del Café *Versailles*, Foto: Brian Smith (Smith, 2004).

# TEORÍAS DE HERMAN Y CHOMSKY

PEDRO GONZÁLEZ MUNNÉ

## La Propaganda,
## las élites gubernamentales
## y corporativas

El punto de partida en la teoría de Chomsky en este estudio va a cómo las élites gubernamentales y corporativas generan propaganda a través de los medios de comunicación. Este "sistema" de transmisión de mensajes y símbolos, determinativo en la intención de inculcar a los individuos con "los valores, creencias y códigos de comportamiento" de los grupos de poder, los hace más dóciles para su incorporación a las estructuras sociales establecidas, o sea, el establecimiento de la lealtad al poder (Roca, 2001).

De la religión de la deidad omnipotente, pasamos a las cajas negras, centro de nuestras vidas. La "oligarquización" de la clase política y su simbiosis orgánica con la burocracia estructural del aparato gubernamental, fecundan el clima de desencanto y resignación al cual apuestan los grupos de poder, promoviendo el desencanto y la dispuesta abstención electoral (Val, 1999).

¿Quiénes quedan? Los voceros del poder, los mendaces comunicadores, los nuevos analistas simbólicos, adocenados mensajeros del poder, con el pretexto del nacionalismo y la lucha contra el terrorismo, exertan[145] el mensaje para nosotros.

El objetivo directo y claro de manipulación de la opinión pública, el control de señales y mensajes masivos para influir en la cosmovisión de los sujetos (Pineda-Cachero, 2002), donde los medios se identifican como un vehículo potente para el control del pensamiento (McQuail, 2005:148).

En el caso específico de los Estados Unidos, Chomsky y Herman afirman que la función de la prensa en la sociedad norteamericana responde a un modelo de propaganda inasequible al no existir censura institucional aparente y los altamente concentrados medios de información son, en su inmensa mayoría, de propiedad privada de los grupos de poder, ferozmente compitiendo entre sí (Chomsky, 1988).

Es evidente que cada cual trabaja para quien le paga (González-Munné, 2007:94) y las "agendas"[146] predeterminadas en la formación, educación, captación y contratación

---

[145] La aplicación de presión o influencia.
[146] Los periodistas y redactores de noticias no sólo asuman que entienden un tema antes de que se desarrolle, se acercan eventos con una mentalidad de línea de montaje, un esquema de trama prefabricada. Vienen equipados desde la escuela con una perspectiva política arraigada que las capacita

de los periodistas tienen a "domarnos" para convertirnos en vehículos de los intereses del sistema, del grupo de poder y el "establishment" (Brahm, 2006), preparando los mensajes totalmente intencionales en la búsqueda del comportamiento complaciente de los receptores hacia esa intención comunicativa (Lasswell, 1933 & Wolf, 1987) y aniquilar o neutralizar a la oposición con difamación o las conocidas acusaciones de "antipatriotismo" (Birnbaum, 2001 a) o esquemas periodísticas de "resentimiento anti Laden"[147] (Birnbaum, 2001).

Los medios pueden criticar al gobierno, pero siempre defendiendo el modelo económico y social del "establishment"[148], diseñado a su imagen y semejanza, defiendo a ultranza toda acción agresiva del Gobierno, contra sus propios ciudadanos o en el exterior y auto-censurándose los periodistas, con la excusa del patriotismo, el anti-comunismo o más recientemente, la lucha contra el terrorismo (Ibídem).

Las perspectivas para enfrentar el poder de los medios pueden parecer una lucha sin esperanza, sobre todo cuando cada vez más se

---

para moldear la noticia según especificaciones preconcebidas, una práctica que ha llegado a ser conocido como "periodismo de agenda" (Bigart, 1996:143).

[147] Osama Bin Laden (1957-2011), véase Al-Quaeda.

[148] Del orden establecido, por los grupos de poder.

hace evidente su tendencia en los monopolios corporativos de comunicación a disminuir la cantidad, calidad y diversidad de contenido político en sus publicaciones en la búsqueda de más ganancias y control público (Bennet, 2003).

Debido a concentración de la propiedad de los medios por monopolios mediáticos, la creciente desregulación gubernamental, el surgimiento de sistemas de noticias e información comercializados y las normas corporativas rechazando la responsabilidad social en favor las ganancias para los accionistas, se hace evidente este argumento (Bagdikian, 2000 & McChesney, 1999).

En Estados Unidos, la búsqueda para entregar a los consumidores a los anunciantes con contenido de bajo costo ha reducido drásticamente el espacio para hasta noticias sobre política, gobierno y política (Bennett, 2003 a; Patterson, 1993, 2000).

El espacio político cada vez más se llena de fórmulas de noticias basadas en escándalo, caos y perfiles extremos de explotación de personalidades públicas (Bennett, 2003a).

Estas condiciones son claramente menos severas en los sistemas con los compromisos primordiales de servicio público, donde inclusive el venerable sistema británico de noticias BBC ha sufrido considerables trastornos, cuando la influencia de las presiones comerciales han provocado la reducción de sus espacios de noticias, así como la programación en otros canales de información considerados públicos (Semetko, 2000).

Hasta la formidable BBC ha entrado en un período de renovación, enfocándose cada vez más en contenidos digitales en la búsqueda de la supervivencia en el mercado de noticias.

Volviendo a este país, los Estados Unidos, donde la educación y los barrajes[149] informativos destinados a promover la complacencia y el "autismo informativo" (Roca, 2001) entre la población, convencida de que vive literalmente en el "mejor de los mundos posibles" (Ralph, 1759), donde cualquiera puede realizar el "sueño americano"[150] solamente trabajando duro y obedeciendo las reglas establecidas (Chomsky, 1997).

Norman Birnbaum en *Atenas y Roma, ¿otra vez?*, expresa al respecto:

---

[149] Flujo intenso de un rápido ataque.

[150] James Truslow Adams, en su libro *The Epic of America* [La Epopeya de América, o sea de los EEEUU], escribió en 1931 en plena Depresión sobre ese sueño de una tierra en la que vida debería ser mejor y más rica y más plena para todos, con oportunidades para cada uno según su capacidad o logros. No es un sueño simple de vehículos y altos salarios e, sino del orden social donde cada hombre y mujer deben ser capaces de desarrollarse a plenitud de su capacidad y ser reconocidos por los demás por lo que son, independientemente de las circunstancias de su nacimiento o posición social (Adams, 2012: 214-215).

"Nuestros medios de comunicación de masas se han erigido en Ministerio de Propaganda y manipulan la rabia, la ansiedad, la credulidad la ignorancia y la autocompasión de la opinión pública para fabricar un consenso nacional de extraordinaria crudeza y enormes contradicciones... Por encima de todo, casi nadie ha pedido a la opinión pública que reflexione acerca de por qué la política estadounidense ha engendrado odio en otras partes del mundo" (Birbaum, 2001 a).

## Los filtros de Herman y Chomsky y la manipulación mediática

La efectividad de tal manipulación en las sociedades democráticas se origina en la combinación del adoctrinamiento ideológico con la impresión general de que la sociedad es relativamente abierta y libre porque el "control mental" es prácticamente transparente, la propaganda es más eficaz y eficiente en un estado totalitario (Chomsky, 1982:44, 75).

La "necesidad de control" como expresaba Walter Lippmann: "los intereses comunes eluden a la opinión pública y pueden sólo entendidos y manejados por una clase especializada de hombres responsables que son lo suficientemente inteligentes como entender las cosas" (Lippmann, 2009). Las élites de poder.

Los estudios y la realidad demuestran que los medios de comunicación se alinean con la propaganda del estado "más intensamente en tiempos de guerra" (Boyd-Barrett, 2004: 435). El Modelo de Cinco filtros de propaganda de Herman y Chomsky expuesto en

*Manufacturing Consent*[151] (Chomsky, 1988: 2), es un instrumento clave para desmontar el proceso de comunicación de masas. Una manera de entender por qué, al final, contamos con tan limitado conocimiento en un aparente océano de información.

El primer filtro comprende el establecimiento de medios de comunicación corporativos, en línea con los grupos de poder políticos y de negocios, siempre orientados a las ganancias (Horkheimer, 2006) y no a reportar las noticias, concentrando la propiedad de esos medios en contados grupos de poder económico, y por supuesto, mediático.

La publicidad, el combustible de los medios, siempre determina el esquema de noticias como "soporte" de esos mensajes y siempre orientados a la búsqueda de maximizar las cantidades de audiencia, para servir a los anunciantes, ese es el segundo filtro.

Los efectos sociales provocan el cambio en el mensaje de los medios en función de los objetivos de los grupos de poder, tanto sociales como políticos, donde siempre será la publicidad la que determine (Fanjul-Peyró, 2006: 40).

El tercero, la dependencia de fuentes oficiales – corporativas y gubernamentales, que gastan mucho en prensa y relaciones

---

[151] Fabricación del Consenso.

públicas, creando un aura de credibilidad mediante la manifestación de su autoridad, mediante una pléyade de representantes y enaltecidos expertos, pagayos destinados a defender cualquier tema en la dieta cotidiana de los medios (Boyd-Barret, 2004: 435).

El cuarto, el miedo al "fuego de represalia", la crítica a los medios y el castigo que las élites infligen en los medios de comunicación y los periodistas o "la capacidad para quejarse sobre el tratamiento de las noticias en los medios" (Chomsky, 1988: xi, xii), ejerciendo presiones y opiniones contrarias como azote contra los periodistas.

Estos castigos pudieran ser la negación de acceso a las fuentes o en el extremo, humillación directa o calumnias contra los reporteros, o hasta el uso de representantes del orden corruptos para desacreditarlos.

El *flak*, castigar a los periodistas cuando se atreven a disentir.

Finalmente, el anti-comunismo –el quinto filtro-, que hoy puede ser expresado como "convergencia ideológica entre el establecimiento y los medios de comunicación con respecto a los supuestos beneficios del capitalismo global neoliberal" (Boyd-Barret, 2004, 436) o "religión nacional", como mecanismo de control de los profesionales, los cuales, sometidos a la presión del clima de opinión circundante, acaban asumiendo esta religión para no verse acusados de ser procomunistas o insuficientemente anticomunistas (Chomsky, 1988:xi).

Eso es en la realidad cotidiana en los Estados Unidos porque el timo a los periodistas sucede en todos los niveles, como el caso reciente del periódico nacional *USA Today*, donde un reportero y un editor fueron engañados (Korte, 2012) con la creación de perfiles falsos de *Twitter* y *Facebook* junto con una entrada de *Wikipedia*, luego de que ellos informaran sobre los millones de dólares en impuestos atrasados adeudados por el mayor contratista de propaganda del Pentágono sobre Afganistán.

Como sea, la "relación simbiótica entre periodistas y los agentes del poder" (Klaehn, 2009:44), es una presencia permanente en la prensa norteamericana, donde la inmensa mayoría de las informaciones puestas al aire o impresas confirman "alegremente" sus fuentes oficiales, sin siquiera tomarse el trabajo de realmente investigar la realidad de esas informaciones.

Finalmente, las informaciones de prensa muestran que uno de los copropietarios de la empresa que timó a *USA Today* confesó: "crear sitios web falsos y cuentas de Twitter para denigrar a los periodistas anónimamente" (Cook, 2012).

Además, el periódico nacional *Washington*

*Post*, en un artículo de Craig Whitlock denuncia como se expuso una "tenebrosa operación de contra propaganda del Departamento de Defensa", contra un sitio Web sobre Somalia, creada por un norteamericano de origen somalí en Minneapolis: "Hoy en día, los militares se centran más en manipulación de noticias y comentarios en Internet, especialmente en las redes sociales, mediante la publicación de material e imágenes sin necesariamente mencionar el crédito por ellas" (Whitlock, 2012).

La tergiversada frase de Chomsky: "Cualquier dictador admiraría la uniformidad y la obediencia de los medios de Estados Unidos", lo cual en realidad es, pues dijo refiriéndose a la injerencia norteamericana en Centroamérica cuando el Conflicto Irán-Contras[152]: "La uniformidad y la obediencia de los medios, que cualquier dictador admiraría, así consigue ocultar lo que claramente es la verdadera razón para el ataque de Estados Unidos, a veces admitió abiertamente

---

[152] El escándalo Irán-Contra, conocido como *Irangate*, ocurrió en 1985 y 1986, en el cual el gobierno de los Estados Unidos, bajo la administración del presidente Ronald Reagan, vendió armas al gobierno iraní cuando la guerra Irán-Irak y financió con esos recursos -$47M de dólares en cuentas en Suiza- el movimiento conocido como Contra Nicaragüense (movimiento armado creado y financiado por los Estados Unidos para atacar al gobierno Sandinista de Nicaragua, durante el periodo conocido como la Revolución Nicaragüense), estando ambas operaciones, la venta de armas y la financiación de la Contra, prohibidas por el Senado estadounidense.

por voceros de la administración" (Chomsky, 1999).

Otro problema con la cobertura de las recientes guerras ha sido el de la llamada "inserción" de los periodistas con las fuerzas armadas estadounidenses en los recientes conflictos bélicos en el Medio Oriente, lo cual la periodista de *Democracy Now*, Amy Goodman (Goodman, 2014) llama estar "en-la-cama-con"[153], en referencia a los periodistas que tienen una relación simbiótica con el poderoso e influyente, en ese caso los militares (Beahan, 2012).

Demasiado a menudo estos reporteros se convierten en voceros para la élite de poder -de autoridad en ese caso- a cambio de acceso fácil a los personajes u otras prebendas en el campo de batalla, sin tener que preocuparse con hacer periodismo de investigación (Ibídem).

Ninguno fue capaz de cometer el suicidio profesional de hacer preguntas incómodas y eran un regalo para el Pentágono, convirtiéndose algunos en productores de videos y cineastas de propaganda (Beahan, 2012).

---

[153] Juego de palabras con "embeddedness" [inserción] y "in-bed-with" [en-la-cama-con, o acostarse con].

## Comunismo y Participación comunitaria: El tema de Cuba

En *At War with Asia* [En Guerra con Asia], Noam Chomsky escribió:

"la ideología del anticomunismo ha servido como una técnica altamente efectiva de movilización popular en apoyo a las políticas estadounidenses de intervención y subversión en la posguerra... Es una ideología adaptada a una época cuando ya no se puede invocar la misión civilizadora de la raza blanca" (Chomsky, 1970:8).

El término "anticomunismo" se ha convertido en "lucha contra el terrorismo", como una religión nacional y mecanismo de control en los medios de comunicación occidentales (McLaughlin, 2007:163).

En el caso de Miami, a pesar de la diversidad de la ciudad "las características políticas de la comunidad son erróneamente consideradas uniformes y dominadas por una 'ideología del exilio' establecida por la primera ola de inmigrantes [cubanos] después de la Revolución" (Grenier, 2006:210).

La administración Reagan "estaba ideológica y estratégicamente más cerca de los cubanos anticomunistas que cualquier administración desde los años sesenta", por lo tanto el poder de los grupos de extrema derecha creció económicamente y políticamente en la comunidad (Zake, 2009:241).

Ese tipo de involucración también funcionó a la perfección con los que deseaban "fascinar" a la comunidad con la teoría de la Guerra Fría del anti-Castrismo y mientras tanto se llenaban los bolsillos con el dinero de los contribuyentes pagado por el Gobierno para la "libertad de Cuba", peleando la guerra contra la Revolución en la seguridad de sus butacones en Miami.

Como se dice en un informe de la FNCA de 2008: "el programa del Gobierno de Estados Unidos en apoyo a una transición democrática en Cuba se ha vuelto totalmente ineficaz debido a las políticas restrictivas institucionales y la falta de supervisión y rendición de cuentas de los recipientes de los donativos dentro de la *Agencia de Estados Unidos para el Desarrollo Internacional* o por sus siglas en inglés, USAID[154] (en Eaton,

---

[154] United States Agency for International Development, USAID, es la encargada de distribuir la mayor parte de la ayuda exterior de carácter no-militar. La rige el Departamento de Estado norteamericano.

2011a) y el reporte continúa:

"... Una mayoría significativa de los fondos destinados a la asediada [por el Gobierno cubano] oposición de Cuba, en realidad son gastados en costos operativos por las organizaciones sin fines de lucro estadounidenses. Esta realidad es contraria al propósito del objetivo fundamental del programa USAID-Cuba: 'promover una transición pacífica a la democracia en Cuba, asistiendo al desarrollo de la sociedad civil cubana' y no es típico del probado historial de la Agencia de promoción eficiente y eficaz del desarrollo y la democracia en otras partes del mundo" (CANF, 2008:2).

Las cosas están cambiando, porque lo que parece imposible, un demócrata cubano-americano, Joe García[155], ganó una elección para el Congreso, poner fin a la dinastía Díaz-Balart en Washington, D.C. (Alvarado, 2008) – apoyado por el Presidente de la ya debilitada CANF [Fundación Nacional Cubano Americana], Jorge Mas Junior (Arzeno, 2003) – sucedió. "Correr para el Con-

---

[155] FNCA.

greso en esta soleada capital de exiliados cubanos requiere dos cosas: una tarjeta de registro republicana y una línea dura hacia el
régimen de Castro" (Mishak, 2014).

Además, rompiendo con el extremismo tradicional de la minoritaria vieja comunidad
exiliada (Cawthorne, 2011) García hizo campaña por el apoyo de aflojar las restricciones
en los viajes de cubano-estadounidenses a
visitar a sus seres queridos en la isla, o enviar dinero y ayuda. Eso lo alinea con el creciente número de recién llegados de Cuba en
los últimos años.

Éramos 1,2 millones de primera generación de cubano-americanos, porque la población aumentó en un 44 por ciento, creciendo
a 1,8 millones en 2010 (Motel, 2012), los es-
timados consideran que somos ahora 1,9.
Las cifras del Censo de los Estados Unidos
no mienten: 1959-1980: 516,061 y 1980-
2000: 312,516 (en Pedraza, 2007:156).

El apoyo contra el embargo crece día a día
en la comunidad cubano-americana, y encuestas de opinión pública indican que más
de la mitad de los estadounidenses se oponen a esa fallida política (Gallup, 2009), y
"la Cámara de Comercio de Estados Unidos [156] estima que le cuesta a los Estados

---

[156] En una vista a La Habana en Mayo de este año, el Presidente de la Cámara de Comercio de Estados Unidos, Thomas

Unidos $1,2 billones anuales en pérdidas por concepto de exportaciones" (Pizzi, 2013). "El embargo era el único instrumento en la caja de herramientas por mucho tiempo... Las cosas cambian", dijo el congresista Joe García (en Mishak, 2014).

En su artículo Cuba in the Crosshairs A Near Half-Century of Terror, Chomsky se expresa bien Claro sobre el tema:

"La Guerra económica de Estados Unidos contra Cuba ha sido fuertemente condenada en virtualmente cada foro internacional pertinente, incluso declarada ilegal por la Comisión Judicial de la normalmente obediente, Organización de los Estados Americanos [OEA}. La Unión Europea pidió a la Organización Mundial del Comercio [WTO] condenar el embargo. La respuesta de la administración Clinton fue que "Europa reta 'tres décadas de

---

Donohue, instó a Cuba a acelerar y ampliar las reformas económicas de estilo de mercado, diciendo que los inversionistas del mundo responderían y que podría ser el mejor camino hacia mejores relaciones con los EEUU. Exaltó además las virtudes del capitalismo y el libre mercado en el país comunista, una vez temas tabú en la isla y dijo a los cubanos que la reducción del excesivo control del Gobierno sobre la economía era la mejor garantía de prosperidad: "Lo más que Cuba pueda hacer para demostrar su compromiso con la reforma, y cuanto más pueda hacer atender y resolver los conflictos en nuestras relaciones, mejor serán las perspectivas para los cambios en la política norteamericana" (Trotta, 2014).

política norteamericana hacia Cuba que se remonta a la administración de Kennedy' y está dirigida totalmente a forzar un cambio de gobierno en la Habana". La administración también declaró que la WTO no tiene competencia para pronunciarse sobre la seguridad nacional de Estados Unidos o para obligar a los Estados Unidos a cambiar sus leyes. Washington se retiró entonces del proceso, presentando el asunto como disputable" (Chomsky, 2003).

Considerar a los medios de comunicación corporativos como guardianes independientes de la verdad, no tiene bases lógicas. La evidencia sostiene que la prensa norteamericana tiende a servir a los gobernadores, no los gobernados, especialmente en el área de política exterior (Major, 2006). Por si quedaran dudas, solamente debemos referirnos a la forma en que las coberturas de los medios nunca destaca las contradicciones entre la retórica democrática y las políticas de Gobierno apoyando a regímenes que violan los derechos humanos.

No por ser cotidiano, deja de ser menos detestable.

EL SEXTO FILTRO: ¿LA NUEVA FRONTERA?

Trabajando en la actualización de la aplicación del *Modelo de Propaganda* de Herman y Chomsky, algunos autores proponen un "sexto filtro", orientado a "la compra directa de influencia en los medios de comunicación por grupos poderosos, o la 'adquisición' de periodistas individualmente o sus medios de comunicación por las autoridades y agencias del gobierno" (Boyd-Barret, 2004: 436). La corrupción periodística como nuevo filtro.

Confrontando la posición de Chomsky y Herman sobre la "teoría de la conspiración", la cual los propios autores destacan que "todavía esperan de sus críticos que suministren un modelo mejor" (Herman, 2003), en la década de 1970, autores como Boyd-Barret han señalado que las investigaciones del Senado de Estados Unidos y la "evidencia irrefutable de la penetración en gran escala encubierta de la CIA de los medios de comunicación, por definición, una muestra de 'conspiración' en operación" (Boyd-Barret, 2004: 436).

Otros autores critican el Modelo como conspirativo, como el caso de Milan Rai (Rai, 1995:42), o funcionalista y determinista como plantea Phillip Schlesinger (Schlesinger, 1989: 301), o como Walter Laferber condena el modelo de "exagerar su caso"[157], especialmente cuando no explica ampliamente explica por qué se suspendió la ayuda militar a los rebeldes nicaragüenses de la Contra (Laferber, 1988), finalmente dice en su artículo en *El New York Times*:

"Las exageraciones y la debilidad en el "modelo de propaganda" que los autores intentan construir son desafortunadas, porque muchas de las comparaciones de datos puros del libro son acusaciones convincentes del papel de los medios noticiosos en encubrir errores y engaños en la política exterior estadounidense del pasado cuarto de siglo. Y el Sr. Herman y el Sr. Chomsky entregan un pronóstico oscuro de la capacidad de los Estados Unidos para llevar a cabo una política exterior exitosa y moral" (Ibídem).

La teoría de Herman y Chomsky (1988) de la *Fabricación del Consenso* [158] analiza ese elemento de manipulación en las fuentes de información de noticias en el Quinto Filtro.

---

[157] "Overstatement"
[158] Manufacturing Consent.

Algunos autores fundamentan que la influencia [manipulación] directa de las empresas y los Gobiernos sobre la información, debe incluirse en este filtro (Pedro, 2009), en relación de cómo las fuentes más importantes de noticias y los medios de comunicación interactúan y se organizan.

Estudios recientes realizados por fuentes confiables, como el de Equidad y Exactitud en Reportar (FAIR)[159] muestran que la mayoría de las fuentes en los medios corporativos de Estados Unidos provienen de funcionarios del Gobierno (Rendall, 2003). El 75 por ciento de las fuentes citadas "eran de oficiales en activo o retirados del Gobierno o militares, solamente uno de los cuales expresó su oposición a la guerra"[160] (Rampton, 2007).

Estos ejemplos de este limitado análisis se orientan a demostrar el "deliberado grado de colaboración por parte de los medios de comunicación con los objetivos de la propaganda" (Boyd-Barret, 2004:438) del Gobierno, nos lleva a reconocer el hecho de que el proceso de "adquirir" a los periodistas ocurrió, con la motivación adicional del "excesivo" fervor patriótico de los exiliados cubano-americanos involucrados, como se menciona en los capítulos anteriores.

---

[159] Fairness & Accuracy in Reporting
[160] El reporte se refiere a la Guerra de

Volviendo al Modelo de Propaganda, éste representa un a "teoría general de la [llamada] Prensa Libre" en las sociedades democráticas (Mullen, 2010:217) y apartándonos de las críticas sobre las "radicales" ideas de Chomsky, su Modelo según Andrew Millen y Jeffery Klaehn, quienes evalúan que "constituye un modelo estructural fundamental" para ser aplicado fácilmente a los temas de noticias relacionadas con cualquier número de cuestiones sociales y temas internacionales o nacionales (Ibídem: 225).

Sin embargo alertan dada la supremacía innegable de la "globalización económica y el creciente poder mundial, alcance e influencia de grandes instituciones corporativas y financieras transnacionales, todo – frente a la creciente pobreza y e impotencia entre la inmensa mayoría de la población mundial – sugerimos que el PM [Modelo de Propaganda] o es aún más relevante hoy en día que cuando inicialmente fueron planteados (Ibídem).

Otros autores, como el caso de Cliff Vanderlinden, profesor de Ciencias Políticas en la Universidad de Toronto en Canadá, quien considera que el sexto filtro lo compone la tecnología, con un interesante acercamiento del papel de la tecnología y los nuevos medios –en este caso la Internet y todos los productos derivados como consecuencia- en la formación de nuevos vehículos de propaganda y mensajes (Vanderlinden, 2006).

Su interesante análisis del papel de la tecnología y las nuevas formas de procesamiento de los contenidos, indudablemente que afectan las formas de elaborar y entender las noticias, en ambos sentidos, en sus límites y posibilidades informativas, sin entrar en los formas de expresión como puede ser a través de la interactividad de los medios, ya sea laptops, tabletas o teléfonos inteligentes[161], o los más tradicionales, como la televisión, esta vez por cable o satélite.

El modelo de Propaganda de Herman y Chomsky plantea preguntas cruciales sobre las limitaciones estructurales de la producción de noticias y sigue ofreciendo un importante instrumento analítico (Model, 2005) para entender estas limitaciones a un nivel básico, aun ante el resto de los nuevos medios, en cambio constante (Thompson, 2009).

Más allá de las posibilidades tecnológicas específicas de cada medio, está el uso general de la técnica y sus contenidos derivados, lo cual cada vez más propone la independencia (y diría yo rebelión social) con las posibilidades de uso de los medios al alcance de todos, y eso depende de quién controle cada tecnología y en cómo la emplee (Ibídem).

---

[161] Smartphones.

La sobrecarga de información es un problema cotidiano para todos, lo cual nos conduce a simplificar, o sea procesar los mensajes de forma más rápida y, de ser posible, tomar "atajos mentales", lo cual permite a los medios incidir mejor en sus mensajes de propaganda, los cuales diseñan para estimular estos "corto circuito del pensamiento racional", agitando las emociones, explotando las inseguridades, capitalizando la ambigüedad del lenguaje y bloqueando la lógica del proceso (Delwiche, 2011).

El propio Edward S. Herman reconoce la importancia de Internet, sin embargo no se fía en el entusiasmo generalizado por la explosión de la web:

"Algunos sostienen que el Internet y las nuevas tecnologías de comunicación están rompiendo el dominio corporativo en el periodismo y abren una era sin precedentes de los medios democráticos interactivos. No hay ninguna evidencia para apoyar este punto de vista en materia de periodismo y comunicación de masas. De hecho, se podría argumentar que las nuevas tecnologías están agravando el problema. Permiten a las empresas de los medios reducir el tamaño del personal así como consiguen más posibilidades de transmisión, y hacen posibles sistemas de distribución global, que reducen el número de entidades de medios de comunicación. Aunque las nuevas tecnologías tienen un gran potencial para la comunicación democrática, hay pocas razones para esperar que la Internet sirva para fines democráticos si se deja en manos del mercado" (Herman, 1997).

Interesante es de quienes planean sustituir el argumento del anti-comunismo –el quinto filtro- por la "guerra contra el terror como un mecanismo de control" (Al-Om, 2011), introduciendo a las vez el factor de las "guerras culturales" y religiosas en el contexto de la globalización[162] (Huntington, 2011).

Finalmente, otros, antes los fracasos, manipulaciones y compromisos evidentes de los medios en de las coberturas internacionales

---

[162] "La fuente fundamental de conflicto en este nuevo mundo no será principalmente ideológica o principalmente económica. Las grandes divisiones entre la humanidad y la fuente dominante de conflicto serán culturales. Los Estados nación seguirán siendo los actores más poderosos en los asuntos mundiales, pero los principales conflictos de la política global ocurrirán entre naciones y grupos de diferentes civilizaciones. El choque de civilizaciones dominará la política global. Las líneas de división entre las civilizaciones serán las líneas de batalla del futuro" (Huntington, 2011:22).

de las recientes "guerras limitadas" norte-americanas, como puede ser el caso de los conflictos de Iraq y Afganistán, por citar solamente los más recientes, donde el PM demuestra su vigencia (Rampton, 2007) otros autores consideran que la educación –sobre todo en el aspecto de la ética profesional- y el entrenamiento de los periodistas serían buenos sextos filtros (Saba, 2013).

En definitiva, dicho esto, sería deseable promover una forma de periodismo que representara realmente las necesidades de los ciudadanos en contraposición al que tenemos, dedicado a la fabricación y venta de la imagen de sus "necesidades" -tal y como dicta la industria de publicidad que mantiene a los medios- y su consentimiento (o inactividad) ante las políticas elitistas que determinan los procesos editoriales en los Estados Unidos (Barker, 2009).

Además, en la medida en que las nuevas tecnologías aparecen en el mercado, podemos esperar cambios en las técnicas empleadas para influir en la opinión pública, pero las instituciones con la riqueza y el poder hacerlo, continuarán tratando de ejercer su influencia. El poder no concede nada sin una lucha frontal  (Rampton, 2007).

CONCLUSIÓN: ILUSIÓN DE DEMOCRACIA

Fue en su Enciclopedia de las Ciencias Sociales [163] que Harold Lasswell explicó que cuando las élites carecen de la fuerza necesaria para obligar a la obediencia (Chomsky, 1992:351) los gerentes sociales deben recurrir a "una nueva técnica de control, principalmente a través de la propaganda" (Lasswell, 1933: XII, 526). Añadió que basado en la justificación convencional, debemos reconocer la "ignorancia y estupidez [de]... las masas y no sucumbir a dogmatismos democráticos sobre los hombres, siendo los mejores jueces de sus propios intereses" (en Stern, 2012:38).

Sólo se espera eso de nosotros o sucumbimos a la "teoría de la conspiración" de que todo está perdido y el mundo está en manos de un "gobierno invisible que es el verdadero poder de nuestro país" (Bernays, 2004: I).

La respuesta podría estar en la posibilidad de que nos liberemos nosotros mismos de sistemas de control mediante la educación y el adoctrinamiento (Cooley, 2010, 594). Chomsky afirma que uno debe analizar los

---

[163] *Encyclopedia of the Social Sciences.*

planteamientos de los medios de comunicación y luego examinar su veracidad a la luz de los hechos que uno sabe son verdaderos: "Una vez que uno hace eso, el mundo se vuelve bastante evidente. Entonces uno puede convertirse en un *individuo libre*, no simplemente en un esclavo de un sistema de adoctrinamiento y control" (en Barsamlan, 1992:12).

Con el fin de persuadir al público a actuar de cierta manera los medios de comunicación pueden utilizar todos los colores, métodos y tecnología disponible para "alimentar ideas" con la intención de promover los intereses de sus dueños, ya sea corporativos o de Gobierno.

Esas élites, como explicó Harold Lasswell, funcionan bajo los auspicios del "bien común" cuando los acuerdos sociales les niegan la fuerza necesaria para obligar a la obediencia en otros y regresan a "una nueva técnica de control, principalmente a través de la propaganda" por la "ignorancia y la superstición [de]... las masas" (en Chomsky, 1989:31).

El caso de los periodistas de *El Nuevo Herald* y otros reporteros exiliados cubanoamericanos de Miami, los cuales han desempeñado "un rol de primera fila" (Cabañas, 1984) recibiendo dinero de una institución de Gobierno, se ha convertido hoy en una práctica común en los medios norteamericanos.

Nuestra opinión coincide con la de académicos, como Al Tompkins, que enseña ética en el *Poynter Institute para Estudios de Medios* [164] en La Florida, quien calificó de conflicto de intereses para los periodistas el aceptar pagos de cualquier agencia del Gobierno: "es todo acerca de credibilidad e independencia. Si te consideras un periodista, entonces me parece que es un evidente conflicto de intereses coger los dólares del Gobierno (en Goodnough, 2006).

Las agendas de los medios de difusión masiva son establecidas por intereses corporativos, de los funcionarios y políticos, con el fin servir sus intereses, fortaleciendo el nuevo orden mundial con el auge de las corporaciones transculturales, a través de la globalización corporativa y el avance de las telecomunicaciones.

Como resultado de la consolidación de los medios de comunicación y sus propósitos de propaganda, tanto del gobierno como las entidades corporativas, estos trabajan juntos para perpetuar su poder, riqueza, influencia y voz a través de la propiedad de esos medios (McCloy, 2012:76-77).

El combustible que mueve esa maquinaria

---

[164] Poynter Institute for media studies, Saint Petersburg, La Florida.

llamada prensa corporativa son los anuncios y como se recoge en el libro *Media and Cultur: An Introduction to Mass Communications*[165]:

"La publicidad se convirtió en el sistema central de apoyo económico para nuestras industrias de los medios de comunicación. A través de su aparentemente inagotable fuente de estrategias penetrantes y persuasivas, la publicidad satura hoy el paisaje cultural... La ubicuidad de la publicidad plantea serias dudas acerca de nuestra privacidad y la facilidad con la cual las empresas pueden recopilar datos sobre nuestros hábitos de consumo. Pero un problema aún más grave es la influencia de la publicidad en nuestras vidas como ciudadanos democráticos" (Campbell, 2012, 10:352).

Aún más, el importante investigador Robert M. McChesney, destacó en su libro *Telecomunicaciones, medios de comunicación y democracia* [Telecommunications, Mass

---

[165] Los medios de comunicación y la cultura: una introducción a la comunicación masiva, por Richard Campbell, Christopher R. Martin y Bettina Fabos. Capítulo 10: The Business of Mass Media, Advertising [El Negocio de los Medios Masivos, Publicidad]. Ver Bibliografía.

Media, and Democracy[166], que las voces disidentes son marginalizadas en la medida en que la: "cultura política de Estados Unidos no permite que cualquier discusión de las debilidades fundamentales del capitalismo ... los medios de comunicación corporativos han fomentado la creencia de que siquiera la consideración de alternativas equivalía a una convocatoria al totalitarismo" (McChesney, 1993:262)

Tener conciencia de la realidad, sin embargo, no es suficiente. Se necesita una reforma de la legislación relativa al control de los medios de comunicación para librarlos del control de los poderes políticos y corporativos, los cuales continúan consolidándose bajo la propiedad de las mega-corporaciones en una plutocracia que margina y afecta negativamente los intereses públicos (McCloy, 2012:78)

Esto constituye hoy en día una amenaza muy real por la globalización de los medios corporativos y la transnacionalización de su dominio e influencia mundial por las élites de poder que los controlan, constituyendo un estado de medios de comunicación propagandista, lo cual constituye una amenaza real de un nuevo orden mundial de someti-

---

[166] *Telecommunications, Mass Media, and Democracy: The Battle for the Control of U.S. Broadcasting 1928-1935*, Roberto McChesney

miento a un estado totalitario global de régimen político corporativo (Ibídem).

Nuestro trabajo como periodistas es informar, pero cuando el interés personal –monetario o social- se convierte en un problema del periodista o el editor, no es un conflicto, pero una declaración clara de que no eres parte de los medios de comunicación, sino un miembro de un "grupo dogmático" (González, 2013:71-72) promoviendo propaganda.

Como la historia reciente demuestra la principal falla en las transmisiones de *Radio Martí* se centra en favorecer los intereses e ideas de una generación que abandonó Cuba hace 50 años, y cegados por el odio y el adoctrinamiento de poderosos intereses políticos nacionales y locales, a la cual nunca le ha interesado aprender acerca de la nueva sociedad en la isla.

La realidad está llegando a Miami con miles de recientes inmigrantes, pero la contradicción es que los medios hispanos locales – y como consecuencia *Radio* y *TV Martí*- en lugar de utilizar el conocimiento y el lenguaje de esa nueva generación, seleccionados a los que se prestaron a vender sus talentos para complacer.

Los derechos humanos y la libertad de expresión son importantes, pero eso no es todo lo que presentan las necesidades del "la

Nueva" después de 50 años de una Revolución comunista. El mensaje de *Radio* y *TV Martí* no es un fracaso de la tecnología o las posibilidades intelectuales de la propaganda en favor de un cambio en la isla.

Los problemas de *Radio* y *TV Martí* continúan en general, no sólo con el desafío de las nuevas tecnologías y las realidades sociales, migratorias, de evolución política y de la propia emigración cubana en los Estados Unidos, más joven y menos centrada en las políticas de enclave que en la integración a la sociedad que escogieron.

Un reporte reciente del Servicio de Búsquedas del Congreso[167] de los Estados Unidos plantea el "debate público" sobre el BBG[168] y estructura defectuosa e ineficaz, duplicidad ineficiente en sus actividades, sin mencionar la burocracia sofocante de esta "agencia" gubernamental, referente a la cual es imperativo "mejorar la eficiencia de las transmisiones internacionales de los EEUU, incluyendo la posible consolidación de diferentes entidades internacionales de transmisiones" (Weed, 2014:2-3).

El reporte llama además a valorar "los desacuerdos sobre el papel" de esas transmisiones internacionales para "avanzar en los objetivos de política exterior y promoción de

---

[167] Congressional Research Service.
[168] Junta de Gobernadores de Radiodifusión [Board of Broadcasting Governors].

la democracia" y evaluar en general "la mejoría y eficacia de la difusión internacional de los Estados Unidos (Ibídem).

El problema radica en el control de una generación cuyo principal mérito por la libertad de Cuba fue la estampida en la que participaron cuando la Revolución cubana llegó al poder hace 50 años. Periodistas y editores con la educación y el talento para hacer su trabajo, deben complacer la irracionalidad, sin respetar la realidad, no sólo de una nueva sociedad en Cuba, pero en la misma comunidad de emigrados que pueblan su entorno en Miami.

# Bibliografía

PEDRO GONZÁLEZ MUNNÉ

# BIBLIOGRAFÍA

About (n.d.). Overview. The McClatchy Company. [Página Web]. Tomado de http://www.mcclatchy.com /2006/05/23/ 179/overview.html

About Us (n.d.). David Lawrence Jr. The Early Childhood Initiative Foundation and United Way Center for Excellence in Early Education. [Página Web]. Tomado de http://www.teachmorelovemore.org /DLawrence.asp

Adams, D. (2002, Dec. 5). His father's voice. *Saint Petersburg Times.* Tomado de http://www.sptimes. com/2002/12/05/Floridian/His_father_s_voice. shtml

Adams, D. (2009, Feb. 15). Time to scrap TV Marti, critics say. *Tampa Bay*, Tampa, FL. Tomado de http://www.tampabay.com/news/world/time-to-scrap-tv-marti-critics-say/976246

Adams, D. (2012, Apr. 27). Fire guts Miami offices of Cuba travel firm. *Reuters,* Friday, 7:96 pm EDT. Tomado de http://www.reuters.com/article/2012/ 04/27/us-usa-fire-cuba-idUSBRE83Q1BH20120 4277

Adams, J. T. (2012, June 20). *The Epic of America.* Verison, NJ: Transaction Publishers

Advocates for Human Rights, The (1999, Sept. 9). Waves of Cuban Immigrants. *Energy of a Nation Immigration Resources* [Página Web]. Tomado de http://www.energyofanation.org/896d8852-7884-4e22-9899-f3ce360d4e75.html?Nodeld

Agee, P. (1975). *Inside the Company: CIA Diary.* Harmondsworth, Middlesex, UK: Penguin Books.

Agencias (2010, July 27). Univisión acuerda pagar un millón para resolver caso de payola *Latino Public Radio* [Página Web].Tomado de http://www.lprri.

org/inicio/index.php?categoryid=39&p2_articleid=
15736

Agencias (2011, Ago. 7). El PCC readmite a Esteban
Morales en sus filas. *Cubaencuentro*, Madrid, España. 8:51 pm. Tomado de http://www.cubaen-
cuentro.com/cuba/noticias/el-pcc-readmite-a-es-
teban-morales-en-sus-filas-265157

Aguirre, B. E. (2006, August 5), Political Exile, Trans
nationality and the Racialized Cuban. *Cuba in
Transition*, Papers and Proceedings of the Six-
teenth Annual Meeting of the Association for the
Study of the Cuban Economy. ASCE, 16:194-
211.Tomado de http://www.ascecuba.org/publica-
tions/proceedings/volume16/pdfs/aguirre.pdf

Ahora TV (2010, Oct.7). Bochornosa actitud del "perio
dista" José Ubaldo Izquierdo en Chile. *Chilke TV*.
[Video en TourTube]. Tomado de http://www.you
tube.com/watch?v=riBC-3zoTv0

Aja-Díaz, A. (2000, Julio). La emigración cubana hacia
Estados Unidos a la luz de su política inmigrato-
ria. *CLASCO,* Red de Bibliotecas Virtuales de
Ciencias Sociales de América Latina y el Caribe,
Buenos Aires, Argentina. Tomado de http://biblio-
teca.clacso.edu.ar/ar/libros/ cuba/cemi/laemig.pdf

Aja-Díaz, A. (2002, Jul.). Tendencias y retos de Cuba
ante el tema de la emigración. *CEMI*, Centro de
Estudios de las Migraciones, La Habana, Cuba.
CLASCO, Buenos Aires, Argentina Tomado de
http://bibliotecavirtual.clacso.org.ar/ ar/libros/cu
ba/cemi/tenden.pdf

Al-Om, T. (2011, Nov. 20). Propaganda and the 'War
on Terror' *Tamara Al Om* [Web Blog] 8:09 am.
Tomado de http://tamaraalom.wordpress.com
/propaganda-and-the-war-on-terror/

Alberts, H. C. (2005, Apr.) Changes in Ethnic Solidarity in Cuban Miami. *Geographical Review*, 95(2),
New Geographies of U.S. Immigrants, pp. 231-
248. Published by: American Geographical Soci-

ety. Article Stable URL: http://www.jstor.org/stable/30033989

Alexa (2014, June 21). martinoticias.com. Alexa Tra ficc Ranks. Tomado de http://www.alexa.com/siteinfo/martinoticias.com

Alloca, K. (2009, Oct. 28). So what do you do, María Elena Salinas, Univisión Network News Anchor? *Mediabistro the pulse of media*. [Página Web].Tomado de http://www.mediabistro.com/articles/details.asp?aID=10687&

Alvarado, F. (2008, Oct. 23). End of the Diaz-Balart Di nasty. *Miami New Times*. Tomado de http://www.miaminewtimes.com/2008-10-23/news/end-of-the-diaz-balart-dynasty/full/

Alvarado, F. (2012, Aug. 30). Cuban Radio Is Dying Because of Aging Hardliners and Miami's Changing Market. *Miami New Times*. Tomado de http://www.miaminewtimes.com/2012-08-30/news/cuban-radio-is-dying-because-of-aging-hardliners-and-miami-s-changing-market/full/

Álvarez, J. M. (2011). El arte perdido de investigar. *El Malpensante*, revista literaria, Bogotá, Colombia. Tomado de http://elmalpensante.com/index.php?doc=display_contenido&id=2700

Americas Watch (1992, Aug.). News from Americas Watch. 4(7). Dangerous Dialogue: Attacks on Freedom of Expression in Miami's Cuban Exile Community. New York: Human Rights Watch. To mado de http://www.hrw.org/reports/pdfs/u/us/us 928.pdf

AP (2014, Feb. 11). Beginning Of the End For The Cuban Embargo? Notion Gains Ground With FL Cuban Exiles. *Fox News Latino*. Tomado de http://latino.foxnews.com/latino/politics/2014/02/11/beginning-end-for-cuban-embargo-notion-gains-ground-with-cuban-exiles-in/

Ara T. K. (1999, Jan. 1st). Free Speech Vs. Free Press: Analyzing the Impact of Nelson v. McClatchy Newspapers, Inc. on the Rights of Broadcast Journalists. *Loyola of Los Angeles Law Review*. 3

2:499-530. Tomado de http://digitalcommons.lmu
.edu/cgi/viewcontent.cgi?article=2151&context=llr

Archivo (n. d.). Archivos de *La Nación Cubana* [Página Web] Tomado de http://www.thecubannation.com

Argüelles, L. (1982) Cuban Miami: The Roots, Development, and Everyday Life of an Émigré Enclave in the U.S. National Security State. In *The New Nomans: From Immigrant Labor to Transnational Working Class*, Ed. Marlene Dixon and Susanne Jonas, pp. 27-43. San Francisco: Synthesis Publications.

Argüello, N. (2013, Julio 1ro.). El alcalde de la ciudad de Miami Tomás Regalado y el alcalde de la ciudad de Doral Luigi Boria entregaron las llaves de ambas ciudades a la honorable congresista Ileana Ros-Lehtinen. *Latin People News* [Página Web]. Tomado de http://latinpeoplenews.com/20 13/07/01/el-alcalde-de-la-ciudad-de-miami-tomas -regalado-y-el-alcalde-de-la-ciudad-de-doral-luigi- boria-entregaron-las-llaves-de-ambas-ciudades- a-la-honorable-congresista-ileana-ros-lehtinen/

Arzeno, Major M. A. (2003). The U.S. Embargo on Cuba: A time for change? [Página Web]. Tomado de http://www.hsdl.org/?view&did=727317

Ash, T. G. (2008, Nov. 5). I saw Americans dance with history, chanting 'Yes we can!' But can they? *The Guardian*. Tomado de http://www.theguardian.co m/commentisfree/2008/nov/06/barack-obama-rac e

Associated Press (2006, Oct. 3). Miami Herald publis her resigns, blames bad communication For journalists' firing. 12:20 PM E.S.T. *USA Today*. Toma do de http://usatoday30.usatoday.com/news/worl d/2006-10-03-miamiherald_x.htm#

Atlantic Council (2014, Feb. 11). Atlantic Council Poll: Americans Want New Relations With Cuba. *Atlan tic Council*.Tomado de http://www.atlanticcouncil. org/events/past-events/atlantic-council-poll-ameri- cans-want-new-relations-with-cuba

Bagdikian, B. (2000). *The Media Monopoly,* 6th Ed., Boston, MA: Beacon Press.

Balmaseda, L. (2001, Mar. 16). Emilio Milián, Broad caster who denounced terror, dies. *Miami Herald, The (FL)* (Final Ed.), 1A. Retrieved January 1, 2014, from NewsBank on-line database (Access World News)

Balmaseda, L. (2002, Sept. 8). Race highlights clout of Cuban radio hosts. *The Miami Herald.* Tomado de https://groups.yahoo.com/neo/groups/Cuba News/conversations/topics/11987

Bardach, A. L. (2003). Cuba Confidential: Love and Vengeance in Miami and Havana. New York, NY: Vintage Books (Random House).

Barker, M. (2009, Mar. 23). Blame the Media. *Cyrano's Journal Today,* Greanville Publishing [Página Web]. Tomado de http://www.cjournal.info/tag/corporate-propaganda/

Barrios, A. (2011, Mar. 21). El cubano Armando Valladares amenaza al Diario El Corresponsal con un juicio por difamación e injurias contra su persona. *Diario El Corresponsal,* Montevideo, Uruguay [Página Web]. Tomado de http://diarioelcorresponsal.blogia.com/2011/0321 01-el-cubano-armando-valladares-amenaza-al-diario-el-corresponsal-con-un-juicio-por.php

Barsamlan, D. (1992) *Chronicles of dissent: Interviews with Noam Chomsky.* Boston, MA: South End Press.

Basset, E. & Shaps, D. (1988). *Journalism ethics: why change?* Pasadena, CA: Foundation for American Communications

BBC News (2006, Sept. 8). US 'paid anti-Cuba journalists'. *BBC,* London, UK. Tomado de http://news.bbc.co.uk/2/hi/americas/5329394.stm

BBG (n.d.). A sample of the Anti-Interference Antenna. *Board of Broadcasting Governors,* Reduce interference. Tomado de http://www.bbg.gov/broadcasters/transmissions/reduce-interference/

BBG (2013, March 7). Martís Break The News In Cuba

Of Chavez's Death. *Broadcasting Board of Governors*, [Web Blog]. Tomado de http://www.bbg.gov/blog/2013/03/07/martis-break-the-news-of-chavezs-death-in-cuba/

BBG (2013, April 22). Martí Radio, TV And Web Transmissions For Cuba Continue After Newsroom Fire. *Broadcasting Board of Governors*, [Web Blog]. Tomado de http://www.bbg.gov/blog/2013/04/22/marti-radio-tv-and-web-transmissions-for-cuba-continue-after-newsroom-fire/

Beahan, (2012). Beyond Liberal & Conservative Bias; Noam Chomsky's Propaganda Model. Center for Inquiry, Grand Rapids, MI. [Página Web}. Tomado de http://www.cfimichigan.org/pastevents/event/beyond-liberal-conservative-bias-noam-chomskys-propaganda-model/

Bell, M. (2006, Aug. 6). The Cubans have changed Florida. *Orlando Sentinel* [Página Web].Tomado de http://cb9m.blogspot.com/2006/08/cubans-have-changed-florida.html

Bennet, W. L. (2003). New Media Power: The Internet and Global Activism. Chapter in *Contesting Media Power*, Edited by Nick Couldry and James Curran Lanham, MD: Rowman and Littlefield. Tomado de http://depts.washington.edu/gcp/pdf/newmediapower.pdf

Bernays, E. L. (2004). *Propaganda*. Victoria, Australia: Ig Publishing. Tomado de http://www.historyisaweapon.com/defcon1/bernprop.html

Bernstein, C. (1977, Oct. 20). The CIA and the Media *Rolling Stone*. Tomado de http://carlbernstein.com/magazine_cia_and_media.php

Bill (2013, Mar. 2). 'The Incredible Shrinking Herald' ... 2.0. *Random Pixels,* 3:46 PM. Tomado de http://randompixels.blogspot.com/2013_03_01_archive.html

Bigart, H. (1006). Agenda Journalism, in *Breaking the news: how the media undermine American democracy*, by James M. Fallows. New York, NY: Phan teon Books.

Bilello, S. (1966, Jun. 27). Journalists struggle to establish a Free Press. *Committee to Protect Journalists.* Tomado de http://www.cpj.org/attacks96/s reports/cuba.html

Bio (2014). Pope Benedict XVI. Biography. Religious Figure, Pope. [Página Web]. Toma- do de http://www.biography.com/people/pope-benedict-xvi-15045109#awesm=~oGwtShfpF1aOFO

Birnbaum, N. (2001, July 11). *After Progress: Ameri can Social Reform and European Socialism in the Twentieth Century: American Social Reform and European Socialism in the Twentieth Century.* New York, NY: Oxford University Press.

Birnbaum, N. (2001, Sept. 21 a). Atenas y Roma, ¿otra vez? *El País*, Madrid, España. Tomado de http:// elpais.com/diario/2001/09/21/opinion/1001 02320 6_850215.html

Bishin, B. G., Kaufmann, K. M. & Stevens, D. P. (2005). Turf Wars: How Local Power Struggles Influence Latino Political Socialization and Voting Behavior. Paper presented at the 2005 annual conference of the American Political Science Association in Washington, DC. Tomado de http://w ww.gvpt.umd.edu/apworkshop/kaufmann05f.pdf

Blake, M. (2005, Dec. 22). Renegade Radio. *Miami New Times.* Thursday. Tomado de http://www.miaminewtimes.com/2005-12-22/news/renegade-radio/full/

Blázquez, A. & Sutton, J. (2013, Oct. 3). Indoctrination of Children in Cuba and Operation Peter Pan. *Bear Witness Central.* Tomado de http://bwcentral.org/2013/10/indoctrination-of-children-in-cuba-and-operation-peter-pan/

Bohning, D. (2005, Mar. 20). The Castro Obsession. *The Miami Herald.* Tomado de http://randompixels.blogspot.com/2014/06/the-way-we-werethe-cia-in-miami.html

Bornstein, D. (2011, Dec. 15). News Flash: Progress Happens. *The New York Times,* Opinionator. 9:

30 PM. Tomado de http://opinionator.blogs.nyti-mes.com/2011/12/15/news-flash-progress-hap-pens/?_php=true&_type=blogs&_r=0

Boyd-Barret, O. (2004). Judith Miller, The *New York Times*, and the propaganda model. *Journalism Studies,* 5 (4): 435-449. Tomado de http://citese-erx.ist.psu.edu/viewdoc/summary?doi=10.1.1. 148.8905

Bragg, R. (1992, March 29). Not just a war of words. *St. Petersburg Times.* Tomado de http://random pixels.blogspot.com/2012/05/way-we-wereyo-no-creo-en-el-herald-1992.html

Brahm, E, (2006, Aug.). Propaganda. *Beyond Intracta bility* [Página Web]. Ed. Guy Burgess and Heidi Burgess. Conflict Research Consortium, Univer-sity of Colorado, Boulder, Colorado, USA. Toma-do de http://www.beyondintractability.org/essay/propaganda

Brandt, D. (1997, Apr.-June). Journalism and the CIA: The Mighty Wurlitzer. *NameBase NewsLine*, 17. Tomado de http://www.namebase.org/news17 .html

Brown, J. (2010, Dec. 7). Shame on You, Ben Barber. *John Brown's Notes and Essays.* 12:59 PM [Pá-gina Web]. Tomado de http://johnbrownnotesan-dessays.blogspot.com/2010/12/sham-on-you-ben-barber.html

Bueso, L. (2010) Cubans: Anomaly or Pioneers? An Analysis of their Assimilation and Political Incor poration into the American Political Mainstream and the Measurement of their Political Influence in the United States. *Rollins Undergraduate Re-search Journal* 2 (1), Article 3.Tomado de http://scholarship.rollins.edu/rurj/vol2/iss1/3

Bush, G. W. (n.d.) Interviews: Armando Valladares. *George W. Bush Presidential Center* [Página Web]. Tomado de http://www.freedomcollection .org/interviews/armando_valladares/

Cabañas, J. R. (1984, Ene.-Jul.). Radio Marti: una

Nueva agresión. *Cuadernos de Nuestra América*, 1:174-204.

Cabrera, J. (2009, Jan. 23). Racism on the Miami Air ways. *Cuba Journal* [Web Blog]. Tomado de http://cubajournal.blogspot.com/2009/01/racism-on-mi-ami-airways.html

Calvo-Ospina, H. (2000). *The Cuban Exile Movement: Dissidents or Mercenaries?* Victoria, Australia: Ocean Press.

Campbell, R., Martin, C. R. & Fabos, B. (2012). Media & culture: An introduction to mass communication. Chapter 10: The Business of Mass Media. Advertising. 8th edition. Boston, MA: Bedford / St. Martin's.

Candia, C. (2010, Aug. 4). Freed Cuban political prisoner arrives in Chile. *Associated Press*. 1:53 PM. In The San Diego Union-Tribune. Tomado de http://www.utsandiego.com/news/2010/Aug/04/freed-cuban-political-prisoner-arrives-in-chile/

CANF (2008, Mar.). Findings and Recommendations on the Most Effective Use of USAID-CUBA Funds Authorized by Section 109(a) of the Cuban Liberty and Democratic Solidarity (Helms-Burton) Act of 1996. *The Cuban American National Foundation* [Página Web]. Tomado de http://cubamoney project.org/wp-content/uploads/2011/10/ CANF-USAID-2008.pdf

Cato (2005). *Cato Handbook on Policy*. Washington, DC: Cato Institute.

Catone, J. (2012, Sept. 23). ShoutAbout Aims to Inspire Social Action Based on News Stories. *Mashable* [Página Web]. Tomado de http://mashable .com/2012/09/23/shoutabout-social-good-summit/

Castillón, J. C. (2012, May, 8). Batistianos (y nostal gias). *Penúltimos Días* [Página Web]. Tomado de http://www.penultimosdias.com/2012/05/08/batis-tianos-y-nostalgias/

Cawthorne, A. (2011, Aug. 8). Despite Embargo Ameri cans Flock to Cuba. *ABC News* Tomado de http://abcnews.go.com/Travel/story?id=118859

Chapman, T. (2010, May 14). A line of Cuban refu
     gees wait on the Key West docks to clear immi-
     gration after arriving from Mariel, Cuba, May 1980
     *The Miami Herald*. Tomado de http://www.miami
     herald.com/2010/04/14/v-gallery_detail_list/1578
     289/ herald-photographer-documents.html
Chardy, A. (2008, Jul. 15). Report Blasts Agency over
     Radio, TV Marti No Bid Deals. *The Miami Herald*.
     Tomado de http://go.galegroup.com/ps/i.do?id=
     GALE%7CA181379878&v=2.1&u=stu_main&it=r
     &p=ITOF&sw=w&asid=b8fb84a01f911bcb3f56d8f
     d1b051dc8
Chávez, J. C. (2011, Jan. 27). Protestan frente a El
     Nuevo Herald por publicar anuncio a favor de es-
     pías cubanos. *The Miami Herald*. Tomado de http
     ://www.elnuevoherald.com/2011/01/27/876482/
     protestan-frente-a-el-nuevo-herald.html
Chomsky, N. (1970). *At War with Asia*. New York, NY:
     Pantheon Books.
Chomsky, N. (1982) Towards a New Cold War: Es
     says on the Current Crisis and How we got there.
     London, UK: Sinclair Browne
Chomsky, N. & Herman, E. S. (1988). *Manufacturing
     Consent. The Political Economy of the Mass Me-
     dia, New York, NY: Pantheon Books*.
Chomsky, N. (1989). *Necessary illusions: Thought
     Control in democratic societies. Toronto, Canada:*
     House of Anansi Press.
Chomsky, N. (1992). *Deterring Democracy*. New York,
     NY: Hill & Wang Editors
Chomsky, N. & Dieterich, H. (1997). *La aldea global*.
     Nafarroa, Euskal Herria, España: Txalaparta.
Chomsky, N. (1999, July 1st). *Turning the Tide US In
     tervention in Central America and the Struggle for
     Peace*. New York, NY: South End Press.
Chomsky, N. (1999, Dec. a). International Terrorism:
     Image and Reality. En Alexander George, ed.,
     Western State Terrorism. Kentucky, KT: Routled-
     ge.

Chomsky, N. (2002). Noam Chomsky on Patriotism. *Serendipity* [Página Web]. Tomado de http://ww w.serendipity.li/wot/nc_patrio.htm

Chomsky, N. (2003). Cuba in the Cross-Hairs: A Near Half-Century of Terror. Excerpted from *Hegemony or Survival*, New York, NY: Metropolitan Books. Tomado de http://www.chomsky.info/ books/hegemony02.htm además de https://7chan .org/lit/src/Chomsky,_Noam_-_Hegemony_or_ survival.pdf

Christensen, D. (2010, Feb. 19). As Lincoln Diaz-Balart Exits, the Question is Why? *Broward Bulldog Blog* [Web Blog]. Tomado de http://www.bro-wardbulldog.org/2010/02/as-lincoln-diaz-balart-exits-the-question-is-why/

Chun, Sung-Chang & Grenier, G. J. (2004, Nov.). Anti-Castro Political Ideology Among Cuban Americans in the Miami Area: Cohort and Generational Differences. *Latino Research @ ND* 2 (1). Tomado de http://latinostudies.nd.edu/assets/95278/ original/grenchun.pdf

CID (2010). José Ubaldo Izquierdo del Grupo de los 75 Ingresó al CID [José Ubaldo Izquierdo of the Group of the 75 Belongs Now to CID]. *Cuba Independiente y Democrática* [Página Web]. Tomado de http://cubacid.blogspot.com/2012/07/jose-ubaldo-izquierdo-del-grupo-de-los.html

Clary, M. (2000, May-June). Would you create another newspaper to compete with your own? In Miami, The Herald did. *Columbia Journalism Review*. En Carlos M. Castañeda as seen by other Journalists. Tomado de http://fecmc.tripod.com/carlosm-castaedaeducationalfoundation/id17.html

Clary, M. & Ramírez, D. (2012, Nov. 9). *Huffpost Miami* [Página Web]. Tomado de http://www.huffing-tonpost.com/2012/11/09/cuban-americans-vote-democrat-florida_n_2097248.html

Cobas, M. M. (1998) Mass media ethics vs. Ethnic Identity: the Cuban American National Founda-

tion's battle with The Miami Herald. Master's thesis, Louisiana State University. Tomado de http://
etd.lsu.edu/docs/available/etd-1114101-125240/
unrestricted/Cobas_thesis.pdf

Cockbum, A. & St. Clair, A. (1999). *Whiteout: the CIA,
drugs and the press.* New York, NY: Verso Books

Coker, M. (2011, Jul. 8). Monica C. Lozano, La Opinion CEO, Gets Visited Today by UC Students and
Costumed Disney Workers. *OC Weekly*, Costa
Mesa, CA. 8:38 AM. http://blogs.ocweekly.com/na
velgazing/2011/07/monica_c_lozano_disney_la_
opin.php

Colona, J. N. & Grenier, G. J. (2010, Dec. 22). Struc
turing Liminality: Theorizing the Creation and
Maintenance of the Cuban exile identity. *Ethnic
Studies Review. The Free Library.* [Página
Web].Tomado de http://www.thefreelibrary.com/
Structuring liminality: theorizing the creation and
maintenance of...-a0305452787 (accessed De-
cember 30 2013)

Constantine, A. (2007, June 5). Operation Mockingbird
– The Usurpation of the Free Press by the CIA -
America's Mind Control Programmers [Página
Web]. Tomado de http://alexconstantine.blogspot.
com/2007/06/operation-mockingbird.html

Committee on Foreign Relations (2010, Apr. 29). *Cuba: Immediate Action is needed to ensure the Sur
vivability of Radio and TV Martí.* Washington, DC:
U.S. Government Printing Office. Tomado de http
://foreign.senate.gov/imo/media/doc/56157 .pdf

Cook, J. (2012, May. 24) Propaganda contractor Ad
mits to Running Smear Campaign Against USA
Today Reporters, Update. *Gawker.* [Página Web].
Tomado de http://gawker.com/5913166 /propa-
ganda-contractor-admits-to-running-smear-cam-
paign-against-usa-today-reporters

Cooley, A. (2010). Failed States in Education: Chom
sky on Dissent, Propaganda, and Reclaiming Democracy in the Media Spectacle. *Educational Stu*

*dies*, 46 (6), 579-605. Doi: 10.1080/00131946.20
10.524132

Cooper, R., Edsall, D., Riviera, D., Chaitin, J., & Lins-
troth, J. (2009). "My Country" / "This Country":
Ambivalent Belongings of Cuban Americans in
South Florida. *Forum Qualitative Sozialforschung
/Forum: Qualitative Social Research, 10* (3). Tomado de http://www.qualitative-research.net/in
dex .php/fqs/article/view/1364/2858

Coro-Antich, A. & Márquez Herrera, R. (2011, Nov.
30). La Guerra Radial y Televisiva contra Cuba:
En fase de expansión. *UPEC Camagüey*, Unión
de Periodistas de Cuba [Página Web]. Tomado
de http://www.upec.camaguey.cu/?p=285

Corral, O. J. (2006, Sep 08). 10 Miami journalists take
U.S. pay: At least 10 local journalists accepted U.
S. government pay for programs on Radio Marti
or TV Marti. El Nuevo Herald fired two of them
Thursday for conflict. *McClatchy - Tribune Busi
ness News*. Tomado de http://search.proquest.
com/docview/459792199?accountid=14129 y
además http://www.commondreams.org/headli
nes06/0908-12.htm

Corral, O. J. (2006, Sept. 9 a). *The Miami Herald*. Uni
visión Weighs Action Regarding Sports Anchor.
Tomado de http://cuba-l.unm.edu/?nid=15925&
cat=sp.

Corral, O. J. (2006, Sept. 12 b). Fired Writer: Radio
Martí Ties no secret. *The Miami Herald*. Tomado
de http://www.latinamericanstudies.org /exile/olga
-connor.htm

Corral, O. J. (2006, Sept. 22 c). TV Martí director: Ethics debate is needed. *Latin American Studies*, Friday. [Página Web]. The Miami Herald. Tomado
de http://www.latinamericanstudies.org/exile/roig
.htm

Corral, O. J. (2006, Oct. 11 d). Society of professional
journalists "profoundly disturbed." Excerpt of SPJ
Statement. *The Miami Herald Blog*. Miami's Cuban Connection [Web Blog]. Tomado de http://

blogs.herald.com/cuban_connection/2006/10/the
_south_flori.html

Corral, O. J. (2007, June 4). 10:45 AM. *Cuban Connection,* The Miami Herald [Web Blog]. Tomado de http://blogs.herald.com/cuban_connection/

Corral, O. J. (2012, May. 4). Oscar Corral is writing these blog posts. *Tom Wolfe Movie.* Tomado de http://www.tomwolfemovie.com/2012/05/24/oscar-corral-is-writing-these-blog-posts/

Corral, O. J. (2014, Apr. 5). The Python Invasion: sec ond video snippet offers sneak peek of documentary about invasive reptiles' threat to the Everglades. *The Miami Herald.* Tomado de http://www.miamiherald.com/2014/04/27/408415 2/the-python-invasion-second-video.html

Cotton, U. (2008, Oct. 13). Assignment: Two Communication Advisory Board Members Give Advice. *Media Writes,* The blog of Media Writing students at Elon University, Elon, NC [Web Blog]. Tomado de http://mediawrites.wordpress.com/ 2008/10/page/9/

Cova, A. de la (n.d.). Oscar Corral lied to police in arrest report. [Página Web]. Tomado de http://www.latinamericanstudies.org/corral/corral-lied.htm

Cuba (2014). Cuba, *Crowley* [Página Web]. Tomado de http://www.crowley.com/Where-We-Work/Cuba

Cuba Baseball (2009, Nov. 16). The "Democracy" Which the gusanos practice in Miami. *Cuba Baseball* [Web blog]. Monday, 6:04 PM. Tomado de http://cubajournal.blogspot.com/2009/11/democracy-which-gusanos-practice-in.html

Cuba Standard (2014, Jan. 27). Cuba opens new port, Brazil provides more funding. *Cuba Standard.* Tomado de http://www.cubastandard.com/2014/01/ 27/cuba-opens-new-port-brazil-set-to-take-advantage/

Cull, N. J., Culbert, D. & Welch, D. (2003). *Propagan-*

*da and mass persuasion: historical encyclopedia, 1500 to the present.* Santa Barbara, CA: ABC-CLIO

Davis, D. (1979). *Katharine the Great: Katharine Gra ham and the Washington Post.* San Diego, CA: Harcourt Brace Jovanovich.

Davidson, J. (2011, Dec. 13) Arbitrator thrashes Cuba Broadcasting over worker Treatment. The Federal Diary. *The Washington Post.* Tomado de http://www.washingtonpost.com/politics/arbitrator-thrashes-cuba-broadcasting-over-worker-treat-ment/2011/12/13/gIQAGzlgsO_story.html

De la Campa, R. (2000). *Cuba on My Mind: Journeys to a Severed Nation.* New York, NY: Verso.

De la Isla, J. (2008, Sept.). It's All About Telling the Truth. *Banderas News.* Tomado de http://www.banderasnews.com/0809/wr-tellingthetruth.htm

De Valle, E. (2014, Jan. 10). Manny Maroño' mama: latest 305 elected to harass the press. *Político Cortadito* [Página Web]. Tomado de http://www.politicalcortadito.com/2014/01/10/manny-marono-mama-harass-press/

De Young, K. (2006, Nov. 16). GAO finds waste in Cu ban aid program. *The Washington Post.* Thursday. Tomado de: http://www.washingtonpost.com/wp-dyn/content/article/2006/11/15/AR2006111501631.html

Deans, J. (2006, Oct. 3). Miami Herald chief quits over Cuba revelations. *The Guardian.* Tuesday 06:46 EDT. Tomado de http://www.theguardian.com/media/2006/oct/03/pressandpublishing.cuba

DeFede, J. (2006, Jun. 13). Radio Marti: Ethics in exi-le. *New Times Miami.* Thursday. Tomado de: http://www.miaminewtimes.com/1996-06-13/news/de-fede/full/

Delwiche, A. (2002). Why think about Propaganda. *Propaganda.* Propaganda Critic [Página Web]. Tomado de http://www.propagandacritic.com/articles/intro.why.html

DeQuine, J. (1996, May 16). Freedom of speech vs.

Cuban sensitivities in Miami. *Christian Science Monitor*. p. 4. Tomado de http://www.csmonitor.com/1996/0516/051696.us.us.5.html/(page)/2

DHS (2011, Mar. 22). Green Card for a Cuban Native or Citizen. *Department of Homeland Security*, U.S. Citizenship and Immigration Services [Página Web]. Tomado de http://www.uscis.gov/green-card/other-ways-get-green-card/green-card-cuban-native-or-citizen

Díaz de Villegas, N. (2007, Ago. 31). *Penúltimos Días* 13:34h [Web Blog]. Tomado de http://www.penultimosdias.com/2007/08/31/el-velorio-de-perez-roura/

Dicken-García, H. (1989). *Journalistic Standards in Nineteenth-century America*. Madison, WI: University of Wisconsin Press.

Domínguez, J. I. (1990). Immigration as Foreign Policy In U.S.-Latin American Relations. In Immigration and U.S. Foreign Policy, ed. by Robert W. Tucker, Charles B. Keely and Linda Wrigley. San Francisco, CA: Westwiev Press. Tomado de http://www.people.fas.harvard.edu/~jidoming/images/jid_immigration.PDF

Domínguez, J. I. (2006, May). Latinos and U.S. Foreign Policy. *Weatherhead Center* for International Affairs. Working Paper Series, No. 06-05. Tomado de http://civicrm.wcfia.harvard.edu/node/936

Dudley, S. (n.d.). Steven Dudley [Página Web]. Tomado de http://www.stevendudley.com/pdf/MHCol-ParasNarcos.pdf

El Periodista (2011, July 11). Junio: lo más leído. Corrupción y tráfico de influencias provocaron la renuncia de Lincoln Díaz Balart al Congreso en el 2010. *Escándalos en Miami* [Web Blog]. Tomado de http://escandalosenmiami.wordpress.com/2011/07/11/lo-mas-leido-del-mes-corrupcion-y-trafico-de-influencias-provocaron-la-renuncia-de-lincoln-diaz-balart-al-congreso-en-el-2010/

El Periodista (2012, Junio 12). Staffer de Congresista

Federal de Miami conocía plan de atentado contra Airline Brokers. *Escándalos en Miami* [Web Blog]. Tomado de http://escandalosenmiami.word press.com/2012/06/12/staffer-de-congresista-federal-de-miami-conocia-plan-de-atentado-contra-airline-brokers/

Eaton, T. (2010, Jul. 22). Unofficial Diplomacy: The U.S. Interests Section. *Pulitzer Center on Crisis Reporting* [Web Blog]. Tomado de http://pulitzer-center.org/blog/untold-stories/unofficial-diplomacy-us-interests-section

Eaton, T. (2011, Apr. 9). U.S. paid Fidel Castro's daughter more than 20k. *Cuba Money Project*, 10:41 AM. [Página Web]. Tomado de http://cuba moneyproject.org/?p=1467

Eaton, T. (2011, Oct. 29 a). Cuba money trail: Tale of two Miami non-profits. *Cuba Money Project* [Página Web]. Tomado de http://cubamoneyproject.org /?p=3401

Eaton, T. (2014, Feb 9). Curiouser and curiouser at Radio Martí. *Along the Malecon* [Web Blog]. Tomado de http://alongthemalecon.blogspot.com/2014/02/curiouser-and-curiouser-at-radio-marti.html

Eaton, T. (2014, Feb 17 a). C BBG working to fix "clerical error". *Along the Malecon* [Web Blog]. Tomado de http://alongthemalecon.blogspot.com/2014 /02 /bbg-working-to-fix-clerical-error.html#more

Eaton, T. (2014, Feb 24 b). Ex-hijacker's case mired in bureaucracy. *Along the Malecon* [Web Blog]. Tomado de http://alongthemalecon.blogspot.com/ 2014_02_01_archive.html

Eckstein, S. & Barberia, L. (2002, Sept.). Grounding Immigrant Generations in History: Cuban Americans and Their Transnational Ties. *International Migration Review*. 36(3):799-837. DOI:10.1111/j.1747-7379.2002.tb00105.x

Eckstein, S. (2006, Jun.). Cuban Émigrés and the American Dream. Political Science and Politics, 4 (2). [Página Web]. Tomado de http://www.apsa net.org/imgtest/PerspectivesJun06Eckstein.pdf

Eckstein, S. (2009). The Immigrant Divide: How Cuban Americans Changed the U.S. and Their Homeland. New York, NY: Routledge Publishers.

Ecured (n.d.). Fundación Nacional Cubano Americana [Página Web]. Tomado de http://www.ecured.cu/index.php/Fundaci%C3%B3n_Nacional_Cubano_Americana

Editorial (1981, Sept. 27). Cuban Liberty, American License. *The New York Times*. Late Edition (East Coast). New York, N.Y. Tomado de http://www.nytimes.com/1981/09/27/opinion/cuban-liberty-american-license.html

EFE (2010, July 4). José Ubaldo Izquierdo llega a Santiago de Chile. *El Nuevo Herald*. Tomado de http://www.elnuevoherald.com/2010/08/04/777530/jose-ubaldo-izquierdo-llega-a.html

Elliot, K. A. (2012, Nov. 27). Cuban diplomat says "we do not censor" the (heavily jammed) TV and Radio Martí. *Countercurrents*. [Página Web]. Tomado de http://www.kimandrewelliott.com/index.php?id=13945

Enciclopedia Britannica (n.d.) Roberto Fernández Retamar. Tomado de http://www.britannica.com/EBchecked/topic/204886/Roberto-Fernandez-Retamar

Epstein, S. B. & Sullivan, M. (1994, Aug. 30). CRS Report for Congress Radio and Television Broadcasting to Cuba: Background and Issues Through 1994. Tomado de http://congressionalresearch.com/94-636/document.php?study=Radio+and+Television+Broadcasting+to+Cuba+Background+and+Current+Issues

Enríquez-Infante, L. (2013, oct. 18). Radio y TV Martí es algo irracional. *Cubaperiodistas*, La Habana, Cuba [Página Web].Tomado de http://www.upec.cu/noticias/octubre13/18/04.htm

Estrada-Montalván, J. (2013, Nov. 22). John F. Kennedy and Bay of Pigs (o Playa Girón). *Gaspar El Lugareño*, 8:55 AM. [Página Web]. Tomado de

http://www.ellugareno.com/2013/11/john-f-ken-
nedy-and-bay-of-pigs-o-playa.html

Explica Media (2014, May 12). The next installment of
our video project with Miami Herald about Florida'
s invasive Burmese pythons. *Mbasic Facebook*
[Web Blog]. Tomado de https://mbasic.facebook.
com/explicasolutions?v=timeline&page=2&sectio
nLoadingID=m_timeline_loading_div_140419799
9_0_36_2&timeend=1404197999&timestart=0&t
m=AQAHNbWDmR2E84vV&_rdr

Fahrenthold (2013, Sept. 2). Grounded TV Marti plane
a monument to the limits of American austerity.
*Washington Post*. Tomado de http://www.washing
tonpost.com/politics/grounded-tv-marti-plane-a-
monument-to-the-limits-of-american-austerity/20
13/09/02/18cdc324-1047-11e3-85b6-d27422650
fd5_story.html

Fanjul-Peyró, C. (2006, Sept.). La apariencia y características físicas de los modelos publicitarios: códigos no verbales de la realidad en el discurso pu
blicitario, como factor de influencia social mediática en la vigorexia masculina. Tesis Doctoral. Uni
versitat Jaume I, Castellón, España. Tomado de
http://www.tdx.cat/bitstream/handle/10803/10463/
fanjul.pdf?sequence=1

FCC (n. d.). Main Station Record – WRMI. *FCC* [Pági-
na Web]. Tomado de http://transition.fcc.gov/ib/
sand/neg/hf_web/WRMI.txt

FCC (2003, Sept. 22). Hispanic Broadcasting Corpora
tion & Univisión Communications, Inc. *Federal
Communications Commision*. Office of General
Counsel, Transaction Team. Tomado de http://
transition.fcc.gov/transaction/univision-hbc.html

FECMC (n.d.). Por un periodismo de excelencia, la
preservación del idioma español, la libertad de
expresión y los derechos humanos. F*undación
Educativa Carlos M. Castañeda* [Página Web].
Tomado de http://www.fecmc.org/

Fernández, A. M. (2009, Aug. 4) Blue Heralds. *Emilio/
chikawa*. 8:08 AM [Página Web]. Tomado de http

://eichikawa.com/2009/08/blue-heralds-english-version.html

Flintoff, C. (2010, Aug. 19). Cuba Libre? Hold Off Booking That Ticket For Now. *NPR*, National Public Radio, 9:00 AM ET. Tomado de http://www.npr.org/templates/story/story.php?storyId=129277717

Fontova, H. (2006, Sept.). Mainstream Media Frenzy over Bogus Scandal. *Revista Guaracabuya* [Página Web]. Tomado de http://www.amigospais-guaracabuya.org/oaghf070.php

Forbes (2012, Nov. 29). Up for Debate: Why We Need Solutions Journalism. 8:21 AM. *Forbes Magazine*, Entrepreneurs. Tomado de http://www.forbes.com/sites/skollworldforum/2012/11/29/up-for-debate-why-we-need-solutions-journalism/

Foreman, G. (2009). *The Ethical Journalist: Making Responsible Decisions in the Pursuit of News.* Hoboken, NJ: Wiley-Blackwell.

Fournier, R. (2004, June 15). Cracks appear in GOP's Cuban-American base. *Associated Press*, en Latin American Studies. Tomado de http://www.latinamericanstudies.org/exile/portal.htm

Fradd, S. (1983). Cubans to Cuban Americans. Assimilation in the United States. Migration Today. XI (4/5):34-42. Tomado de http://doddcenter.uconn.edu/asc/research/guides/immigration/MigrationToday_XI_4_1983_1.pdf

Frederick, H. H. (1986) *Cuban-American Radio Wars: Ideology in International Telecommunications.* Norwood, N.J.: Ablex Publishing Corporation.

Gabbay, T. (2013, Apr. 4). *The Blaze* 6:12pm [Página Web]. Tomado de http://www.theblaze.com/stories/2013/04/04/beyonce-and-jay-z-celebrate-5th-wedding-anniversary-in-havana/

Gallagher, P. L. (1975). *The Cuban Exile: A Socio-Political Analysis.* New York, NY: Arno Press.

Gallup (2009, Apr. 20-21). Cuba. *Apart from their diplomatic relations, do you favor or oppose the*

*United States government ending its trade embargo against Cuba? Tomado de* http://www.gallup.com/poll/1630/cuba.aspx

Ganz, J. (2012. Jun 28). Monica Lozano - impreMedia - Hispanic-Latino Families and Digital Technologies Forum. The Joan Ganz Cooney Center. *You Tube*, video.Tomado de http://www.youtube.com/watch?v=XrfCGswlQUY

García, I. (2010, Mar. 17). Being a Journalist in Cuba. *La Carpeta de Iván* [Web Blog]. Tomado de http://desdelahabanaivan.wordpress.com/category/ivan-garcia/translator-tomas-a/page/2/

García, I. (2011, Mar. 2). Builder of Satellite Dishes, Risky Job in Cuba. *Translating Cuba* [Web Blog]. Tomado de http://translatingcuba.com/builder-of-satellite-dishes-risky-job-in-cuba-ivan-garcia/

García, A. M. (2014, Jan. 17). A year into Cuba migration reform, islanders traveling in record numbers but no sign of exodus. *Fox News*, Associated Press. Tomado de http://www.foxnews.com/world/2014/01/17/year-into-cuba-migration-reform-islanders-traveling-in-record-numbers-but-no/

Garthoff, R. L. (1987), *Reflections on the Cuban Missile Crisis*. Washington, DC: Brookings Institution Press.

Gavin, P. (2013, Jun. 24). RYOT founders: 'Advocacy journalism' and proud. *Politico.* Tomado de http://www.politico.com/story/2013/06/ryot-founders-advocacy-journalism-and-proud-93283.html

Gerstein, J. (2006, Sept. 12). Marti ethics flap raises questions about VOA. *The New York Sun*. Tomado de http://www.nysun.com/national/marti-ethics-flap-raises-questions-about-voa/39509/

Gladstone, B. (2006, Oct. 6). Tale of two Heralds. Transcript. *National Public Radio*. Friday. Tomado de http://www.onthemedia.org/story/128569-tale-of-two-heralds/transcript/

González, M. J. (2013). *Media propaganda: A framing analysis of radio broadcasts from the U.S. to Cu-*

ba. (Order No. 1535461, University of South Florida). *ProQuest Dissertations and Theses,* 114. Tomado de http://search.proquest.com/docview/1346190687?accountid=14129. (1346190687).

González-Munné, P. (2006). *Al Sonido de Mi Mismo* Coral Gables, FL: Editorial Letra Viva.

González-Munné, P. (2007). *Ciénaga de la Angustia.* Coral Gables, FL: Editorial Letra Viva.

González-Munné, P. (2008). *Rehenes del Odio.* Coral Gables, FL: Editorial Letra Viva.

González-Munné, P. (2010, Sept. 10). Entrevista al alcalde de Miami: "El pueblo tiene fatiga de gobierno..." *Kaos en la Red.* 17:59. Tomado de http://old.kaosenlared.net/noticia/pueblo-tiene-fatiga-gobierno

González-Munné, P. (2012). *El color de la mentira.* Coral Gables, FL: Editorial Letra Viva.

González-Munné, P. (2014). *Interview with José Rivero García about the Cuban Independent Press.* Coral Gables, FL

González-Pando, M. (1998). *The Cuban Americans.* Harcourt, CT: Greenwood Publishing Group.

Goodnough, A. (2008, Sept. 9). U.S. paid 10 journalists for anti-Castro reports. *The New York Times.* Tomado de http://www.nytimes.com/2006/09/09/washington/09cuba.html?_r=2&oref=slogin&

Gómez, H. (2006, Nov. 1).Pablo Alfonso's Resignation Letter. *Herald Watch,* 10"04 PM. [Web Blog]. Tomado de http://heraldwatch.blogspot.com/2006_11_01_archive.html

Gómez, H. (2007, Sept. 10). Content provided by Oscar Corral. 11:41PM. *Herald Watch* [Web Blog]. Tomado de http://heraldwatch.blogspot.com/2007_09_01_archive.html

Gaceta Oficial (2012, Oct. 16). Decreto-ley no. 302 modificativo de la ley no. 1312, "Ley de Migración" de 20 de septiembre de 1976. En *Gaceta Oficial,* La Habana, Cuba. Tomado de http://www.cubade

bate.cu/wp-content/uploads/2012/10/ley-migrato-ria_cuba_2012.pdf

Gamboa, S. (2014, Apr. 1st).Conservatives See Left Tilt in Spanish-language Media. *NBC News*. 6:17 pm. Tomado de http://www.nbcnews.com/news/latino/conservatives-see-left-tilt-spanish-language-media-n69206

Gámez-Torres, N. (2014, June 21). Radio y TV Martí: Modelo multimedia. *El Nuevo Herald*, 13A. Toma do http://www.elnuevoherald.com/2014/06/21 /17 79713/radio-y-tv-marti-intentan-llegar.html

García, C. M. (1966). *Havana USA: Cuban Exiles and Cuban Americans in South Florlida*. Oakland, CA: University of California Press.

Geran-Pilon, J., Duffey, J., Dale, H. & Bluey, R. B. (2012, May 31). Understanding the Smith-Mundt Modernization Act. *The Heritage Foundation* [Video]. Thursday, 3:00 PM-4:00 Pm, Lehrman Auditorium. Tomado de http://www.heritage.org/events/2012/05/smith-mundt

Goodman, A. (2014, May 20). "The Most Important Journalist You've Never Heard Of": Remembering William Worthy. *Democracy Now!* Video Interview Truthout [Página Web].Tomado de http://truth-out .org/news/item/23818-the-most-important-journal-ist-youve-never-heard-of-remembering-william-worthy

Grant, R. (2014, May 2). ImpreMedia CEO — Latino journalism is now less about language and cultu-re and more about competing as major media. *Borderzine* [Página Web]. Tomado de http://bor-derzine.com/2014/05/impremedia-ceo-latino-jour-nalism-is-now-less-about-language-and-culture-and-more-about-competing-as-major-media/

Grassl, R. (2013, Nov, 1). Government shuts down, but anti-Cuba program keeps Going. *People's World News*. Tomado de http://www.peoples-world.org/government-shuts-down-but-anti-cuba-program-keeps-going/

Greenhouse, S. (1995, Jul. 27). U.S. Inquiry Said to

Fault Radio Marti. *The New York Times*. Tomado de http://www.nytimes.com/1995/07/27/world/us-inquiry-said-to-fault-radio-marti.html

Grenier, G. J. (2006). The Creation and Maintenance of the Cuban American "Exile Ideology": Evidence from the FIU Cuba Poll 2004. *Circunstancia [Situation]*, 4(10):209–224. Tomado de: http://www.ortegaygasset.edu/descargas/contenidos/art3.pdf

Grenier, G. J. (2014). FIU Cuba Poll. *Cuban Research Institute*, School of International and Public Affairs. Tomado de https://cri.fiu.edu/research/cuba-poll/

Grupo de Apoyo [Support Group] (2006, Sept. 2006). Open Letter to the Management of The *McClatchy Company* and *The Miami Herald*. *Apoyo a Periodistas de El Nuevo Herald*, Domingo [Web blog]. Tomado de http://www.apoyoaperiodistas delnuevoherald.blogspot.com/

Guerrero, CM. (2013, Aug. 6). Commissioner Isolina Maroño, mother of Sweetwater Mayor Manuel Moroño, at Sweetwater City Hall on Tuesday, August 6, 2013. *El Nuevo Herald*. Tomado de http://www.miamiherald.com/2013/08/06/3546116/arrestan-a-los-alcaldes-de-miami.html

Hall, A.L. (2013, Sept. 20). Miami Cubans' economic Blackmail against The Bahamas. *Caribbean News Now*. Tomado de http://www.caribbean-newsnow.com/headline-Commentary%3A-Miami-Cubans'-economic-blackmail-against-The-Bahamas-17783.html

Helgensen, S. (2005).*The Web of Inclusion: Architecture for Building Great Organizations*. Bethesda, MD: Beard Books.

Herman, E. & McChesney, R. (1997) *The Global Media*, London, UK: Cassell

Herman, E. S. (2003, Dec. 9). The Propaganda Model: A Retrospective. Against All Reason. *Against All Reason,* 1:1-14. Tomado de http://human-nature.

com/reason/01/herman.html

Hernández, R. (1992). El ruido y las nueces II: el ciclo en la Política de los Estados Unidos hacia Cuba. *Africa -América Latina,* Cuadernos 8:29-40. Tomado de http://publicaciones.sodepaz.org/images /uploads /documents/revista008/02_EEUUhacia-cuba.pdf

Hernández, R. (1992, Julio a). Las antinomias de la Nación cubana. *América Latina, hoy* 4:66-79, Madrid: España. Tomado de http://vientosur.info/articulosabiertos/vs_0004.pdf

Hiassen, C. (2006, Sept. 17). Finally, Someone Appreciates Journalists' Work. *Ocala Star Banner.* 6:30 am, Last Modified, 12:00 am. Tomado de http://www.ocala.com/article/20060922/OPINION/209 220328

Hobbs, R. (2013). The blurring of art, journalism and advocacy: Confronting 21st century Propaganda in a world of online journalism. *I/S: A Journal of Law and Policy for the Information Society 8*(3), 625 – 638. Moritz College of Law, The Ohio State University. Tomado de http://moritzlaw.osu.edu/ students/groups/is/files/2013/08/12-Hobbs.pdf

Hogue, I. & Reinsborough. P. (2004, Spring). Les sons from Miami: Information Warfare in the Age of Empire. *StarMeme.* Center for Story Based Strategy [Página Web].Tomado de http://smartmeme. drupalgardens.com/sites/smartmeme.drupalgardens.com/files/sM.Miami-InfoWarfare.pdf

Horkheimer, M. & Adorno, T. W. (2006). The Culture Industry: Enlightenment as Mass Deception, in Media and Cultural Studies, ed. Meenakshi Gigi Durham and Douglas M. Kellner. Oxford, UK: Blackwell Publishing.

Houston, F. (2006, Oct. 5). Fiedler Apologizes, But For What? *Miami New Times.* 10:53 AM. Tomado de http://blogs.miaminewtimes.com/riptide/2006/10/ fiedler_apologizes_but_for_wha.php

Houston, F. (2007, Aug. 7). Not a Commie, but... *Miami New Times* [Web Blog]. Tomado de http://

blogs.miaminewtimes.com/riptide/2007/08/not_a_commie_but.php

Hoyt, C. (2006, Nov. 17). An examination of The Miami Herald's Martí story. *Miami Herald, The (FL)* (Final Ed.), 3L. Tomado de NewsBank on-line database (Access World News)

Hudson, J. (2013, Jul. 15). U.S. Repeals Propaganda Ban, Spreads Government-Made News to Americans. *Foreign Policy. The Cable.* Tomado de http://thecable.foreignpolicy.com/posts/2013/07/12/us_backs_off_propaganda_ban_spreads_government_made_news_to_americans#sthash.iATT2lfM.dpbs

Huffington Post (2012, Apr. 28). Coral Gables Travel Agency Fire: FBI Investigates, Owner Believes Business Was Targeted Over Charter Flights To Cuba (Video). *Huffpost Miami.* 9:13 am Updated 5:23 pm. Tomado de http://www.huffingtonpost.com/2012/04/28/coral-gables-travel-agenc_n_1461267.html

Huntington, S. P. (2011, Aug. 2). *The Clash of Civilizations and the Remaking of World Order.* New York, NY: Simon & Schuster

HRW (1994, Nov.) HRW/Americas and Free Expression Project, *Human Rights Watch,* 6(14) [Página Web]. Tomado de http://www.hrw.org/sites/default/files/ reports/US94N.PDF

HRW (2014). Our History. *Human Rights Watch* [Página Web]. Tomado de http://www.hrw.org/node/75134

Hutchins, A. L. (2008). *Roles, responsibilities, and responses: The intersection of journalism and public relations in the Armstrong Williams, McManus and Gallagher, and "El Nuevo Herald" ethics controversies.* (Order No. 3340524, The University of Utah). *ProQuest Dissertations and Theses,* 252. Tomado de http://search.proquest.com/docview/304432921?accountid=14129. (304432921).

Ichikawa, E. (2009, Ago 13). Humberto Castelló hoy a

las 8:00 p.m. en la WQBA-1140. *Emilio Ichikawa* [Web Blog]. Tomado de http://eichikawa.com/200 9/08/humberto-castello-hoy-a-las-800-p-m-en-la-wqba-1140.html

ImpreMedia (2014, May 29). Francisco Seghezzo reemplaza a Mónica Lozano al frente de impreMedia. *La Opinión.* Tomado de http://www.laopinion .com/impremedia-francisco-seghezzo-reemplazo-monica-lozano-impremedia

Jackson, H. (2001, March 16). Cord Meyer. *The Guardian.* Friday 20:25 EST. Tomado de http://www. theguardian.com/news/2001/mar/17/guardianobituaries.haroldjackson

Jackson, T. (2012, Sept.). How Well Do Hispanics As similate? *American Reinassance* [Página Web]. Tomado de http://www.amren.com/features/2012/ 09/how-well-do-hispanic-assimilate/

Jones, S. (1988). Making waves: Pirate Radio and Popular Music. Presented at the 1988 Association for Education in Journalism and Mass Communication convention, Qualitative Studies Division. University of Wisconsin, Eau Claire, WI. Tomado de http://files.eric.ed.gov/fulltext/ED295272.pdf

Joyner, J. (2006, Sept. 8). U.S. paid Miami journalists for anti-Castro Articles. *Outside the Beltway Blog.* Friday [Página Web]. Tomado de http://www.out-sidethebeltway.com/us_paid_miami_journalists_ for_anti-castro_articles/

Justia (1985). 755 F.2d 984: United States of America, Appellee, v. Jose Gracia, Jr., Alberto Perez, and Ramon Saul Sanchez, defendants-appellants United States Court of Appeals, Second Circuit. - 755 F.2d 984. Argued Oct. 23, 1984.Decided Feb. 14, 1985. Tomado de http://law.justia.com/ cases/federal/appellate-courts/F2/755/984/52412/

Keller, M. (2013, Feb. 12). Cuba 13/02/2012 *Pulsame rica* [Página Web]. Tomado de http://www.pulsa-merica.co.uk/2012/02/13/cuba-embargo-50-years -colombia-holguin-visit-eclac-praise/

Kemble, P. (n.d.) The United States Information Agency, A Commemoration. University of Illinois at Chicago. Tomado de http://dosfan.lib.uic.edu/usia /abtusia/commins.pdf

Kennerly, D. H. (1975, Dec. 17). The Oval Office. Courtesy Gerald R. Ford Library. Tomado de http://www.fordlibrarymuseum.gov/images/avproj/pop-ups/A7704-23-W2.html

Kerry, J. (2010, Apr. 19). Letter of Transmittal. Cuba: immediate action is needed to ensure the survivability of Radio and TV Marti a Report to the Committee on Foreign Relations, United States Senate One Hundred Eleventh Congress Second Session. Retrieved from http://www.foreign.senate.gov/imo/media/doc/56157.pdf

Khal, R. (2012, Apr. 15). The case of the white Cubans. *Discover Magazine. Gene Expression.* 6:11pm. Tomado de http://blogs.discovermagazine.com/gnxp/2012/04/the-case-of-the-white-cubans/#.U52-L_ldXTp

King, L. (2013, Oct. 25). Shared publicly. *Google Cir cles* [Web Blog]. Tomado de https://plus.google.com/103988870564861445104/posts

Klaehn, J. (2009). The Propaganda Model: Theoretical and Methodological Considerations. *Westminster Papers in Communication and Culture.* 6(2):43-58 .University of Westminster, London. Tomado de http://www.westminster.ac.uk/__data/assets/pdf_file/0013/35122/004WPCC-Vol6-No2-Jeffery_Klaehn.pdf

Klimas, L. (2013, Sept. 16). 'This Is America, This Is Not Cuba': Group Making Request for Public Rec ords Detained by Cops After Staff Felt 'Intimidated' by Cameras. *The Blaze* [Página Web]. 11:19 am. Tomado de http://www.theblaze.com/stories/2013/09/16/this-is-america-this-is-not-cuba-group-making-request-for-public-records-detained-by-cops-after-staff-felt-intimidated-by-cameras/

Kornbluh, P. (2005, June 9). The Posada File: Part II. *The National Security Archive* [Página Web]. To-

mado de http://www2.gwu.edu/~nsarchiv/NSAEB
B/NSAEBB157/index.htm

Korte, G. (2012, Apr. 19). Misinformation campaign
targets USA TODAY reporter, editor. *USA Today*.
Tomado de http://usatoday30.usatoday.com/
news/washington/story/2012-04-19/vanden-brook
-locker-propaganda/54419654/1

Kroeger, B. (2012).Undercover Reporting: The Truth
About Deception. Foreword by Pete Hamill. Ev-
anston, IL: Northwestern University Press.

Kurlantzick, J. (2007, April). Castr-ated.*The Washington Monthly* [Página Web]. Tomado de http://www
.washingtonmonthly.com/features/2007/0704.kur-
lantzick.html

La Hora (2010, Ago. 4). Canciller Moreno y senador
Walker reciben a disidente cubano en el aeropuerto. *La Hora*, Santiago de Chile, Chile. Tomado de http://www.lahora.cl/2010/08/04/01/noticias
/pais/9-2201-9-canciller-moreno-y-senador-wal-
ker-reciben-a-disidente-cubano.shtml

La Ventana (2014, Abr. 23). *La Ventana*, Casa de las
Américas, La Habana, Cuba. Tomado de http://la-
ventana.casa.cult.cu/modules.php?name=News&
file=article&sid=8199

LAS (n.d.) Cuban refugees arrive in Miami, 1962. In
Cuba, diasporic profile. *McCalester College*, St.
Paul,  MN [Página Web]. Tomado de https://sites
.google.com/a/macalester.edu/refugees/cuban

LAS (n.d. b). Cuban Exile Community. Plaza de la Cu
banidad. *Latin American Studies* [Página Web].
Tomado de http://www.latinamericanstudies.org
/exile-community-2.htm

La Riva, G. (n.d.). Documents Released. Journalist
contracts with the BBG. *Party for Socialism and
Liberation* [Página Web]. Tomado de http://www.
pslweb.org/reporters-for-hire/documents-release
d/

La Riva, G. (2008) Government-funded propaganda
operation in Miami exposed - Part 1. Website of
the *Party for Socialism and Liberation* [Página

Web]. Tomado de http://www.pslweb.org/reporter
s-for-hire/analysis/govt-funded-propaganda-part-1
.html

La Vanguardia (2010, Dec.10). Los Tres Hijos de Var
gas Llosa Retratan la Figura de su Padre. *La
Vanguardia*, Barcelona, Cataluña, Spain Tomado
de http://www.lavanguardia.com/libros/20101211
/54086284215/los-tres-hijos-de-vargas-llosa-retra
tan-la-figura-de-su-padre.html

Laferber, W. (1988, Nov. 6). Whose News? *The New
York Times*. Tomado de http://www.nytimes.com/
1988/11/06/books/whose-news.html?scp=1&sq=
Manufacturing+consent&st=nyt

LaFree, G. & Bersani, B. (2012, Jul. 5). *Hot Spots of
Terrorism and Other Crimes in the United States,
1970 to 2008*. National Consortium for the Study
of Terrorism and Responses to Terrorism. Human
Factors and Behavioral Sciences Division, Science and Technology Directorate, U.S. Department
of Homeland Security. Tomado de http://start.
umd.edu/start/publications/research_briefs/La
Free_Bersani_HotSpotsOfUSTerrorism.pdf

Lamarque, K. (2013, May 22). NDAA 2013: Congress
Approves domestic Deceptive Propaganda. *Reuters*, 17:03. Tomado de http://rt.com/usa/propa-
ganda-us-smith-amendment-903/

Landau, S. (1999, Mar.) No Mas Canosa - the death of
Cuban political figure Jorge Mas Canosa – Obitua
ry. *Latin American Studies* [Página Web]. Tomado de http://www.latinamericanstudies.org/exile/
canosa.htm

Landau, S. (2012, May 11-13). The Macho Violence of
The Cuban Exiles. *Counterpunch*. Tomado de
http://www.counterpunch.org/2012/05/11/the-
macho-violence-of-the-cuban-exiles/

Larson, S. G. (2005). *Media & Minorities: The Politics
of Race in News and Entertainment*. Lanham,
MD: Rowman & Littlefield Publishers

Lasswell, H. O. (1933). In *Encyclopedia of the So-*

*cial Sciences.* New York, NY: McMillan.

Lazcano, A, (2007, Apr. 7). U.S. judge sets bail for Anti-Castro Cuban exile. *Reuters,* 12:08am EDT. El Paso, TX. Tomado de http://www.reuters.com/ article/2007/04/07/us-cuba-posada-idUSB60848 320070407

LBJ (n.d.). President Lyndon B. Johnson's Biography. Compiled by the *LBJ Library Archives Staff* [Página Web]. Tomado de http://www.lbjlib.utexas.edu/ johnson/archives.hom/biographys.hom/lb j_bio.a sp

Lecturalia (n.d). Carlos Alberto Montaner. *Lecturalia S.L.,* Valencia, Spain [Página Web]. Tomado de http://www.lecturalia.com/autor/11163/carlos-alberto-montaner

Lee, B. (2010). Swan Island, its radio history including the CIA and the revenge of United Fruit. *AWA Review* 23:215-140. Tomado de http://www.californiahistoricalradio.com/CHRSPix/BartLeeSwan.pdf

León-Cotayo, N. (2014, Ene. 7). Cubanos-Miami: «La Patria perdida...». Cuba Sí. *La Habana, Cuba.* [Página Web]. Tomado de http://www.cubasi.cu/ cubasi-noticias-cuba-mundo-ultima-hora/item/24 481-cubanos-miami-la-patria-perdida

LeVine, M. (2012, June 4). 12:14. The high price of 'dark fusion'. *AlJazeera.* Tomado de http://www. aljazeera.com/indepth/opinion/2012/06/201262 94459762126.html

Linhardt, A. (2013). Blimp (Fat Albert) History. *Big Pine Key* [Página Web]. Tomado de https://bigpine-key.com/blimp-fat-albert-history/

Lipman, L. (1987, Oct, 9). 2 U.S. Watchdog agencies urged to probe Radio Martí. *The Miami News.* 12A. Tomado de http://news.google.com/newspapers?nid=2206&dat=19871009&id=P_4IAAAAI-BAJ&sjid=o_MFAAAAIBAJ&pg=1040,2697047

Lipman, L. (1988, Jan, 16). Probe clears Radio Marti Workers. *The Palm Beach Post* 5A. Saturday. To mado de http://news.google.com/newspapers?nid

=1964&dat=19880116&id=eyQjAAAAI-
BAJ&sjid=EM8FAAAAIBAJ&pg=930,54073

Lippmann, W. (2009, Aug. 29). *Public Opinion.* Create
Space Independent Publishing Platform. Tomado
de http://xroads.virginia.edu/~Hyper2/CDFinal/Li-
ppman/contents.html

Liukkonen, P. (n.d.). José Martí: 1853-1895 [Página
Web]. Tomado de http://www.kirjasto.sci.fi/jose-
mart.htm

Lizza, R. (2000, May 15). Between the lines: The Mia
mi Herald's Cuban problem. *The New Republic.*
222(20):18.

Llaca, A. (2008, Apr. 30). Entrevista a Raúl Rivero: Le
siones de Historia. Por Dr. Antonio Llaca. *Oswal-
do Payá* [Página Web]. Tomado de http://www.
oswaldopaya.org/es/2008/04/30/entrevista-a-raul-
rivero-lesiones-de-historia-por-dr-anonio-llacat/

Llanes, J. (1982). *Cuban Americans: masters of sur
vival.* Chicago, IL:Abt Books.

Loewy, T. (2010, Aug. 5). Hialeah. *El Blog del recién
Llegado* [Web Blog]. Tomado de http://recienlle-
gado.wordpress.com/2010/08/15/171/

Lohmeier, C. (2014). *Cuban Americans and the Miami
Media.* Jefferson, NC: McFarland.

Loiacano, C. (2010, Sept.). A "Community" Divided:
Cuban-American Attempts to Influence Jimmy
Carter's Cuba Policy, January 1977-May 1978.
*American Diplomacy.* Foreign Service Dispat-
ches and Periodic Reports in U.S. Foreign Policy.
[Página Web]. Tomado de http://www.unc.edu/
depts/diplomat/ item/2010/0912/comm/loiacano_
divided.html

López-Morales, H. (2011, Jul.). El español en la Flori
da. Los Cubanos de Miami (Segunda Parte). *Otro
Lunes. Revista Hispanoamericana de Cultura.* 5
(19). Tomado de http://otrolunes.com /archivos/1
6-20/?hemeroteca/numero-19/sumario /recycle/el
-espanol-en-la-florida---los-cubanos-de-miami-pri-
mera-parte-humberto-lopez-morales.html

Luce, H. R. (1974, Mar. 14). The Press: People's Premiere. *Time*, magazine. Tomado de http://www.time.com/time/magazine/article/0,9171,944778,00.html.

Ludlam, S. (2008, Nov. 1). Terror in Miami - Cuba's Exile community. *Cuba Solidarity Campaign.* [Página Web]. Tomado de http://www.cuba-solidarity.org.uk/cubasi_article.asp?ArticleID=98

Ludlam, S. (2009). 'The political culture of terrorism in Cuban Miami'. *International Journal of Cuban Studies*, (3):1-11. Tomado de http://www.cubastudiesjournal.org/issue-3/viewpoint/the-political-culture-of-terrorism-in-cuban-miami.cfm

Lundberg, K. O. (2010, Feb. 14). When the story is Us: Miami Herald, Nuevo Herald and Radio Martí. *Columbia University Case Study*, CSJ-10-0026.0. Tomado de http://www.latinamericanstudies.org/exile/Herald-Columbia.pdf

Lynn, J. (2007, Jan. 24). This incident reminds me of the crowd around Elián Gonzalez' prison at the time. *Democratic Underground*, [Web Blog]. Tomado de http://www.democraticunderground.com/discuss/duboard.php?az=view_all&address=102x2699532

Lynn, J. (2008, Feb. 15). Their father was a cabinet member of Fulgencio Batista's, had a lot of influence in Cuba. *Democratic Urderground*, 3:10 AM [Web Blog]. Tomado de http://www.democraticunderground.com/discuss/duboard.php?az=view_all&address=102x3182568

Lynn, J. (2011, Jun. 9). Apparently it got too vicious, he got threats, and he compromised!. *Democratic Urderground*, 5:06 AM [Web Blog]. Tomado de http://www.democraticunderground.com/discuss/duboard.php?az=view_all&address=102x4878306

Major, M. (2006, Apr. 20-23). Contesting Media Models: Propaganda vs. Cascading Activation. William Paterson University. Paper Prepared for Presentation at the Midwest Political Science Association 64th Annual National Conference April 20-23,

2006 Chicago, IL Tomado de http://195.130.87.21
:8080/dspace/bitstream/123456789/335/1/Contes
ting%20Media%20Models.%20%20Propaganda
%20vs.%20Cascading%20Activatio.pdf

Mambi Watch (2009, Apr. 8). The Man With Gold-
Rimmed Glasses. Research on a forgotten past.
Tuesday, 12:32 pm [Web blog]. Tomado de http://
manwithgoldrimmedglasses.blogspot.com/2008/
04/miami-herald-may-1-1976-cuban-newsman_
08.html

Manichaikul, A., Palmas, W., Rodríguez, C. J., Peralta.
C. A., Divers, J., Guo, X., Chen, W. M., Wong, Q.,
Williams, K., Kerr, K. F., Taylor, K. D., Tsai, M. Y.,
Goodarzi, M. O., Sale, M. M., Diez-Roux, A. V.,
Rich, S. S., Rotter, J. I. & Mychaleckyj, J. C.
(2012, Apr. 1st). Population Structure of Hispanics
in the United States: The Multi-Ethnic Study of
Atherosclerosis. *PLoS Genetics*, 8(4). Tomado de
http://www.plosgenetics.org/article/fetchObject.ac
tion?uri=info%3Adoi%2F10.1371%2Fjournal.pge
n.1002640&representation=PDF

Manzaneda, J. (2011, Mar. 4). No sólo "Radio Martí";
también "Europa Press" y otros medios reprodu-
cían mentiras sobre "Damas de Blanco". *La Pu-
pila Insomne*, La Habana, Cuba [Web Blog]. Tomado de http://lapupilainsomne.wordpress.com/
2011/03/04/no-solo-radio-marti-europa-press-y-
otros-medios-tambien-reproducian-mentiras-so-
bre-damas-de-blanco/

Margolis, J. (2012, Jan. 30). Venezuelans Getting Political in Florida. *Public Radio International*, Minneapolis, MN. Tomado de http://www.pri.org/sto-
ries/2012-01-30/venezuelans-getting-political-flo-
rida

Marx, G. (2006, Nov. 15). GAO Report: U.S. aid for
Cuban dissidents poorly managed. *Chicago Tribune*. Tomado de http://articles.chicagotribune.
com/2006-11-15/news/0611150091_1_usaid-
gao-cuba-expert

Martín-Fernández, C. (2006, Sept. 18-20). Cuban In
    ternational Migration: Family and Society. British
    Society for Population Studies (BSPS) Annual
    Conference Southampton, UK. Study from Centre
    for Studies on International Migration, CEMI. Uni-
    versity of Havana, Cuba. Tomado de http://www
    .lse.ac.uk/socialpolicy/bsps/pdfs/2006_martin_mi-
    gration.pdf

Mas-Canosa, J. (1975, May 10). At a Washington,
    D.C. rally, May 10, 1975. Latin American Studies
    [Página Web]. Tomado de http://www.latinameri-
    canstudies.org/mas-canosa.htm

Masud-Piloto, F. R. (1988). With Open Arms: Cuban
    Migration to the United States. Totowa, NJ: Ro-
    man and Littlefield.

Navarrete, W. (2008, Nov. 8). Cuba al Pairo [Web
    Blog] 4:10 PM. Tomado de http://cubalpairo.blog
    spot.com/2008/11/feria-del-libro-2008-miami_17.
    html

Maynard Institute (2919,Oct. 26). Maynard Institute,
    Richard Prince's Journal-isms. Tomado de http://
    mije.org/node/1279

McChesney, R. W. (1993). Telecommunications, Mass
    Media, and Democracy: The Battle for the Control
    of U.S. Broadcasting. New York, NY: Oxford Uni-
    versity Press.

McChesney, R. W. (1999). Rich Media, Poor Demo-
    cracy: Communication Politics in Dubious Times,
    Urbana, IL: University of Illinois Press.

McCloy, F. (2012, Dec.). The propaganda model: cor
    porate and political collusion in the creation of an
    oligopolistic mainstream U.S. media. Thesis Pre-
    sented to the Faculty in Communication and Lea-
    dership Studies School of Professional Studies.
    Gonzaga University, Spokane, WA. Tomado de
    http://web02.gonzaga.edu/comltheses/proquest-
    ftp/McCloy_gonzaga_0736M_10210.pdf

McCumiskey, P. (2013, Sept. 19). Radio/TV Marti's di
    rector on ways of disseminating information to Cu
    bans. Radio Praha. Tomado de http://radio.cz/en/

section/panorama/radiotv-martis-director-on-ways -of-disseminating-information-to-cubans

McHugh, K. E., Miyares, I. M. & Skop, Emily H. (1997, Oct.). The Magnetism of Miami: Segmented paths in Cuban Migration. *The Geographical Review* 87 (4): 504-519. Tomado de http://www.latinameri- canstudies.org/exile/magnetism.pdf

McLaughlin, P. (2007). *Anarchism and Authority: A Philosophical Introduction to Classical Anarchism*. Burlington, VT: Ashgate.

McMenamin, D. (2011, Nov. 16). SFPD Chief Suhr Ap pears At #OccupySF Protest As Dozens Arrested (Video) *The San Francisco Appeal, Bay City News*. 2:23 PM. Tomado de http://webcache.goo- gleusercontent.com/search?q=cache:http://sfap- peal.com/2011/11/several-hundred-occupysf-pro- testers-march-through-downtown-sf/

McQuail, D., Golding, P. & de Bens, E, (2005). Com munication Theory & Research. *European Jour- nal of Communication Anthology*. London, UK: Sage Publications

Méndez, P. P. (2012). Interview with Juan Antonio Madrazo National Coordinator of the Citizens' Committee for Racial IntegrationRevista *Islas*, 7(22): 58-61.Tomado de http://www.angelfire. com/planet/islas/Islas22/English/58-61.pdf y también en http://www.revistaislas.com/islas-22- antildeo-7-no-22-2012.html

Menéndez, A. (2006, September 14). Ana Menendez: Don't Confuse Propaganda With Journalism. *The Miami Herald* [Web Blog]. Tomado de http://blogs .herald.com/cuban_connection/2006/09/ana_me- nendez_do.html?cid=22515539

MHMC (2011, June). About El Nuevo Herald. *Miami Herald Media Company. The Miami Herald* [Pági- na Web]. Tomado de http://www.miamiherald. com/about-el-nuevo/

Miroff, N. (2010, Feb. 17). The Revolution, televised. *Global Post*, Boston, MA. Tomado de http://www

.globalpost.com/dispatch/cuba/100216/tv-radio-
marti

Mishak, M. J. (2014, Jan. 3). Democrats Breaking GO
P's Long Lock on Cuban Vote *Associated Press.*
Tomado de http://abcnews.go.com/Politics/wireS-
tory/democrats-breaking-gops-long-lock-cuban-vo
te-21413658?singlePage=true

MNT (2007). Best Commie Agent Miami 2007 - Oscar
Corral. *Miami New Times*, Best of Award. Tomado de http://www.miaminewtimes.com/bestof/200
7/award/best-commie-agent-483433/

Model, D. (2005, Summer). he Applicability of Herman
's and Chomsky's Propaganda Model Today. *College Quarterly*, 8(3):3. Tomado de http://files.eric.
ed.gov/fulltext/EJ846793.pdf

Mohney, C. (2006, Sept. 8) Ten Miami Journalists in
Uncle Sam's Pocket. *Gawker.*5:05 pm [Página
Web]. Tomado de http://gawker.com/199474/ten-
miami-journalists-in-uncle-sams-pocket

Montaner, C. A. (2006, Sept. 21). Clash of Civilizations. *The Wall Street Journal.* 10:00 am EDT.
Tomado de http://www.firmaspress.net/695/

Montaner, C. (2012, Ene. 24). Gingrich prometió que
"no andará con paños calientes" con Cuba. *Radio
Mambí*, Uforia [Página Web]. Tomado de http://ra
diomambi710.univision.com/noticias/article/2012-
01-24/gingrich-promete-acciones-especificas-con
tra-cuba

Morales, E. (2013, Aug. 7). Miami-Cuba Flights Are
Booming. *Havana Times*. Tomado de http://www.
havanatimes.org/?p=97556

Morales-Domínguez, E. (2010, Abr. 7). La corrupción
en Cuba: ¿la verdadera contrarrevolución? *Sin
Permiso*, Unión de Escritores y Artistas de Cuba,
UNEAC, La Habana, Cuba [Página Web]. Tomado de http://www.sinpermiso.info/textos/index.ph
p?id=3450

Morales-Domínguez, E. (2012, Mayo 19). La contrarre
volución cubana nunca ha existido. *Cubadebate*,

La Habana, Cuba [Página Web]. Tomado de http
://www.cubade bate.cu/opinion/2012/05/19/la-con
trarrevolucion-cubana-nunca-ha-existido/#.U65B
rv ldXTo

Morejon, J. L. (2011). *Cuban-American displacement
in South Florida: Exilic rituals.* (Order No. 347443
8, University of California, Davis). *ProQuest Dissertations and Theses,* 351. Tomado de http://
search.proquest.com/docview/897911069?ac-
countid=14129. (897911069).

Moreno, D. (1966). Cuban-Americans and Miami Poli
tics: Understanding the Cuban Model in *The Politics of Minority Coalitions: Race, Ethnicity and
Shared Uncertainties,* ed. Wilbur Rich. pp145-
162. Westport, CT: Praeger.

Moreno, E. (2005). Las "radios" y los modelos de programación radiofónica. *Comunicación y Sociedad*
XVIII(1):61-111. Tomado de http://www.unav.es/
fcom/comunicacionysociedad/es/articulo.php? art
_id=65

Moreno, M. P. & Brunnemer, K. (2010).Term Paper Re
source Guide to Latino History. Westport, CT:
Greenwood.

Morgenstern, M. (2013, Sep. 4). Kerry: Arab Countries
Have Offered to Pay for Syria Invasion. *The Blaze* [Página Web]. Tomado de http://www.theblaze
.com/stories/2013/09/04/kerry-arab-countries-ha
ve-offered-to-pay-for-syria-invasion/

Motel, S. & Patten, E. (2012, June 27). Hispanics of
Cuban Origin in the United States, 2010. *Pew His
panic.* Tomado de http://www.pewhispanic.org
/2012/06/27/hispanics-of-cuban-origin-in-the-
united-states-2010/

Morrisey, S. & Adams, D. (2010). Nepotism in the
news. *Poder 360⁰.* Tomado de http://www.poder
360.com/article_detail.php?id_article=4644

Mullin, J. (2000, Apr. 20). Mullin: The Burden of a Vio
lent History. *Miami New Times.* Tomado de http://

www.miaminewtimes.com/2000-04-20/news/mu-
llin/

Navarro, M. (Sept. 13). Black and Cuban-American:
Bias in 2 Worlds. *The New York Times*. Tomado
de http://www.nytimes.com/1997/09/13/us/black-
and-cuban-american-bias-in-2-worlds.html

Nichols, J. S. (1988, July 25). A word of caution about
TV Marti. *Broadcasting*, 115(4):24-5.

Nichols, J. S. (2008, June 17). TV Had Virtually No Au
Dience, Violates International Law, Should Be Clo
sed. Prepared statement of John S. Nichols. The
Pennsylvania State University, Before the Subco-
mmittee on International Organizations, Human
Rights and Oversight Committee on Foreign Af-
fairs U.S. House of Representatives, Hearings on
"TV Marti: A Station in Search of an Audience?"
Tomado de http://democrats.hcfa.house.gov/111
/nic061709.pdf

Norman, B. (2006, Sept. 15). The Pulp Blog. The Herald Knew It Then Blew It. Broward/Palm Beach
*New Times*. 8:45 am [Web Blog]. Tomado de
http://blogs.browardpalmbeach.com/pulp/2006
/09/the_herald_knew_it_then_blew_i.php

Norman, B. (2006, Nov. 22 a). Fiedler: Reporter
"Blood" Libeled By Sister Paper *Miami New
Times*, 3:49 PM. Tomado de http://blogs.broward
palmbeach.com/pulp/2006/11/fiedler_reporter_
blood_libeled.php

Ocaña, J. C. (2003). La crisis de los misiles en Cuba.
*Historia Siglo 20* [Página Web]. Tomado de http://
www.historiasiglo20.org/GLOS/cuba1962.htm

O'Connor, A.M. (1992, May-June). Trying to set the
Agenda in Miami: Bashing the Herald is Only part
of Jose Mas Canosa's strategy. *Columbia Journalism Review*. 31(1): 42. http://go.galegroup.
com/ps/i.do?id=GALE%7CA12155856&v=2.1&u=
stu_main&it=r&p=EAIM&sw=w&asid=9765376d3
df72eb9cceb1e74dba5279b

Okrent, D. (2004, May 30). The Public Editor; Weapo
ns of Mass Destruction? Or Mass Distraction?

Tomado de http://www.nytimes.com/2004/05/30/
weekinreview/the-public-editor-weapons-of-mass-
destruction-or-mass-distraction.html

Olesky, J. (2010, Aug. 1st). Clark Hoyt joins Bloomberg
News. BJ Alums [Web Blog]. Tomado de http://bj
retirees.blogspot.com/2010_08_01_archive.html

Oliver-Méndez, K. & Noyes, R. (2014, Nov. 1st). Equili
brio en los medios hispanos, cómo la cobertura
noticiosa de Univisión y Telemundo favorece a
los liberales y lo que hace falta para corregirlo.
*Media Research Center*, repor. Tomado de http://
www.mrc.org/sites/default/files/documents/Final
SpanishLanguage.pdf

Orsi, P. & Rodríguez, A. (2013, Jan. 11). Cubans up-
beat on eve of liberalized travel, though some
may still be barred or priced out. *Associated
Press*. Tomado de http://www.foxnews.com/world
/2013/01/11/cubans-upbeat-on-eve-liberalized-
travel-though-some-may-still-be-barred-or/

Oyarce, Carola (2010, Oct. 3). Disidente cubano refu
giado en Chile renuncia a trabajo en municipali-
dad.*Terra*. Tomado de http://m.terra.cl/galerias/
noticia?n=1504776&a=home&s=1&c=capacl&e=
especiais_capa_cl

Pavulans, A. (2004). *Identities in motion: Citizenship,
mobility and the politics of belonging in the post-
cold war era.* (Order No. 3147832, University of
Oregon). *ProQuest Dissertations and Theses,*
243-243 p. Tomado de http://search.proquest.
com/docview/305141154?accountid=14129.(3
05141154).

Pedraza, S. (2007) *Political Disaffection in Cuba's
Revolution and Exodus*. Cambridge, UK: Cambridge University Press

Pedraza, S. (2008, May 19). Olas migratorias desde
1959 entre el desencanto y la desesperanza. *Cu-
banet* [Página Web]. Tomado de http://www.cuba
net.org/CNews/y08/may08/19inter_7.html

Pedro, J. (2009). Evaluación crítica del modelo de propaganda de Herman y Chomsky. *RLCS, Revista Latina de Comunicación Social*,12(64):210-227, Tenerife, Canarias, España. Tomado de http://www.revistalatinacs.org/09/art/19_818_35_ULE-PICC_02/Joan_Pedro.html

Penúltimos Días (2011, Feb. 22). Otra cubana que no puede entrar a su país. *Penúltimos Días* [Web Blog]. Tomado de http://www.penultimosdias.com/2011/02/22/otra-cubana-que-no-puede-entrar-a-su-pais/

Pérez, L. (1992). Cuban Miami. In Guillermo J. Grenier and Alex Stepick III, Eds., Miami Now! Immigration, Ethnicity, and Social Change, pp83–108. Gainesville, FL: University Press of Florida.

Pérez, L. (2012, Aug. 4). Observations from a Post-Ideology Miami. *Cuban New Yorker* [Web Blog]. Tomado de http://cubannewyorker.wordpress.com/tag/fiu-cuba-poll/

Pestano, E. (2012, Nov. 11). Otra vez adiós Carlos Al berto Montaner [Video de YouTube]. Tomado de http://www.youtube.com/watch?v=wmj6lqkPdLY

Piffer, F. (2013, Oct.). From "Contrarevolucionarios" to "Economic Migrants": Portraits, Perspectives and Meanings of Cuban Emigration Phenomenon. *Mediterranean Journal of Social Sciences.* 4(10). Rome, Italy: MCSER Publishing. DOI:10.5901/mjss.2013.v4n10p347

Pino y Díaz, R. del (2013, Aug. 13). Venezuela: La Próxima Jugada. *Movimiento Cubano Unidad Democrática.* Tomado de http://www.cubamcud.org/Articulos/Listado-RafaeldelPino1.htm

Plaza-Cerezo, S. (2008, Feb. 1st ). Un análisis econó mico del mercado hispano de Estados Unidos. Universidad Complutense de Madrid, España. Tomado de http://eprints.ucm.es/6695/1/0003.pdf

Pineda-Cachero, A. (2002, Feb.) El modelo de propa ganda de Noam Chomsky: Medios Mainstream y Control del Pensamiento. *Revista Latina de Comunicación Social,* 5(47). Thesis Universidad de

Sevilla, Spain. Tomado de: http://www.ull.es/pu-blicaciones/latina/2002/latina47febrero/4704pine da.htm

Portes, A. & Stepick, A. (1994). *City on the Edge: The Transformation of Miami*. Berkeley, CA: University of California Press.

Press Release (2013, Dec. 10). Tampa adds another Weekly Cuba flight. *WFLA Ch 8*, Tampa, FL. Tomado de http://www.wfla.com/story/24185065/ta mpa-adds-another-weekly-cuba-flight

Press Release (2013, June 21 a). *Broadcasting Board of Governors* [Web Blog]. Tomado de http://www. bbg.gov/blog/2013/06/21/office-of-cuba-broad-casting-debuts-two-new-tools-to-reach-cubans/

Price, M. (2008, Nov. 11). Changing International Broa dcasting in the Obama Era? *The Guardian*, 05:47 PM. Tomado de http://www.huffingtonpost.com/ monroe-price/changing-international-br_b_14309 9.html

Prince, R. (2006, Oct. 4). U.S. Ethics, Cuban Journalis ts. Miami Publisher's Exit Laid to Clashing Customs. *Maynard Institute* [Página Web]. Tomado de http://mije.org/richardprince/us-ethics-cuban-journalists

Progler, J. (2011). American Broadcasting to Cuba: The Cold War Origins of Radio and TV Marti. *Ritsumeikan International Affairs*, 10:159-182. Ritsu meikan Asia Pacific University, AU, Õita, Japan. Tomado de http://r-cube.ritsumei.ac.jp/bitstream/ 10367/3404/1/asia10_progler.pdf

QSL (n. d.). La Voz de la Fundacion. *QSL* [Página Web]. Tomado de http://www.qsl.net/yb0rmi/fun-dacion.htm

QSL (n. d. a). Clandestine Radio Intel Web. The Ameri cas. *QSL* [Página Web]. Tomado de http://www. qsl.net/yb0rmi/americas.htm#fundacion

Rai, M. (1995). *Chomsky's Politics*. New York, NY: Verso.

Ralph, Mr. le Docteur (1795, Ene.). *Candide, ou L'opti*

*misme, traduit de L'allemand de.* Voltaire. Ilustraciones de Jean-Michel Moreau. Traducción al inglés tomado de http://www.elook.org/literature/voltaire/candide/

Ramos, O. (2013). *The Cuban defectors speak, a de mystified viewpoint: Political disaffection and dissatisfaction in post-revolutionary Cuba.* (Order No. 3563984, University of Miami). *ProQuest Dissertations and Theses,* 319. Tomado de http://search.proquest.com/docview/1400505144?accountid=14129. (1400505144).

Rampton, S. (2007, May 22). Has the Internet chan ged the Propaganda Model? *Prwatch.* Tomado de http://www.prwatch.org/node/6068

Ravsberg, F. (2012, Julio 18). La aduana de Cuba Aprieta las tuercas. *Havana Times.* Tomado de http://www.havanatimes.org/sp/?p=67569

Reilly, R. R. (2014, June 5). Unmuffling the Voice of America. *The Wall Street Journal.* Tomado de http:// online.wsj.com/articles/robert-reilly-congress-needs-to-reinvigorate-the-voice-of-america-1402010377

Reagan, Ronald: "Executive Order 12366 – Presiden tial Commission on Broadcasting to Cuba," May 25, 1982. Online by Gerhard Peters and John T. Woolley, *The American Presidency Project.* Tomado de http://www.reagan.utexas.edu/archives/speeches/1981/92281e.htm y además http://www.presidency.ucsb.edu/ws/?pid=42563.

Rendall, S. & Broughel, T. (2003, May 1). Amplifying Officials, Squelching Dissent. *Fairness and Accuracy in Reporting.* Tomado de http://fair.org/extra-online-articles/amplifying-officials,-squelching-dissent/

Remnick, D. (1996, Jan 29). Scoop. *The New Yorker,* 71:37-38. Tomado de http://search.proquest.com/docview/233176777?accountid=14129

Reyes, G. & Utset, J. (2006, Sept. 14). Los pagos a periodistas son una práctica común. *El Nuevo*

*Herald* [Página Web]. Tomado de http://www.fir-maspress.net/693/

Ristovic, A. (2013, Spring). Public Diplomacy with Un friendly States. 4(2). University of Souther California, Anneberg. Tomado de http://uscpublicdiplom acy.org/pdin_monitor_article/future-us-public-di-plomacy-towards-cuba

RMI (2014). About Us. *Radio Miami International.* [Pá gina Web]. Tomado de http://www.wrmi.net/pb/ wp_8a0fa848/wp_8a0fa848.html

Robinson, D. (2009, Jun. 18). GAO Reviewing $37 mil lion annual budget and effectiveness of radio and TV Marti [Página Web]. Tomado de http://havana journal.com/politics/entry/gao-reviewing-37million -annual-budget-and-effectiveness-of-radio-tv-mar 1ti/

Robles, F. (2014, May 8). Politics Seen in Cuban Accu sations of Military Plot by Miami Men. *The New York Times.* Tomado de http://www.nytimes.com/ 2014/05/09/us/politics-seen-in-cuban-accusations -of-military-plot-by-miami-men.html?_r=1

Roca, J. M. (2001, Otoño). La prensa y el atentado del 11 de septiembre. De la información a la propa ganda. *Iniciativa Socialista*, 62. Tomado de http:// www.inisoc.org/roca62.htm

Rodriguez, I. (2007). *La cara oculta: The Role of the Media in Cuba. Is it Education, Entertainment or a Weapon of a Revolution?* (Order No. 1440034, State University of New York at Buffalo). *Pro Quest Dissertations and Theses,* 54-54 p. Toma-do de http://search.proquest.com/docview/3047 75811?accountid=14129. (304775811).

Rodríguez, R. (2014, June 19). Newspaper guild files charges after El Diario illegally terminates report-ers and employees. *New York Guild,* [Página Web]. Tomado de http://www.nyguild.org/el-diario -news-details/items/release-guild-files-charges-af-ter-el-diario-fires-8-members.html

Rohan, H. L. (2013, Mar. 26). 3-26-12: The Star-Ledg

er's Photos of the Day. *Advance Digital* [Página Web]. Tomado de http://photos.nj.com/njcom_photo_essays/2012/03/3-26-12_the_star-ledgers_photo.html

Rohter, L. (1992, Mar. 19). Miami Journal; When a City Newspaper Is the Enemy. *The New York Times*. Tomado de http://www.nytimes.com/1992/03/19/us/miami-journal-when-a-city-newspaper-is-the-enemy.html

Rohter, L. (1997, Nov. 24). Jorge Mas Canosa, 58, Dies; Exile Who Led Movement against Castro. *The New York Times*. Tomado de http://www.nytimes.com/1997/11/24/us/jorge-mas-canosa-58-dies-exile-who-led-movement-against-castro.html?pagewanted=all&src=pm

Romenesko, J. (2006, Oct. 9). Hoyt to help Heralds Find Common ground, move ahead. *Poynter.org*. 4:47 pm. Tomado de http://www.poynter.org/latest-news/mediawire/78708/hoyt-to-help-heralds-find-common-ground-move-ahead/

Ros-Lehtinen, I. (2013, May 13). On Actualidad Radio In Miami With Host Nelson Rubio. *Ros-Lehtinen House* [Página Web].Tomado de http://ros-lehtinen.house. gov/photo-gallery/actualidad-radio-miami-host-nelson-rubio

Ros-Lehtinen, I. (2013, Sept. 5 a). Radio Mambi Radio With Perez Roura And Ninoska Perez-Castellon. *RosLeh-tinen House* [Página Web].Tomado de http://ros-lehtinen.house.gov/photo-gallery/radio-mambi-radio-perez-roura-and-ninoska-perez-castellon

Rubenstein, D.M. (n.d.). Camarioca Boatlift, 1965. Caribbean Sea Migration. *David M. Rubenstein Rare Book & Manuscript Library*, Duke University, Durham, NC Libraries. Tomado de http://library.duke.edu/digitalcollections/caribbeansea_csmep03001/

Semuels, A. (2011, Oct. 11). Union calls for removal of member from Obama's jobs council. *Los Angeles Times*. 3:03 PM. Tomado de http://latimesblogs.latimes.com/money_co/2011/10/obama-jobscouncil.html

Schulz, D. E. (1994). *Cuba and the Future*. Ed. Donald E. Schulz. Westport, CT: Greenwood Press. Tomado de http://www.questia.com/library/3774099/cuba-and-the-future

Seelye, K. Q. (2006, Oct. 4). Miami publisher steps down over payments to reporters. *New York Times*. A16. Tomado de http://www.nytimes.com/2006/10/04/us/04paper.html?_r=0

Senechal De la Roche, R. (1996). Collective Violence as Social Control. *Sociological Forum*, 11 (1), 97. Tomado de http://www.jstor.org/stable/684953

Shoer-Roth, D. (2013, Oct. 27). No nos pagan, ni nos pegan . *El Nuevo Herald*. Tomado de http://www.elnuevoherald.com/2013/10/27/1600267/daniel-shoer-roth-no-nos-pagan.html

Motel, S. & Patten, E. (2012, Jun. 27). Hispanic of Cuban Origin in the United States, 2010. *PewResearch, Hispanic Trends Project*. Tomado de http://www.pewhispanic.org/2012/06/27/hispanics-of-cuban-origin-in-the-united-states-2010/

Mullen, A. & Klaehn, J. (2010) The Herman–Chomsky Propaganda Model: A Critical Approach To Analyzing Mass Media Behavior. *Sociology Compass*. 4(4): 215–229. Tomado de http://www.fifth-estate-online.co.uk/wp-content/uploads/2011/07/Mullen-Klaehn-Sociology-Compass-essay.pdf

Saba, S. (2013, Jan. 30). Is Hermann and Chomsky's 'Propaganda Model' out of date? *JK Alternative Point of View*. [Página Web]. Tomado de http://jkalternativeviewpoint.com/jkalternate/?p=5238

Saco, D. (1992). Voices from the distance: *Radio Martí* and the (Pen) Insular Construction of Cuban Identity. Master Thesis [Página Web]. Tomado de http://cyberingdemocracy.com/radio-marti-the-sis#propaganda

Salla, M. (2009, May 20). Did President Kennedy… Meet Extraterrestrials?. *The Examiner*. Tomado

de http://www.bibliotecapleyades.net/ciencia/cien-
cia_flyingobjects71.htm

Sanabria-Martín, F. (1994). *Información audiovisual.
Teoría y técnica de la información radiofónica y
televisiva.* Barcelona, España: Bosch Comunicación.

Sayad, A. (2004). *The Suffering of the Immigrant.* David Macey, translator and Pierre Bourdieu, Prefa
ce. Cambridge, UK: Polity.

Schlesinger, P. (1992). From Production to Propaganda, in *Culture and Power: Media, Culture and Society: A Reader.* London, UK: Sage.

Schmidt, W. (2013). Castro Is Ill. Cubans in Miami Go
Wild. *Tigersoft* [Página Web]. Tomado de http://
www.tigersoft.com/tiger-blogs/12-11-2007/index.
html

SCMP (2014, May 8). Cuba arrests Miami-based 'ter
rorists' over alleged plan to attack military. *South
China Morning Post.* Reuters in Havana, 10:18
pm. Tomado de http://www.scmp.com/news/
world/article/1507632/cuba-arrests-miami-based-
terrorists-over-alleged-plan-attack-military

Shapiro, B. (2013, Nov. 20). Rand Paul: 'We Want Our
Freedoms Back'. *Queen of Liberty* [Web blog]. To
mado de http://queenofliberty.com/2013/ 11/

Shoer-Roth, D. (2013, Oct. 27) No nos pagan Ni nos
pegan. *El Nuevo Herald.* Tomado de http://www.
elnuevo herald.com/2013/10/27/1600267/daniel-
shoer-roth-no-nos-pagan.html

Shoer-Roth, D. (2014, Jan. 4). Martha Flores, la voz
de un exilio de 35 años. *The Miami Herald.* Toma
do de http://www.elnuevoherald.com/2014/01/04/
1649071/daniel-shoer-roth-martha-flores.html

Shore, E. (2006, Sept. 28). Double standard for Hispa
nic media? Miami scandal puts Journalists under
fire. *New American Media.* Tomado de http://new
s.newamericamedia.org/news/view_article.html?
article_id=9c929e3b03c9d15f8d733f3432ae 273e

Sierra, J. A. (n.d.) Batista. *History of Cuba.com,* Writ

ten & Compiled by J.A. Sierra [Página Web]. To-mado de http://www.historyofcuba.com/history/batista.htm

Sizemore, D. S. & Milner, W. T. (2004). Hispanic me dia use and perceptions of Discrimination: Recon-sidering Ethnicity, Politics, and Socioeconomics. *The Sociological Quarterly.* 45(4) pp. 765–784. Tomado de http://www.jstor.org/stable/4121209

Skahill, P. (2014, Apr. 28). Hillary Clinton On Journali-sm: Less Advocacy, More Explanation Needed. *WNPR News.* Monday 6:45 AM. Tomado de http://wnpr.org/post/hillary-clinton-journalism-less-ad-vocacy-more-explanation-needed

Smith, B. (2004, Mar. 1st). Miami Herald Publisher Al-berto Ibarguen Outside Cafe Versailles. *Editor and Publisher.* Tomado de http://www.corbisima ges.com/stock-photo/rights-man-aged/OUT953946/miami-herald-publisher-al-berto-ibarguen-outside-cafe

Smith-Mundt Modernization Act of 2012 (H.R.5736IH), May 10, 2012. Amendment of the United States Information and Educational Exchange Act of 1948 (22 U.S.C. 1461). 112th CONGRESS. 2d Session. Tomado de http://thomas.loc.gov/cgi-bin/query/z?c112:H.R.5736:

Smith-Mundt News (2014, June 2). Voice of America to target Americans despite ban on funding do-mestic news distribution, critics say. *Smith-Mundt, Confront Propaganda* [Página Web]. Tomado de http://www.smithmundt.com/voice-of-america-to-target-americans-despite-ban-on-funding-domes-tic-news-distribution-critics-say/

Snyder, A. (1996, Apr. 29). Privatize Radio and TV Marti. *The Miami Herald.* Tomado de http://www.alvinsnyder.com/privatize_radio_and_tv_marti_54918.htm

Soley, L. & Michols, J. L. (1987). *Clandestine radio broadcasting: A study of revolutionary and coun-terrevolutionary electronic communication.* New

York, NY: Praeger.

Soruco, G. R. (1996) *Cubans and the Mass Media in South Florida*. Gainesville, FL: University Press of Florida.

Spielmann, P. J. (2013, Oct. 29). UN votes against U. S. embargo on Cuba for 22nd year. *CTC News*, Canada, 3:49 EDT. Tomado de http://www.ctv news.ca/ world/un-votes-against-u-s-embargo-on-cuba-for-22nd-year-1.1518820

Staff (n.d). Default. Wilfredo Cancio Isla. Escríbeme. *Caracol 1260 Radio*. [Página Web]. Tomado de http://www.caracol1260.com/staff.asp?id=672727

Staff (1987, Nov, 25). Washington Talk: The U.S.I.A.; Can the News Abroad Come Home? *The New York Times*. Tomado de http://www.nytimes.com /1987/11/25/us/washington-talk-the-usia-can-the-news-abroad-come-home.html

Stephens, S. (2014, May. 21). Radio and TV Martí: Jammed in Cuba, Slammed by the U.S. Court of Appeals*Huffington Post*, 11:42 EDT. Tomado de http://www.huffingtonpost.com/sarah-stephens/ra-dio-and-tv-marti-jammed_b_5360509.html

Stepick, A., Grenier, G., Castro, M. & Dunn, M. (2003) *This Land Is Our Land. Immigrants and Power in Miami*. Berkeley, CA: Univ. of California Press.

Stern, J. A. (2012) *C.D. Jackson. Cold War propagan dist for democracy and globalism*. Lanham, MA: University Press of America.

Stine, R. J. (2014, Sept. 6). How Effective Is the BBG in 2014?. *Radio World*. Tomado de http://www.ra-dioworld.com/article/how-effective-is-the-bbg-in-/270769

Stogie (2008, Feb. 3). Sunday. Most Cuban Exiles Loop Through Mexico, Not Straits To Florida. *The Ybor City Stogie* [Web Blog]. Tomado de http:// yborcitystogie.blogspot.com/2008/02/most-cuban-exiles-loop-through-mexico.html

Stone, A. (Jan. 31, 2012). Terrorism 'Hot Spots' In Uni ted States Pinpointed In New Report. Huffpost Po litics Blog. *Huffington Post*. 9:00 a.m. Updated 11

:04 am [Web Blog]. Tomado de http://www.huffln gtonpost.com/2012/01/31/terrorism-hot-spots-ter-rorist-attack_n_1242784.html

Strouse, C. (1999, Apr. 8). Riptide. *Miami New Times.* April 8. Tomado de http://www.miaminewtimes. com/1999-04-08/news/riptide/

Strouse, C. (2007, Aug. 7). Miami herald Editor Speaks. *Miami New Times* [Web Blog]. Tomado de http://blogs.miaminewtimes.com/riptide/2007/ 08/miami_herald_editor_speaks.php

Sugarman, E. (1998). A Miami vision of our future? *In sight On The News*, 14(36):13. Tomado de http:// www.thesocialcontract.com/pdf/nine-two/ix-2-107 .pdf

Sullivan, M. P. & Taft-Morales, M. (2001, Jan. 11). Cu-ba: Issues and Legislation In the 106th Congress. Congressional Research Service. Tomado de htt p://wikileaks.org/wiki/CRS:_CUBA:_ISSUES_ AND_LEGISLATION_IN_THE_106TH_CONGRE SS,_January_11,_2001

Sullivan, M. P. (2014, Jan. 29). Cuba: U.S. Policy and Issues for the 113th Congress. Congressional Re search Service. Tomado http://www.fas.org/sgp/ crs/row/R43024.pdf

Swartz, M. (1999). The Herald's Cuban revolution. *New Yorker, 75* (14), pp36-37. Tomado de http:// www.newyorker.com/archive/1999/06/07/1999_ 06_07_036_TNY_LIBRY_000018344

Tamayo, J. O. (2010, Jan. 26) USAID funding to Cu ban American organizations raising concerns. *The Miami Herald.* Tomado de http://havanajour-nal.com/cuban_americans/entry/usaid-funding-to-cuban-american-organizations-raising-concerns/

Tamayo, J. O. (2010. May 10 a). Recomiendan fusión de Radio y TV Martí- con la Voz de América. *El Nuevo Herald.* Tomado de http://www.elnuevohe-rald.com/2010/05/03/v-fullstory/711009/recomien-dan-fusion-de-radio-y.html

Tamayo, J. O. (2012, Oct. 26). Cuba permitirá el regre

so de balseros, médicos y deportistas que emigra
ron. *The Miami Herald.* Tomado de http://www.el
nuevoherald.com/2012/10/26/1330249/la-habana
-flexibiliza-regreso.html

Teproff, C. (2014, Apr, 27). Gathering in Miami Beach
remembers the 6 million Jews who perished in Ho
locaust .*The Miami Herald.* Tomado de http://ww
w.miamiherald.com/2014/04/27/4084155/a-gath-
ering-in-miami-beach-to.html

Thompson, P. A. (2009). Market Manipulation? Apply-
ing the Propaganda Model to Financial Media Reporting. *Westminster Papers in Communication
and Culture.* University of Westminster, London,
UK, 6(2): 73-96.Tomado de https://www.westmins
ter.ac.uk/__data/assets/pdf_file/0017/35126/006
WPCC-Vol6-No2-Peter_A_Thompson.pdf

Time (1971, Dec. 6). Honduras: Swans, Spooks and
Boobies. *Time Magazine*, 98(23) Tomado de http:
//content.time.com/time/magazine/article/0,9171,
877512,00.html

Times Staff (2002, Oct. 12). Carlos Castaneda, 70; Fi
ve-Decade Career in Spanish-Language Press.
*Los Angeles Times.* Obituaries, Passing. From
Times Staff and Wire Reports. Tomado de http://
articles.latimes.com/2002/oct/12/local/me-pass-
ings12.2

TMH (n.d.). JFK's final visit to Miami. *The Miami Hera
ld,* Photo Galleries. Tomado de http://www.mia-
miherald.com/2013/11/16/3758526/jfks-visit-to-
miami.html

TMH (1990, Oct. 15). Pre-Cuban Miami Was a Good
Place to Live. *Miami Herald*, at 8A. Tomado de
http://www.latinamericanstudies.org/exile/herald-
10-15-90.jpg

Tofel, R. J. (2013) Non-Profit Journalism: Issues
Around Impact. A White Paper From *ProPublica.*
Tomado de http://s3.amazonaws.com/propublica
/assets/about/LFA_ProPublica-white-paper_2.1.
pdf

Torres, A. (1978). Sculpture damaged during an assault to Teatro Martí. *Merrick Library*, University of Miami. Asela Torres Photography Collection [Página Web]. Tomado de http://merrick.library.miami.edu/cdm/ref/collection/chc5277/id/55

Torres, M. A. (2001). *In the Land of Mirrors: Cuban Exile Politics in the United States*. Ann Arbor, MI: University of Michigan Press.

Trabajadores (2007, Nov. 26). More money for chocolates and canned crabs? *Cuba Headlines*. La Habana, Cuba. Tomado de http://www.cubaheadlines.com/2007/11/26/7291/more_money_for_chocolates_and_canned_crabs.html

Triff, A. (2014, Jan. 12). El Miami carcomido de Néstor Díaz de Villegas. *Tu Miami Blog* [Web blog]. Tomado de http://www.tumiamiblog.com/2014/01/el-miami-de-nestor-diaz-de-villegas.html

Trotta, D. (2014, May 29). U.S. Chamber of Commerce chief urges Cuba to extend reforms. *Reuters*, London, UK. Thursday, 8:57 pm EDT. Tomado de http://www.reuters.com/article/2014/05/30/us-cuba-usa-idUSKBN0E92E420140530

Turner, K. (2007, Aug. 17). Doug Clifton to join Cleveland Journalism Hall of Fame. *Advance Digital*. http://blog.cleveland.com/metro/2007/08/doug_clifton_to_join_cleveland.htmlTomado de http://www.tumiamiblog.com/2014/01/el-miami-de-nestor-diaz-de-villegas.html

TV-Novosti (2013, July 15). US ends ban on 'domestic propaganda'. *RTV America*, Published time: July 15, 18:32, Edited time: July 16, 15:54. Tomado de http://rt.com/usa/smith-mundt-domestic-propaganda-121/

UPI (1985, May 23). Castro Blasts U.S. Broadcasts to Cuba. *United Press International*. Chicago Tribune. Tomado de http://articles.chicagotribune.com/1985-05-23/news/8502010921_1_radio-marti-radio-rebelde-cuban-port

United States Information and Educational Exchange Act of 1948, § 22, 18 U.S.C. § 1461 (1948). Tomado de http://mountainrunner.us/files/2012/05/Publi c-Law-80-4021.pdf

United States International Communications Reform Act 6 of 2014. H. R. 4490. 113th Congress. 2d Session. Tomado de http://www.gpo.gov/fdsys/pkg/BI-LLS-113hr4490ih/pdf/BILLS-113hr4490ih.pdf

United States. Congress. Senate. Committee on Fore ign Relations, 2010. Cuba: immediate action is needed to ensure the survivability of Radio and TV Marti [Cuba: se necesitan medidas inmediatas para asegurar la supervivencia de Radio y TV Martí] a Report to the Committee on Foreign Relations. US Senate, One Hundred Eleventh Congress, second session, April 29, 2010. Washington: Government Printing Office. S. Prt. 111-46. Tomado de http://www.gpo.gov/fdsys/ pkg/CPRT-111SPRT56157/html/CPRT111SPRT 56157.htm

Univision Communications (2013). Televisión. Univision Network. *Univision* [Página Web]. Tomado de http://corporate.univision.com/media-property /univision-network/

USHR (1988, September 22). Foreign policy implications of TV Marti. Hearing before the Subcommittee on International Operations and on Western Hemisphere Affairs of the Committee on Foreign Affairs. Washington, DC: 100th Congress. United States House of Representatives. Tomado de http://babel.hathitrust.org/cgi/pt?id=pst.0000147 23827;view=1up;seq=3

US-GAO (2008, Jul. 11). Broadcasting to Cuba. Weak nesses in contracting practices reduce visibility into selected award decisions. GAO-08-764. [Página Web]. Tomado de http://www.gao.gov/pro-ducts/GAO-08-764

US-GAO (2009, Jan. 22). Broadcasting to Cuba. Ac tions are needed to improve strategy and Operations. GAO-09-127 [Página Web]. Tomado de: http://www. gao.gov/products/GAO-09-127

US Department of Commerce (2014). Selected popula tion profile in the United States, more information.

2012 American Community Survey 1-Year Estimates. *U.S. Census Bureau*. Tomado de http://fact
finder2.census.gov/rest/dnldController/deliver?_ts
=420892104286

US Department of State (2007, July). United States De
partment of State and the Broadcasting Board of
Governors, Office of Inspector General Report of
Inspection, U.S. Interests Section Havana, Cuba
Report Number ISP-I-07-27A. Tomado de http://
oig.state.gov/documents/organization/121798.pdf

Usint Events (2009, Jun. 27). USINT Havana hosts
Open Mike Night. *United States Interest Section*,
Havana, Cuba, Saturday [Página Web]. Tomado
de http://havana.usint.gov/open_mike_night.html

Usint Events (2012, Jan. 27). USINT offers Intensive
Journalism Course in Radio Reporting. *United
States Interest Section*, Havana, Cuba [Página
Web]. Tomado de http://havana.usint.gov/ijc2012
.html

Val, F. A. del, Moraru, V. & Roca, J. M. (1999). *Política
y comunicación. Conciencia cívica, espacio público y nacionalismo*. Madrid, España: Los Libros de
La Catarata.

Van Belkum, K. (2013, June 20). Radio Swan: Sea
bees Part of Cold War History. *Seabee Magazine
On-line*. Tomado de http://seabeemagazine.navy
live.dodlive.mil/2013/06/20/swan-island-seabees-
fifty-three-years-ago/

Valdés, N. P. (1992). Cuban Political Culture: Between
Betrayal and Death, in Cuba in Transition: Crisis
and Transformation. *Latin American Perspectives
Series* 9:207-228. Halebsky, Sandor, Kirk, John
M., Bengesdorf, Carollee, Harris, Richard L.,
Stubbs, Jean & Zimbalist, Andrew, Eds. Boulder,
CO: Westview Press.

Valdés, N. P. Brief for the Supreme Court as *Amicus
Curiae* of Nelson P. Valdés, Guillermo Grenier,
Félix Masud-Piloto, José A. Cobas, Lourdes Ar-
guelles, Rubén G. Rumbaut, and Louis Pérez, In

support of petitioners. March 6, 2009. No. 08-987. http://www.supremecourt.gov/Search.aspx?File-Name=/docketfiles/08-987.htm

Valladares, A. (2012, Oct. 7). Armando Valladares so bre *Radio Martí* [Web Blog].*Emiliolchikawa.* 12:44 pm. Tomado de http://eichikawa.com/2012/10/armando-valladares-sobre-radio-marti-un-especial-de-nuevo-accion.html

Vanderlinden, C. (2006, Feb. 3). Technology as the Sixth Filter: Revising the Propaganda Model. *Communication and Culture*, York University. Tomado de http://archive.today/M6Atl#selection-353.0-353.42

Varela (2010, Sept. 2). Radio and TV Marti employees living on "the bottle" in Miami. *Havana Journal*, Boston, MA. Progreso Weekly [Página Web]. Tomado de http://havanajournal.com/cuban_americans/entry/radio-and-tv-marti-employees-living-on - the-bottle-in-miami/

Vázquez-Portal, M. (2011, Nov. 21). Carta de renuncia de Manuel Vázquez Portal (versión española). *El Blog de Vázquez Portal* [Página Web]. Tomado de http://tintainfelizmierdaflorida.blogspot.com/2011/11/carta-de-renuncia-de-manuel-vazquez.html

Vitieri, J. (2014, May. 9). Hispanicize, la voz de los hispanos. *Jackie Vitieri*, [Web blog].Tomado de http://jackieviteri.com/

VOA (2008, June 11). About VOA. Voice of America. *Internet Archive.*Wayback Machine [Página Web]. Tomado de http://web.archive.org/web/20080611012312/http://voanews.com/english/about/index.cfm

Wakefield, R. (2007, Jul. 26). I Am Not a Communist. *Miami Sun Post*. Tomado de https://groups.ya hoo.com/neo/groups/CubaNews/conversations/topics/69532

Waldinger, R. (1993, Sept.). The ethnic enclave deba-te revisited. *International Journal of Urban and Regional Research.* 17(3):444-452, DOI: 10.1111

Walsh, D. C. (2008). A dual method analysis of ex change theory as applied to Radio Marti. (Order No. 3337192, University of South Carolina). *Pro Quest Dissertations and Theses,* 273. Tomado de http://search.proquest.com/docview/304459975? accountid=14129. (304459975).

Walsh, D. C. (2011). *An Air War with Cuba: The United States Radio Campaign Against Castro.* Jefferon, NC: McFarland.

Walsh, D. C. (2011 a). The History of the U.S. Informa-tion and Educational Exchange Act of 1948 and Three Arguments for the Termination of its Prohi-bition on Domestic Release of Information. *Inter-national Journal of Communidations Law & Policy* 14.Tomado de http://ijclp.net/ojs/index.php/ijclp/article/download/18/8

Wasem, R. E. (2009, June 2). Cuban Migration to the United States: Policy and Trends. *Congressional Research Service,* 7-5700. R40566. Tomado de http://www.fas.org/sgp/crs/row/R40566.pdf

Weed, M. C. (2014, May 2). U.S. International Broad-casting: Background and Issues for Reform. Con-gressional Research Service. Tomado de http://www.fas.org/sgp/crs/row/R43521.pdf

Whitlock, C. (2012, Jul. 7). Somali American caught up in a Shadowy Pentagon Counterpropaganda campaign. *The Washington Post.* Tomado de http://www.washingtonpost.com/world/national-security/somali-american-caught-up-in-a-shadowy-pen-tagon-counterpropaganda-campaign/2013/07/07/b3aca190-d2c5-11e2-bc43-c404c3269c73_story.html

Wides-Muñoz, L. (2006, Oct. 5). Spanish-language pa pers pose unique challenge for media companies. *Naples Daily News* (FL). Tomado de http://docs.newsbank.com/openurl?ctx_ver=z39. 88-2004&rft_id=info:sid/iw.newsbank.com:AWNB: NDNB&rft_val_format=info:ofi/fmt:kev:mtx:ctx&rft _dat=114

999A04435E950&svc_dat=InfoWeb:aggregated5
&req_dat=0F34115504415D63

Wilkerson, M. (2014). Nunca Olvidé: Reframing Historical Discourse on Cuban Exile Terrorism," Germina Veris, 1(1). Tomado de http://www1.easternct.edu/germinaveris/nunca-olvide/

Williams, C. J. (2006, Aug. 11). In Miami, Graying Anti-Castro Movement Is Losing Steam. *Los Angeles Times.* The Nation. Tomado de http://articles.latimes.com/2006/aug/11/nation/na-cubans11

Wikibooks Contributors (2011, Nov. 30). *Communication theory.* Tomado de http://en.wikibooks.org/wiki/Communication_Theory

Wolf, M. (1987). *La investigación de la comunicación de masas crítica y perspectivas.* Barcelona, España: Paidós Ibérica Ediciones.

WN (2013, Aug, 8). Cuban-Americans Call Off Protests Against Bahamas. *The New York Times.* Tomado de http://article.wn.com/view/2013/08/12/Cuban Americans_Call_Off_Protests_Against_Bahamas_t8/

Zake, I. (2009). *Anti-Communist Minorities in the U.S.: Political Activism of Ethnic Refugees.* Hampshire, UK: Palgrave Macmillan.

Zuckerman, E. (2013, Dec. 6). Linking news and Action. *My Heart's in Accra* [Web Blog]. Tomado de http://www.ethanzuckerman.com/blog/2013 /06/12/linking-news-and-action/

PEDRO GONZÁLEZ MUNNÉ

# Anexos

Contratos a periodistas relacionados con el escándalo, de *Radio y TV Martí* (LaRiva, n.d.).

PEDRO GONZÁLEZ MUNNÉ

| BROADCASTING BOARD OF GOVERNORS | | | | | | 1. MOMENTUM DOCUMENT NO. FQ1088-10-FQ-00156 |
|---|---|---|---|---|---|---|
| MOMENTUM REQUISITION | | | | | | 2. DATE OF REQUISITION 04/06/2010 |

DELIVERY LOCATION OR PLACE OF PERFORMANCE
Office of Cuba Broadcasting, 4201 NW 77th Ave
Miami, FL 33166

4. SECURITY ORGANIZATION
BBGORG

5. NAME OF ORIGINATOR
Teresa Candiani

6. PHONE NO. OF ORIGINATOR
305-437-7001

7. RECOMBINED SOURCE
(b)(6) - ALBERTO MULLER

8. APPROVALS

| APPROVING OFFICIALS | ROUTING SYMBOL | DATE | INTERNAL ROUTING | | 9. NAME OF ACTUAL REQUESTOR Clara Dominguez |
|---|---|---|---|---|---|
| | | | INITIALS | ROUTING SYMBOL | |
| G Rosal | | 4-6-10 | | | 10. PHONE NO. OF ACTUAL REQUESTOR |
| Pedro V Roig | OCB Dir | 4-6 10 | | | |
| | OCB/A | 4/7/10 | | | 11. GOVERNMENT FURNISHED PROPERTY ☐ YES ☐ NO |
| | OCB/A | 4/7/10 | | | |

12. ACCOUNTING AND APPROPRIATION DATA OCB 1088 2010 0206 448421 8060 2580

13. REQUIRED DELIVERY DATE

| 14. ITEM NO. | 15. DESCRIPTION OF ARTICLES OR SERVICES | 16. QUANTITY | 17. UNIT | 18. UNIT PRICE | 19. AMOUNT |
|---|---|---|---|---|---|
| 1 | Requisition Amendment No. 002 Amended on 04/06/2010 | | | | |
| | Services Request for program participant for Alberto Muller 10 weekly at $77.00 ea. - $770.00 from 1-18 thru 3-31-10. (110 at 77.00 ea -$8,470.00) Subject to availability of funds for 2010 fiscal year. 110 x 77 28 x 77 | 273.00 | EA | 77.00 | 21,021.00 |
| | Amend 1088-10-FQ-00156 extend services and increase funds 4-1-10 to 6-30-10 add 156 at $77.00 ea.-$12,012.00 | | | | |
| | — FUNDING SUMMARY — | | | | |
| | OCB 1088 2010 0206 448421 8060 2580 | | | | |
| | $21,021.00 | | | | |
| | An additional amount of 10% or $1,000.00, whichever is less, may be applied without additional approval when Procurement processes the award. | | | | |
| | | | | 20. TOTAL AMOUNT OF ALL PAGES $21,021.00 | |

**HELD**

PAGE: 1

154

Contrato de Alberto Muller (página)...........................

| AMENDMENT OF SOLICITATION/MODIFICATION OF CONTRACT | | | 1. CONTRACT ID CODE | | PAGE OF PAGES |
|---|---|---|---|---|---|
| | | | | | 1      2 |

| 2. AMENDMENT/MODIFICATION NO. | 3. EFFECTIVE DATE | 4. REQUISITION/PURCHASE REQ. NO. | 5. PROJECT NO. (if applicable) |
|---|---|---|---|
| 052003 | | | |
| 6. ISSUED BY          CODE | OCB | 7. ADMINISTERED BY (if other than item 6)     CODE | OCB |

Office of Cuba Broadcasting
4201 N.W. 77th Avenue
Miami FL 33166

Office of Cuba Broadcasting
4201 N.W. 77th Avenue
Miami FL 33166

| 8. NAME AND ADDRESS OF CONTRACTOR (No., street, county, State and ZIP Code) | (x) | 9A. AMENDMENT OF SOLICITATION NO. |
|---|---|---|

Alejandro Armengol
**(b) (6)**

| 9B. DATED (SEE ITEM 11) |
|---|

| x | 10A. MODIFICATION OF CONTRACT/ORDER NO. |
|---|---|
| | 0209-0010 |

| 10B. DATED (SEE ITEM 13) |
|---|
| 10/18/2001 |

| CODE | **(b) (6)** | FACILITY CODE |
|---|---|---|

11. THIS ITEM ONLY APPLIES TO AMENDMENTS OF SOLICITATIONS

The above numbered solicitation is amended as set forth in item 14. The hour and date specified for receipt of Offers ☐ is extended, ☐ is not extended...

12. ACCOUNTING AND APPROPRIATION DATA (if required)          Net Increase:          $1,950.00

9568-02-43208-1080-98010-448410-80012580

13. THIS ITEM ONLY APPLIES TO MODIFICATION OF CONTRACTS/ORDERS. IT MODIFIES THE CONTRACT/ORDER NO. AS DESCRIBED IN ITEM 14.

| CHECK ONE | A. THIS CHANGE ORDER IS ISSUED PURSUANT TO: (Specify authority) THE CHANGES SET FORTH IN ITEM 14 ARE MADE IN THE CONTRACT ORDER NO. IN ITEM 10A. |
|---|---|
| | B. THE ABOVE NUMBERED CONTRACT/ORDER IS MODIFIED TO REFLECT THE ADMINISTRATIVE CHANGES (such as changes in paying office, appropriation date, etc.) SET FORTH IN ITEM 14 PURSUANT TO THE AUTHORITY OF FAR 43.103(b). |
| | C. THIS SUPPLEMENTAL AGREEMENT IS ENTERED INTO PURSUANT TO AUTHORITY OF: |
| X | D. OTHER (Specify type of modification and authority) |

16. CONTRACTOR ☐ Contractor ☐ is not, ☐ is required to sign this document and return _____ copies to the issuing office.

14. DESCRIPTION OF AMENDMENT/MODIFICATION (Organized by UCF section headings, including solicitation/contract subject matter where feasible.)

Tax Id Number: **(b) (6)**
DUNS Number: No: Available
LIST OF CHANGES:
Total Amount for this Modification: $1,950.00
New Total Amount for this Award: $2,600.00
Obligated Amount for this Modification: $1,950.00
New Total Obligated Amount for this Award: $2,600.00

CHANGES FOR LINE ITEM NUMBER: 1
Quantity changed from 13 to 52
Total Amount changed
Continued ...

Except as provided herein, all terms and conditions of the document referenced in item 9A or 10A, as heretofore changed, remains unchanged and in full force and effect.

| 15A. NAME AND TITLE OF SIGNER (Type or print) | | 16A. NAME AND TITLE OF CONTRACTING OFFICER (Type or print) | |
|---|---|---|---|
| | | Ted Bartell | |
| 15B. CONTRACTOR/OFFEROR | 15C. DATE SIGNED | 16B. UNITED STATES OF AMERICA | 16C. DATE SIGNED |
| (Signature of person authorized to sign) | | (Signature of Contracting Officer) | |

NSN 7540-01-152-8070
Previous edition unusable

STANDARD FORM 30 (REV. 10-83)
Prescribed by GSA
FAR (48 CFR) 53.243

Contrato de Alejandro Armengol (página).................

| AMENDMENT OF SOLICITATION/MODIFICATION OF CONTRACT | | 1. CONTRACT ID CODE | | PAGE OF PAGES 1   2 |
|---|---|---|---|---|
| 2. AMENDMENT/MODIFICATION NO. 000003 | 3. EFFECTIVE DATE 02/09/2001 | 4. REQUISITION/PURCHASE REQ. NO. | | 5. PROJECT NO. (if applicable) |
| 6. ISSUED BY                CODE | OCB | 7. ADMINISTERED BY (if other than item 6)        CODE | OCB | |

Office of Cuba Broadcasting
4201 N.W. 77th Avenue
Miami FL 33166

Office of Cuba Broadcasting
4201 N.W. 77th Avenue
Miami FL 33166

8. NAME AND ADDRESS OF CONTRACTOR (No., street, county, State and ZIP Code)

ARIEL REMOS
(b)(6)

9A. AMENDMENT OF SOLICITATION NO.

9B. DATED (SEE ITEM 11)

10A. MODIFICATION OF CONTRACT/ORDER NO.
F196-1038

10B. DATED (SEE ITEM 13)
10/26/2000

CODE  (b)(6)    FACILITY CODE

11. THIS ITEM ONLY APPLIES TO AMENDMENTS OF SOLICITATIONS

12. ACCOUNTING AND APPROPRIATION DATA (if required)
9568-ST-X2508-1086-1-01038-648470-8050-2500    Net Increase:    $4,400.00

13. THIS ITEM ONLY APPLIES TO MODIFICATION OF CONTRACTS/ORDERS. IT MODIFIES THE CONTRACT ORDER NO. AS DESCRIBED IN ITEM 14.

| CHECK ONE | | |
|---|---|---|
| | A. THIS CHANGE ORDER IS ISSUED PURSUANT TO (Specify authority) THE CHANGES SET FORTH IN ITEM 14 ARE MADE IN THE CONTRACT ORDER NO. IN ITEM 10A. | |
| X | B. THE ABOVE NUMBERED CONTRACT/ORDER IS MODIFIED TO REFLECT THE ADMINISTRATIVE CHANGES (such as changes in paying office, appropriation data, etc.) SET FORTH IN ITEM 14, PURSUANT TO THE AUTHORITY OF FAR 43.103(b). | |
| | C. THIS SUPPLEMENTAL AGREEMENT IS ENTERED INTO PURSUANT TO AUTHORITY OF | |
| | D. OTHER (Specify type of modification and authority) | |

E. IMPORTANT:  Contractor ☐ is not.  ☐ is required to sign this document and return ___ copies to the issuing office.

14. DESCRIPTION OF AMENDMENT/MODIFICATION (Organized by UCF section headings, including solicitation/contract subject matter where feasible.)
Fax TO Number:  (b)(6)
DUNS Number:  Not Available

ABOVE ORDER IS HEREBY AMENDED TO
CHANGE QUANTITY FROM 18 TO 104

NEW TOTAL $5,200.00
OLD TOTAL   900.00
INCREASE  $4,300.00
continued ...

Except as provided herein, all terms and conditions of the document referenced in Item 9A or 10A, as heretofore changed, remains unchanged and in full force and effect.

| 15A. NAME AND TITLE OF SIGNER (Type or print) | | 16A. NAME AND TITLE OF CONTRACTING OFFICER (Type or print) Ted Barsell | |
|---|---|---|---|
| 15B. CONTRACTOR/OFFEROR | 15C. DATE SIGNED | 16B. UNITED STATES OF AMERICA | 16C. DATE SIGNED |

NSN 7540-01-152-8070
Previous edition unusable

STANDARD FORM 30 (REV. 10-83)
Prescribed by GSA
FAR (48 CFR) 53.243

PEDRO GONZÁLEZ MUNNÉ

| ORDER FOR SUPPLIES OR SERVICES | | | | | PAGE OF PAGES | |
|---|---|---|---|---|---|---|
| **IMPORTANT: Mark all packages and papers with contract and/or order numbers** | | | | | 1 | 2 |
| 1. DATE OF ORDER | 2. CONTRACT NO. (if any) | | | 6. SHIP TO: | | |
| 03/12/2001 | | | | a. NAME OF CONSIGNEE | | |
| 3. ORDER NO. | | 4. REQUISITION/REFERENCE NO. | | Office of Cuba Broadcasting | | |
| F109-1103 | | 11-2603 | | | | |
| 5. ISSUING OFFICE (Address correspondence to) | | | | b. STREET ADDRESS | | |
| Office of Cuba Broadcasting | | | | 4201 N.W. 77th Avenue | | |
| 4201 N.W. 77th Avenue | | | | | | |
| Miami FL 33166 | | | | | | |
| | | | | c. CITY | d. STATE | e. ZIP CODE |
| | | | | Miami | FL | 33166 |
| 7. TO: | | | | f. SHIP VIA | | |
| a. NAME OF CONTRACTOR | | | | | | |
| CARLOS ALBERTO MONTANER | | | | 8. TYPE OF ORDER | | |
| b. COMPANY NAME | | | | X a. PURCHASE | b. DELIVERY | |
| c. STREET ADDRESS | | | | REFERENCE YOUR: | | |
| (b) (6) | | | | | Except for billing instructions on the reverse, this delivery order is subject to instructions contained on this side only of the form and is issued subject to the terms and conditions of the above-numbered contract. | |
| | | | | Please furnish the following on the terms and conditions specified on both sides of this order and on the attached sheets, if any, including delivery as indicated. | | |
| d. CITY | | e. STATE | f. ZIP CODE | | | |
| (b) (6) | | | | | | |
| 9. ACCOUNTING AND APPROPRIATION DATA | | | | 10. REQUISITIONING OFFICE | | |
| See Schedule | | | | Office of Cuba Broadcasting | | |
| 11. BUSINESS CLASSIFICATION (Check appropriate box(es)) | | | | | | |
| a. SMALL | | b. OTHER THAN SMALL | | c. DISADVANTAGED | | d. WOMEN-OWNED |
| 12. F.O.B. POINT | | | 14. GOVERNMENT B/L NO. | 15. DELIVER TO F.O.B. POINT ON OR BEFORE (Date) | | 16. DISCOUNT TERMS |
| Destination | | | | | | |
| 13. PLACE OF | | | | | | Net 30 |
| a. INSPECTION | b. ACCEPTANCE | | | | | |
| Destination | Destination | | | | | |

| 17. SCHEDULE (See reverse for Rejections) | | | | | | | |
|---|---|---|---|---|---|---|---|
| ITEM NO. (a) | SUPPLIES OR SERVICES (b) | QUANTITY ORDERED (c) | UNIT (d) | UNIT PRICE (e) | AMOUNT (f) | QUANTITY ACCEPTED (g) | |
| | Tax ID Number: (b) (6) | | | | | | |
| | DUNS Number: Not Available | | | | | | |
| | Accounting Info: | | | | | | |
| | 9566-01-X0208-1080-9:103-448420-8050-2580 | | | | | | |
| | Period of Performance: 03/03/2001 to | | | | | | |
| | 09/30/2001 | | | | | | |
| | Continued ... | | | | | | |

| 18. SHIPPING POINT | 19. GROSS SHIPPING WEIGHT | 20. INVOICE NO. | | 17(h) TOTAL (Cont. pages) |
|---|---|---|---|---|
| | | | | |
| | 21. MAIL INVOICE TO: | | | |
| SEE BILLING INSTRUCTIONS ON REVERSE | a. NAME | Office of Cuba Broadcasting | $4,650.00 | |
| | b. STREET ADDRESS (or P.O. Box) | 4201 N.W. 77th Avenue | | 17(i) GRAND TOTAL |
| | c. CITY | d. STATE | e. ZIP CODE | $4,650.00 |
| | Miami | FL | 33166 | |
| 22. UNITED STATES OF AMERICA | | 23. NAME (Typed) | | |
| BY (Signature) | | Ted Bersell | | |
| | | TITLE: CONTRACTING/ORDERING OFFICER | | |

| | |
|---|---|
| NSN 7540-01-152-8083 | OPTIONAL FORM 347 (Rev 6/95) |
| PREVIOUS EDITION NOT USABLE | Prescribed by GSA/FAR 48 CFR 53.213(e) |

Contrato de Carlos Alberto Montaner (página).........

DM-1

IA-44 (8-82)

BBG

REQUISITION - PURCHASE ORDER - INVOICE
PROFESSIONAL SERVICES

FAST PAY

CLEARANCE: DATE
NANC
FBC

United States Information Agency
Washington, D. C. 20547

| Org. Symbol | Order No. | Fiscal Yr. | Date |
|---|---|---|---|
| | P510-8081 | | 12/16/04 |

REQUISITIONING OFFICE
OCB/TB Jose Miranda
Signature 12/16/04

Daniel Morcate
[redacted]

SHIP OR DELIVER TO

| Division | Branch | Section |
|---|---|---|
| IBB | BBG | TV Martí |

THIS PURCHASE IS NEGOTIATED UNDER AUTHORITY OF P. L. 152, 81ST CONG. SECTION 302(C) (3), AS AMENDED.
THIS DELIVERY ORDER IS ISSUED SUBJECT TO THE TERMS AND CONDITIONS OF CONTRACT. NO. IA-

| ITEM NO | PLEASE FURNISH THE FOLLOWING | QTY. | UNIT COST | TOTAL COST |
|---|---|---|---|---|
| | Person to serve as participant for the recording of "Cuba La Hora del Cambio" program to be taped at TV Marti studios on 12/16/04. | 1 | $175.00 | 175.00 |

Number of assigns: 1
SSN: [redacted]
Refers to requisition: 44-2844.

Approved by:

Date 12/21/04

Jorge L. Hernandez

FORM IBB-899, BBG/IBB SUPPLEMENTAL TERMS AND CONDITIONS (INDIVIDUAL), OF-347 AND FORM IBB-IA-44, ATTACHED (03/2004)

Document #: 10855080 81 — Allotment #: 1085
Date Invoice Received: 12-22-04
Date Goods/Services Received or accepted: 12/16/04
Signature & Date of Approval: 12/16/04
Printed Names: J. Marks — Office Symbols: OCB/TB.

Warranty: Payee warrants that all work performed hereunder is original work and will not infringe the rights of third parties. Payee hereby assigns all rights in and to said work to the Government reserving no interest therein.
Signature D Morcate — Date

TOTAL 175.00

EXCEPTIONS:

Differences
ACCOUNT VERIFIED CORRECT FOR -
BY:

APPROVALS

Administrative Office:
(Signature)
12-22-04
(Date)

FUND FY ALLOT SOC/AC FUNC RES
FUNDS AVAILABLE:
Bill Russell 12/22/04
(Signature) (Date)

Chief of Procurement 12/22/04
(Signature) Title Date

CERTIFICATIONS

Receiving Office:
The items were received in good order except as noted above.
12/16/04
Received By: Date Title

Payee:
I certify that the bill is correct and just and that payment has not been received.
D Morcate
(Signature) Date

1. AGENCY USE

Contrato de Daniel Morcate (página)........................

| AMENDMENT OF SOLICITATION/MODIFICATION OF CONTRACT | | 1. CONTRACT ID CODE | | PAGE OF PAGES 1 2 |
|---|---|---|---|---|
| 2. AMENDMENT/MODIFICATION NO. 000001 | 3. EFFECTIVE DATE | 4. REQUISITION/PURCHASE REQ. NO. | | 5. PROJECT NO. (If applicable) |
| 6. ISSUED BY CODE OCB | | 7. ADMINISTERED BY (If other than Item 6) CODE OCB | | |
| Office of Cuba Broadcasting 4201 N.W. 77th Avenue Miami FL 33166 | | Office of Cuba Broadcasting 4201 N.W. 77th Avenue Miami FL 33166 | | |

| 8. NAME AND ADDRESS OF CONTRACTOR (No. street, county, State and ZIP Code) | | (X) | 9A. AMENDMENT OF SOLICITATION NO. |
|---|---|---|---|
| Enrique Encinosa (b) (6) | | (X) | |
| | | | 9B. DATED (SEE ITEM 11) |
| | | X | 10A. MODIFICATION OF CONTRACT/ORDER NO. 2109-1071 |
| CODE (b) (6) | FACILITY CODE | | 10B. DATED (SEE ITEM 11) 12/07/2000 |

| 11. THIS ITEM ONLY APPLIES TO AMENDMENTS OF SOLICITATIONS |
|---|
| [ The above numbered solicitation is amended as set forth in Item 14. The hour and date specified for receipt of Offers [ ] is extended. [ ] is not extended. Offers must acknowledge receipt of this amendment prior to the hour and date specified in the solicitation or as amended, by one of the following methods: (a) By completing Items 8 and 15, and returning _____ copies of the amendment; (b) By acknowledging receipt of this amendment on each copy of the offer submitted; or (c) By separate letter or telegram which includes a reference to the solicitation and amendment numbers. FAILURE OF YOUR ACKNOWLEDGMENT TO BE RECEIVED AT THE PLACE DESIGNATED FOR THE RECEIPT OF OFFERS PRIOR TO THE HOUR AND DATE SPECIFIED MAY RESULT IN REJECTION OF YOUR OFFER. If by virtue of this amendment you desire to change an offer already submitted, such change may be made by telegram or letter, provided each telegram or letter makes reference to the solicitation and this amendment, and is received prior to the opening hour and date specified. ] |

| 12. ACCOUNTING AND APPROPRIATION DATA (If required) 9168-01-XG208-1060-91071-448420-#050-2580 | Net Increase: $4,000.00 |
|---|---|

| 13. THIS ITEM ONLY APPLIES TO MODIFICATION OF CONTRACTS/ORDERS. IT MODIFIES THE CONTRACT/ORDER NO. AS DESCRIBED IN ITEM 14. |
|---|
| (CHECK ONE) A. THIS CHANGE ORDER IS ISSUED PURSUANT TO: (Specify authority) THE CHANGES SET FORTH IN ITEM 14 ARE MADE IN THE CONTRACT ORDER NO. IN ITEM 10A. |
| B. THE ABOVE NUMBERED CONTRACT/ORDER IS MODIFIED TO REFLECT THE ADMINISTRATIVE CHANGES (such as changes in paying office, appropriation date, etc.) SET FORTH IN ITEM 14, PURSUANT TO THE AUTHORITY OF FAR 43.103(b). |
| X C. THIS SUPPLEMENTAL AGREEMENT IS ENTERED INTO PURSUANT TO AUTHORITY OF: |
| D. OTHER (Specify type of modification and authority) |

| 16. IMPORTANT: Contractor [ ] is not. [ ] is required to sign this document and return _____ copies to the issuing office. |
|---|
| 14. DESCRIPTION OF AMENDMENT/MODIFICATION (Organized by UCF section headings, including solicitation/contract subject matter where feasible.) |

Tax ID Number: (b) (6)
DUNS Number: Not Available

ABOVE ORDER IS HEREBY AMENDED TO
CHANGE QUANTITY FROM 12 TO 52

NEW TOTAL $5,200.00
OLD TOTAL 1,200.00
INCREASE $4,000.00

Continued ...

| Except as provided herein, all terms and conditions of the document referenced in Item 9A or 10A, as heretofore changed, remains unchanged and in full force and effect. | | | |
|---|---|---|---|
| 15A. NAME AND TITLE OF SIGNER (Type or print) | | 16A. NAME AND TITLE OF CONTRACTING OFFICER (Type or print) Ted Barzell | |
| 15B. CONTRACTOR/OFFEROR | 15C. DATE SIGNED | 16B. UNITED STATES OF AMERICA | 16C. DATE SIGNED |
| (Signature of person authorized to sign) | | (Signature of Contracting Officer) | |
| NSN 7540-01-152-8070 Previous edition unusable | | STANDARD FORM 30 (REV. 10-83) Prescribed by GSA FAR (48 CFR) 53.243 | |

Contrato de Enrique Encinosa (página) .................

| Print | Close | Help |

**Transaction Information**

| Award Type: | BPA Call | Prepared Date: | 06/25/2007 14:43:41 | Prepared User: | MCRUZOCBIBBG |
| Award Status: | Draft | | Last Modified Date: | 06/25/2007 14:44:15 | Last Modified User: | MCRUZOCBIBBG |

**Document Information**

| | Agency | Procurement Identifier | | Modification No | Trans No |
| Award ID: | 9568 | BBGP07458403 | | 5 | 0 |
| Referenced IDV ID: | 9568 | BBGBPA07452509 | | 0 | |

Reason For Modification: OTHER ADMINISTRATIVE ACTION

Solicitation ID:

**Dates**

| Date Signed: | 06/21/2007 |
| Effective Date: | 06/21/2007 |
| Completion Date: | 09/30/2007 |

Ext. Ultimate Completion Date:

**Amounts**

| | Previous | Current | To |
| Action Obligation: | $22,800.00 | $7,050.00 | $ |
| Base And Exercised Options Value: | $22,800.00 | $7,050.00 | $ |
| Base And All Options Value: | $0.00 | $0.00 | |
| Fee Paid for Use of Indefinite Delivery Vehicle: | $0.00 | | |

**Purchaser Information**

| Contracting Office Agency ID: | 9568 | Contracting Office Agency Name: | BROADCASTING BOARD OF GOVE |
| Contracting Office ID: | 00009 | Contracting Office Name: | OFFICE OF CUBA BROADCASTING |
| Funding Agency ID: | | Funding Agency Name: | |
| Funding Office ID: | | Funding Office Name: | |
| Funded By Foreign Entity: | | Reason For Inter-Agency Contracting: | Select One |

**Contractor Information**

Socio Economic Data

CCR Exception: PLEASE SELECT CCR EXCEPTION BY CLICKING THE ELLIPSIS (...) BUTTON

Vendor Name: PATTERSON PROFESSIONAL CORPO

| | | Veteran Owned | Asian Pacific | Tribal Gover |
| DBAN: | | Buy Owned | Black Owned | |
| Street: | (b) (6) | 8(a) Firm | Service Disabled Vet | Black Owned |
| Street2: | | Hub Zone | Local Government | Native Ameri |
| City: | | SDB | Minority Institution | Asian Indian |
| State: | | JWOD (Sheltered Workshop) | American Indian | Non-Profit O |
| Congressional District: | | HBCU | State Government | Hispanic Ow |
| Country: | UNITED STATES | Educational Institution | Federal Government | Emerging Sn |
| Phone: | | Women Owned | Minority Owned Business | Hospital |

Fax No:

| DUNS No: | (b) (6) | Organization Type | Number of Employees | Annual Rev |
| Contractor Name From Contract: | PATTERSON PROFESSIONAL CORP | | 1 | $32,400 |

Contract Data

Type of Contract: Select One

Multi Year Contract:

Major Program:

Contrato de Enrique Encinosa (página) ...................

| ORDER FOR SUPPLIES OR SERVICES | | | | | | PAGE OF PAGES | |
|---|---|---|---|---|---|---|---|
| IMPORTANT: Mark all packages and papers with contract and/or order numbers. | | | | | | 1 | 3 |
| 1. DATE OF ORDER | 2. CONTRACT NO. (if any) | | | 6. SHIP TO: | | | |
| 02/21/2001 | | | | a. NAME OF CONSIGNEE | | | |
| 3. ORDER NO. | | 4. REQUISITION/REFERENCE NO. | | Office of Cuba Broadcasting | | | |
| 2110-8098 | | 00-2013 | | | | | |
| 5. ISSUING OFFICE (Address correspondence to) | | | | b. STREET ADDRESS | | | |
| Office of Cuba Broadcasting | | | | 4201 N.W. 77th Avenue | | | |
| 4201 N.W. 77th Avenue | | | | | | | |
| Miami FL 33166 | | | | | | | |
| | | | | c. CITY | | d. STATE | e. ZIP CODE |
| | | | | Miami | | FL | 33166 |
| 7. TO: | | | | f. SHIP VIA | | | |
| a. NAME OF CONTRACTOR | | | | | | | |
| HELEN FERRE | | | | 8. TYPE OF ORDER | | | |
| b. COMPANY NAME | | | | [X] a. PURCHASE | | b. DELIVERY | |
| c. STREET ADDRESS | | | | REFERENCE YOUR: | | Except for billing instructions on the reverse, this delivery order is subject to instructions contained on this side only of this form and is issued subject to the terms and conditions of the above-numbered contract. | |
| (b) (6) | | | | | | | |
| | | | | Please furnish the following on the terms and conditions specified on both sides of this order and on the attached sheet, if any, including delivery as indicated. | | | |
| d. CITY | | e. STATE | f. ZIP CODE | | | | |
| (b) (6) | | | (b) (6) | | | | |
| 9. ACCOUNTING AND APPROPRIATIONS DATA | | | | 10. REQUISITIONING OFFICE | | | |
| 9568-01-X0708-1085-1-44861C-8C51-2580 | | | | Office of Cuba Broadcasting | | | |
| 11. BUSINESS CLASSIFICATION (Check appropriate box(es)) | | | | | | | |
| [X] a. SMALL | | b. OTHER THAN SMALL | | [X] c. DISADVANTAGED | | d. WOMEN-OWNED | |
| 12. F.O.B. POINT | | 13. PLACE OF | | 14. GOVERNMENT B/L NO. | 15. DELIVER TO F.O.B. POINT ON OR BEFORE (Date) | | 16. DISCOUNT TERMS |
| Destination | | | | | 02/14/2001 | | Net 30 |
| a. INSPECTION | b. ACCEPTANCE | | | | | | |
| Destination | Destination | | | | | | |

| | | | 17. SCHEDULE (See reverse for Rejections) | | | | | | |
|---|---|---|---|---|---|---|---|---|---|
| ITEM NO. (a) | SUPPLIES OR SERVICES (b) | | | QUANTITY ORDERED (c) | UNIT (d) | UNIT PRICE (e) | AMOUNT (f) | QUANTITY ACCEPTED (g) | |
| | Tax ID Number: (b) (6) | | | | | | | | |
| | DUNS Number: Not Available | | | | | | | | |
| 0001 | Serve as guest for the recording of round table discussion program "Mesa Redonda" on 2/14/03 Continued ... | | | 1 | EA | 75.00 | 75.00 | | |

| | 18. SHIPPING POINT | | 19. GROSS SHIPPING WEIGHT | | 20. INVOICE NO. | | | 17(h) TOTAL (Cont. pages) |
|---|---|---|---|---|---|---|---|---|
| | | | | | | | | ◄ |
| | 21. MAIL INVOICE TO: | | | | | | | |
| SEE BILLING INSTRUCTIONS ON REVERSE | a. NAME | Office of Cuba Broadcasting | | | | | $0.00 | |
| | b. STREET ADDRESS (or P.O. Box) | 4201 N.W. 77th Avenue | | | | | | 17(i) GRAND TOTAL |
| | c. CITY | | | d. STATE | e. ZIP CODE | | $75.00 | ◄ |
| | Miami | | | FL | 33166 | | | |
| 22. UNITED STATES OF AMERICA | | | | 23. NAME (Typed) | | | | |
| BY (Signature) ► | | | | Mary Ann Aspa | | | | |
| | | | | TITLE: CONTRACTING/ORDERING OFFICER | | | | |

NSN 7540-01-152-8031
PREVIOUS EDITION NOT USABLE

OPTIONAL FORM 347 (Rev. 1/91)
Prescribed by GSA-FAR (48 CFR) 53.213(c)

Contrato de Helen Ferré (página) ............................

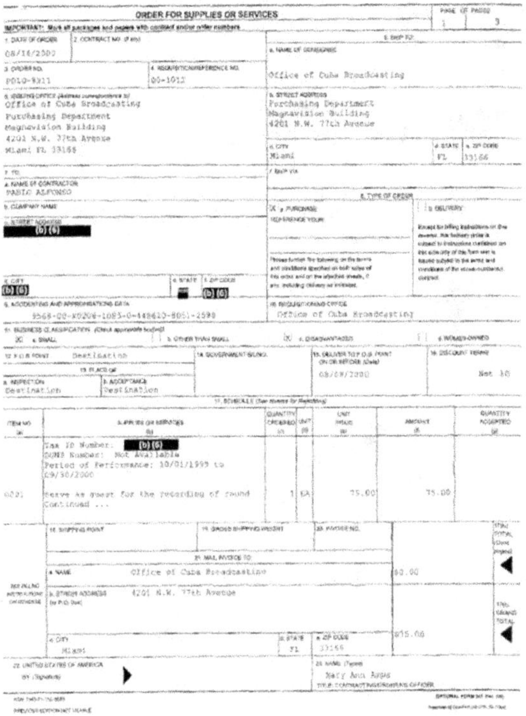

ORDER FOR SUPPLIES OR SERVICES

PAGE OF PAGES 1 3

1. DATE OF ORDER: 08/16/2000

2. CONTRACT NO. (if any)

3. ORDER NO.: P010-9X11

4. REQUISITION/REFERENCE NO.: 00-1012

5. ISSUING OFFICE: Office of Cuba Broadcasting
Purchasing Department
Magnavision Building
4201 N.W. 77th Avenue
Miami FL 33166

6. SHIP TO:
a. NAME OF CONSIGNEE: Office of Cuba Broadcasting
b. STREET ADDRESS: Purchasing Department
Magnavision Building
4201 N.W. 77th Avenue
c. CITY: Miami
d. STATE: FL
e. ZIP CODE: 33166

7. TO:
a. NAME OF CONTRACTOR: PABLO ALFONSO
b. COMPANY NAME
c. STREET ADDRESS: [redacted]
d. CITY: [redacted]
e. STATE: [redacted]
f. ZIP CODE: [redacted]

8. TYPE OF ORDER: X a. PURCHASE

9. ACCOUNTING AND APPROPRIATION DATA: 9568-00-X0208-1085-0-448620-8051-2590

10. REQUISITIONING OFFICE: Office of Cuba Broadcasting

11. BUSINESS CLASSIFICATION: X a. SMALL; b. OTHER THAN SMALL; X c. DISADVANTAGED; d. WOMEN-OWNED

12. F.O.B. POINT: Destination

13. PLACE OF: a. INSPECTION: Destination; b. ACCEPTANCE: Destination

14. GOVERNMENT B/L NO.

15. DELIVER TO F.O.B. POINT ON OR BEFORE (Date): 08/08/2000

16. DISCOUNT TERMS: Net 30

17. SCHEDULE

| ITEM NO. (a) | SUPPLIES OR SERVICES (b) | QUANTITY ORDERED (c) | UNIT (d) | UNIT PRICE (e) | AMOUNT (f) | QUANTITY ACCEPTED (g) |
|---|---|---|---|---|---|---|
| | Tax ID Number: [redacted]<br>DUNS Number: Not Available<br>Period of Performance: 10/01/1999 to 09/30/2000 | | | | | |
| 0001 | Serve as guest for the recording of round<br>Continued ... | 1 | EA | 75.00 | 75.00 | |

18. SHIPPING POINT

19. GROSS SHIPPING WEIGHT

20. INVOICE NO.

21. MAIL INVOICE TO:
a. NAME: Office of Cuba Broadcasting
b. STREET ADDRESS (or P.O. Box): 4201 N.W. 77th Avenue
c. CITY: Miami
d. STATE: FL
e. ZIP CODE: 33166

17(h) TOTAL (Cont. pages): $0.00

17(i) GRAND TOTAL: $75.00

22. UNITED STATES OF AMERICA BY (Signature)

23. NAME (Typed): Mary Ann Arias
TITLE: CONTRACTING/ORDERING OFFICER

Contrato de Pablo Alfonso (página) ........................

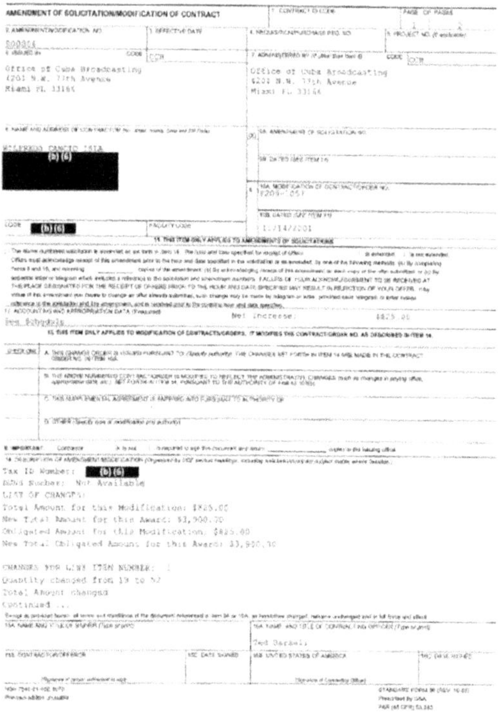

**AMENDMENT OF SOLICITATION/MODIFICATION OF CONTRACT**

2. AMENDMENT/MODIFICATION NO. 000014

6. ISSUED BY CODE OCB

Office of Cuba Broadcasting
4201 N.W. 77th Avenue
Miami FL 33166

7. ADMINISTERED BY (If other than Item 6) CODE OCB

Office of Cuba Broadcasting
4201 N.W. 77th Avenue
Miami FL 33166

8. NAME AND ADDRESS OF CONTRACTOR

WILFREDO CANCIO ISLA
[redacted]

10A. MODIFICATION OF CONTRACT/ORDER NO. F209-1057

10B. DATED (SEE ITEM 13) 11/14/2001

CODE [redacted]

11. THIS ITEM ONLY APPLIES TO AMENDMENTS OF SOLICITATIONS

12. ACCOUNTING AND APPROPRIATION DATA (If required) See Schedule — Net Increase: $825.00

13. THIS ITEM ONLY APPLIES TO MODIFICATION OF CONTRACTS/ORDERS. IT MODIFIES THE CONTRACT/ORDER NO. AS DESCRIBED IN ITEM 14.

14. DESCRIPTION OF AMENDMENT/MODIFICATION

Tax ID Number: [redacted]
DUNS Number: Not Available
LIST OF CHANGES:
Total Amount for this Modification: $825.00
New Total Amount for this Award: $3,900.70
Obligated Amount for this Modification: $825.00
New Total Obligated Amount for this Award: $3,900.70

CHANGES FOR LINE ITEM NUMBER: 1
Quantity changed from 19 to 52
Total Amount changed
Continued ...

16A. NAME AND TITLE OF CONTRACTING OFFICER (Type or print) Ted Barami

15B. CONTRACTOR/OFFEROR — 16B. UNITED STATES OF AMERICA

STANDARD FORM 30 (REV. 10-83)
Prescribed by GSA

Contrato de Wilfredo Cancio Isla (página) ..............

| BROADCASTING BOARD OF GOVERNORS | | | | | 1. MOMENTUM DOCUMENT NO. FQ1088-09-FQ-00486 | | |
|---|---|---|---|---|---|---|---|
| MOMENTUM REQUISITION | | | | | 2. DATE OF REQUISITION 04/06/2010 | | |
| 3.DELIVERY LOCATION OR PLACE OF PERFORMANCE Office of Cuba Broadcasting, 4201 NW 77th Ave Miami, FL 33166 | | | | | 4. SECURITY ORGANIZATION BBGORG | | |
| 7. RECOMMENDED SOURCE 0816 - RAUL RIVERO | | | | | 5. NAME OF ORIGINATOR Teresa Candiani | | |
| | | | | | 6. PHONE NO. OF ORIGINATOR 305-437-7001 | | |
| 8. APPROVALS | | | | | 9. NAME OF ACTUAL REQUESTOR Clara Domínguez | | |
| APPROVING OFFICIALS | ROUTING SYMBOL | DATE | INTERNAL ROUTING | | 10. PHONE NO. OF ACTUAL REQUESTOR | | |
| | | | INITIALS | ROUTING SYMBOL | | | |
| G Rosal | | | | | 11. GOVERNMENT FURNISHED PROPERTY ☐ YES ☐ NO | | |
| Pedro V Roig | OCB Dir | 4-10 | | | | | |
| Bit Purcell | OCB/A | 4/7/10 | | | | | |
| 12. ACCOUNTING AND APPROPRIATION DATA OCB 1088 2010 0206 448421 8050 2580 | | | | | | | |
| 13. REQUIRED DELIVERY DATE | | | | | | | |
| 14. ITEM NO. | 15. DESCRIPTION OF ARTICLES OR SERVICES | | | 16. QUANTITY | 17. UNIT | 18. UNIT PRICE | 19. AMOUNT |
| 1 | Requisition Amendment No. 003 Amended on 04/06/2010 Services Request for program participant on Raul Rivero - Las Noticias Como Son 1 ea weekly assignment at $100.00 thru Dec 31, 2009. (13 at $100.00=$1,300.00). Subject to availability of funds for 2010 fiscal year.  Amend 1088-09-FQ-00486 extend services and increase funds 4-1-10 to 6-30-10 add 13 at $1,300.00.  — FUNDING SUMMARY — OCB 1088 2010 0206 448421 8050 2580 $3,900.00 An additional amount of 10% or $1,000.00, whichever is less, may be applied without additional approval when Procurement processes the award. | | | 39.00 | EA | 100.00 | 3,900.00 |
| | | | | | | 20. TOTAL AMOUNT OF ALL PAGES $3,900.00 | |

**HELD**

Contrato de Raúl Rivero Castañeda (página) ...........

# PEDRO GONZÁLEZ MUNNÉ

RAÚL RAMON RIVERO CASTAÑEDA
[b] [6]

From April 2005 to present
Commentator for the daily newspaper El Mundo.
Contributing editor for the magazine El Cultural
Writer for the magazine Siete Leguas, specializing in tourism
Regular participant in a television program on Spanish television dealing with
international affairs, particularly Latinamerican issues. Radio Martí.

From 1996 to present
Columnist for El Nuevo Herald from Spain and prior to writing from Spain I wrote for
the paper from Cuba as El Nuevo Herald correspondant from the Island.

In 1995-Created the Independent Press Agency in Cuba Cubapress.
Creator and founder of the dissident journalist organization Sociedad Manuel Marquez
Sterling.

In 1997 I received the yearly award granted by Reporters Without Borders, a French
organization dedicated to the defense of freedom of the press.
In 2002 I received the Maria Moors Cabot Award granted by the School of Journalism of
the University of Columbia in New York.

In 2003 I received an award from the Spanish daily El Mundo.

In 2004 I was granted the Guillermo Cano award for excellence in Journalism, granted by
UNESCO, the United Nations Organization for the development of culture.

Contrato de Raúl Rivero Castañeda biografía
presentada

MEMO TO:   OCB/A: Irv Rubenstein

FROM:      OCB/RNB: Clara Dominguez, Chief, Radio News Branch

RE:        Technical Review and Recommended Contractor

The Office of Cuba Broadcasting/Radio News Branch has a requirement for a
contractor to provide services as such as found un Part IV, paragraph B.#.a.3
of the IBB Contracting and Talent and Other Professional Services
Handbook. Radio News is looking for a vendor from Europe to participate in a
daily news analysis program called Las Noticias Como Son. The program
format calls for experts to discuss the most important events in Cuba as well
as US and international news. Thus we need a wide spectrum of experts
located in different parts of the world to add breath to the analysis and
commentary. Participation would entail one assignment per week.

The individual we are looking for such have ample experience and knowledge
on Cuban and international affairs. Out of the few choices we have from the
talent pool provided by the Office of Administration we find that Mr. Raul
Rivero is the best option for this requirement. Mr. Rivero is at present a
journalist for the leading Spanish newspaper El Mundo and also participates
in a weekly television program in Spain on international news events. Mr.
Rivero was one of the leaders of the independent journalist movement in
Cuba, organizing one of the most successful independent news agencies in
Cuba prior to his arrest in 2003. His work as leader of the independent news
media in the island granted him a number of prestigious awards including the
Guillermo Cano Award given each year by the United Nations Organization
for Education, Science and Culture, the Maria Moors Cabot Award granted
each year by the Colombia University School of Journalism and the Award
for Valor given by Reporters Without Borders. His insight into Cuba and
knowledge of Cuban affairs make him an outstanding contributor to our
programming.

We also looked at Mr. Manuel Vazquez Portal and Mr. Miguel Saludes but did
not did not find that they have the same qualifications as Mr. Rivero as such
a prominent figure as an intellectual, award winner and leader of independent
journalism in Cuba.

# Contrato de Raúl Rivero Castañeda biografía presentada

Récord de Oscar Corral en el sistema on-line del Secretario del Tribunal Civil municipal de Miami-Dade, perteneciente al 11$^{no}$ Circuito Judicial del Estado de La Florida

Documentos policiales del arresto de Oscar Corral (Gómez, 2007). Como se observa en los documentos Corral le miente a la policía pues al ser detenido por "Solicitar para cometer prostitución" engañosamente le dijo a las autoridades que su ocupación es "proveedor de contenidos" en vez de periodista. También "obvia" su condición de Hispano y de "no" necesita usar espejuelos (Cova, n.d.).

Documentos policiales del arresto de Oscar Corral, en este caso del chulo de la prostituta (Gómez, 2007).
La declaración jurada del arresto de Corral afirma que: "mientras se realiza una operación de prostitución encubierta, el oficial Sola #27572 (oficial encubierto) presenció al anteriormente mencionado Def [Acusado] y la Co-Def [Acusada] sentada dentro de un Bl [Negro] k Acura 4 D [puertas] r con las placas de la FL G77-HJK. El oficial (Sola) escuchó al Def [Acusado] y Co-Def [Acusada] negociando el precio de una mamada (jerga de la calle para sexo oral). En oficial encubierto Sola dio la señal de proceder, las unidades tácticas entraron y pusieron a todos los Def [Acusados] s bajo arresto" (Cova, n.d.).

Documentos policiales del arresto de Oscar Corral.

Documentos policiales del arresto de Oscar Corral, en este caso la prostituta Yamilet López (Gómez, 2007). Yamilet López, la prostituta de la cual Corral estaba tratando de recibir sexo oral, tenía entonces sólo 18 años de edad como su reporte de arresto, donde se enumera su cumpleaños como el 24 de enero de 1989. El cual también señala que el monto acordado para la felación era de $50 (Cova, n.d.).

# Los Cachorros de Satán

PEDRO GONZÁLEZ MUNNÉ

Editorial Letra Viva©
# 2014

215 Valencia Avenue #0253
Coral Gables, FL 33114

www.ingramcontent.com/pod-product-compliance
Lightning Source LLC
Chambersburg PA
CBHW071834270326
41929CB00013B/1991